公文写作
技巧与案例

晏凌羊 ◎ 著

内 容 提 要

本书围绕公文的概念和种类展开,重点介绍了党政公文、行政事务文书、宣传文书这三类最常用的公务文书的写作体例和技巧,并辅以大量案例解析,不但能让读者系统地掌握上述三类文书的基本写作体例和范式,还能让读者通过学习快速提升自己的公文写作水准。

本书内容通俗易懂,案例丰富,实用性强,特别适合公文写作入门读者和进阶读者阅读,也适合党政机关、企事业单位、社会团体和组织等机构从事文秘和宣传工作的人员阅读。另外,本书也适合作为相关培训机构的教材。

图书在版编目(CIP)数据

公文写作技巧与案例 / 晏凌羊著. — 北京:北京大学出版社,2022.12
ISBN 978-7-301-33487-4

Ⅰ.①公… Ⅱ.①晏… Ⅲ.①公文 – 写作 Ⅳ.①C931.46

中国版本图书馆CIP数据核字(2022)第190814号

书　　　名	公文写作技巧与案例
	GONGWEN XIEZUO JIQIAO YU ANLI
著作责任者	晏凌羊　著
责 任 编 辑	刘　云
标 准 书 号	ISBN 978-7-301-33487-4
出 版 发 行	北京大学出版社
地　　　址	北京市海淀区成府路205号　100871
网　　　址	http://www.pup.cn　　新浪微博:@北京大学出版社
电 子 邮 箱	编辑部 pup7@pup.cn　总编室 zpup@pup.cn
电　　　话	邮购部 010-62752015　发行部 010-62750672　编辑部 010-62570390
印 刷 者	天津中印联印务有限公司
经 销 者	新华书店
	787毫米×1092毫米　16开本　19.25印张　328千字
	2022年12月第1版　2024年7月第5次印刷
印　　　数	13001–17000册
定　　　价	69.00元

未经许可,不得以任何方式复制或抄袭本书之部分或全部内容。
版权所有,侵权必究
举报电话:010-62752024　电子邮箱:fd@pup.cn
图书如有印装质量问题,请与出版部联系,电话:010-62756370

自序

职场中,"软实力"决定了一个人的能力上限,而"硬实力"则决定了一个人的能力下限。

什么是"软实力"呢?就是传说中的高情商。比如,领会领导意图的能力、上下沟通左右协调的能力、调动资源的能力、察言观色的能力、经营人脉关系的能力及抗压的能力,等等。

"硬实力"是什么呢?有一次,我和一位副厅级领导出差,他对我说了一席话,我至今记忆犹新。他说,你们在机关工作的年轻人,只要做到三点就能在体制内安身立命:一是提笔能写,二是开口能说,三是遇事能办。我觉得他说的这三点就是职场中的"硬实力"。具备了这些"硬实力",那么,不管你是在体制内还是体制外工作,都能"吃得开"。

在求职、竞聘环节,我们似乎总是看到、听到"本人学习力、领悟力、沟通力、抗压力、亲和力等能力较强"之类的自誉之词。这一系列的"强"字蹦出来,似乎不需要经过大脑,可是,听腻了这一套的考官,怎样快速去考查你的这些能力呢?这些能力都属于"软实力"的范畴,是需要长期的观察才能慢慢显现出来的。而"硬实力",如口才好、擅写作、会办事的能力,则可以在短期内显露出来。例如,在笔试阶段,"笔杆子"容易杀出重围;在面试阶段,口才好的人容易脱颖而出;在试用期,会办事的人比较容易通过。

笔者在体制内单位工作了十几年,在长期从事材料写作工作的过程中,最大的感触是:写作能力是在体制内工作的安身立命之本。有过硬的写作能力,是获得晋升、免于淘汰的一条路。毕竟,任何一个单位都需要用文字来获取、传达、传播信息。哪怕一个单位的工作、业务做得再好，也得有人能将这些成果、成绩、亮点用文字的形式总结出来。

写作分为"个人写作"和"为公写作"两种形式。前者主要是个人写日记、写留言、写字条，甚至包括文学创作（如写散文、小说等），而后者主要是代集体、代领导立言，大多因工作需要而写，是处理公务用的。"为公写作"就是文书写作，又称为实用写作，它与"个人写作"完全不同。一般来说，文书的写作动机一般不是作者自发形成的，而是上级授意、职责所在。文书的撰稿人虽然是个人，但为稿件承担责任的一般是集体。一般来说，文书发布之后，就会产生行政效力，这种效力是法律赋予的。基于这种权威性，文书一般具有明显的实用性，能有针对性地解决实际问题。文书自带的依据和凭证作用、宣传教育作用、沟通信息作用，能保证日常工作的正常运转。

各级党政机关、企事业单位、社会团体和组织的日常工作，总结起来就是：办文、办会、办事。工作人员办文、办会、办事的能力是保证工作效率的关键，而办文是排在第一位的，因为文书是大家普遍使用的一种工作工具。离开文书，很多行政工作就无法运转。

长期以来，撰写文书是相关单位及其文秘人员的一项重要工作。文书写作水平的高低，也是衡量工作效能的重要标尺。鉴于此，我们可以将文书写作定义为：工作人员在职权范围内，为了维持日常工作的正常运转、为了辅助单位或领导做好监督管理工作，在掌握专业实用文书写作知识的基础上，所从事的通用公文和各种实用文体的写作。

一般来讲，文书主要分为党政机关公文、行政事务文书、新闻宣传文书、司法文书、商贸文书等几大类，其中，党政机关公文、行政事务文书、新闻宣传文书使用最广泛、最频繁。不同类别的文书，在文种使用、写作规范、写作方法上完全不同。广义的"公文写作"，是指"为公家写文"，包揽了以上所有的文书种类。狭义的"公文写作"，指的只是撰写党政公文，而且只包括通知、请示、报告等15种法定公文文种。

文书写作能力是文秘人员的基本功。文书写得好，你可能会被领导高看一眼、厚爱三分。当然，对文秘人员来说，能写好各类文书只是取得进步的必要条件，不是充分条件。换而言之，你只会写，肯定不成，但是，不会写，万万不成。

文书写作是一个"苦活计"，需要文秘人员坐得住冷板凳、加得了班、熬得了夜、吃得了苦，一般人吃不了这种苦。据笔者观察，这些年体制内很多单位确实出现了"笔杆子"青黄不接的现象，文秘人员写公文的功底薄弱、文字能力欠缺，稍微复杂一点的大稿就找不到人写，以致很多典型情况、创新做法总结不到位，信息宣传工作跟不上。在一些机关单位，很多年轻人的文书写作水平确实不敢恭维，他们分不清"主谓宾定状补"，标点符号乱用，更别说合理安排文章结构、理顺文章逻辑。笔者就曾亲眼见几个重点大学毕业的硕士研究生，连通知这样简单的公文都写不清楚。

造成这种现状的原因，一方面可能是现在年轻人的时间被影视剧、短视频所占据，而这些视频画面往往能直观地呈现一个场景、故事，但影响了文字符号和脑中想象的链接，导致一部分年轻人的文字阅读理解能力下降，写作能力更是退化严重。如果我们是看书、看报长大的，那么，文字阅读能力和写作语感就会稍微好一些。另一方面，文书写作需要天赋，也需要磨炼，但有很大一部分人不知道该从哪儿学起、练起。

文书写作主要是替领导机关或领导个人代言，重在"执公器、言公事、行公权"，因此，它和私人化的写作是完全不一样的，不能随心所欲地去写。幸运的是，文书写作有套路可以遵循，有章法可以学习。掌握了这些套路和章法，再经过长期、反复地练习，你也能做到"下笔如有神"。想当年，笔者也是一个文书写作的"小白"，但经过学习和锻炼，现在几乎已经能"玩转"所有机关文书的写法，这也是长期淬炼的结果。

刚开始学习文书写作时，笔者找了很多关于公文写作的书籍来看，但大多数书籍都是板正规范甚至僵化死板的，绝大多数都是理论、模板和案例的堆砌，读起来枯燥乏味，对实践工作也没有太大的指导和借鉴意义。这些公文写作书籍的编著者，大多没有在机关工作的经验，实践中常用到的文种介绍得太粗糙，不常用到的文种又解释得太精细，案例也与实践脱节，对实际工作的参考价值和指导意义都不高。正是因为这类图书太多，笔者萌生了编写一本别致的公文写作图书的想法。本书采用工具书的体例去编写，但在表述方法上更生动、朴实，在内容安排和案例选择上更贴合工作实际。比如，党政公文写作是文书写作的重点、难点，笔者用了大量的篇幅去讲解，并附上了常见错误事例和问题解答；党政公文中，通知、报告、请示等文种使用最广泛、最频繁，故而关于这些文种的案例解析也就多一些。鉴于司法文书、财经文书专业性较强，办公室文秘人员撰写传记史类的机会不多，对于此类文书，本书便不予收录。对办公室文秘人员来说，本书介绍的这些文书、文种的写作方法，在实践中已经够用了。本书介绍的所有文种，笔者都已简明概念、指出写作要点、列出范文并加以点评，能让读者在阅读过程中快速有效地提高文书写作水平。

  最后，笔者想说，既然大家都从事材料写作工作，就要有一种"不干则已，干就干好"的精气神。如果你消极应付，不仅是对工作的不负责，更是对自己的不负责。文书写作水平的提高，从来没有什么捷径可走，更没有"宝典""秘籍"之类的速成法。真金需要火炼，写作能力也需要不断地自我淬炼，看完一本书就文思泉涌的事情是不存在的。写作这条路上根本没有速成，咱们也不能老想着速成。真正的聪明人，都舍得下笨功夫，都舍得久久为功。希望你也能成为文书写作的高手，在事业上更进一步！

晏凌羊

目录

第一篇

党政公文的写作技巧与案例分析

第1章 什么是党政公文？.. 3
    1.1 党政公文的概念 5
    1.2 党政公文与行政事务文书的区别 5
    1.3 党政公文的流传方式 7
    1.4 党政公文的分类 9
    1.5 党政公文的文种 11

第2章 党政公文的写作要求 15
    2.1 党政公文的行文规则 16
    2.2 党政公文的格式规范 20
    2.3 党政公文的写作特点 23
    2.4 党政公文的语言风格 24

第3章 常见公文的写作实战技巧和案例分析 27
    3.1 通知 28

3.2	请示	50
3.3	公函（函）	61
3.4	报告	69
3.5	通报	84
3.6	纪要	90
3.7	通告	99
3.8	批复	102
3.9	意见	106
3.10	决定	113
3.11	议案	118
3.12	决议	123
3.13	公告	127
3.14	公报	134
3.15	命令（令）	143

第4章 党政公文的写作技巧和常见错误 …… 147

4.1	党政公文的写作步骤	148
4.2	党政公文的常用用语	151
4.3	常用的公文写作实用金句	153
4.4	公文写作常见的细节问题	157

第二篇

行政事务文书的写作技巧和案例分析

第5章 决策类文书 …… 166

5.1	简报	167
5.2	总结和计划	172
5.3	调研报告	176
5.4	策论式文书	179

第6章 会务类文书 185

- 6.1 会议讲话 186
- 6.2 会议致辞 189
- 6.3 会议议程 191
- 6.4 会议提案 193

第7章 礼仪类文书 196

- 7.1 书信类文书 197
- 7.2 慰问类文书 204
- 7.3 倡导类文书 212

第8章 经贸类文书 220

- 8.1 合同、协议 221
- 8.2 标书 226
- 8.3 分析报告 230
- 8.4 项目可行性研究报告 233

第9章 考核类文书 236

- 9.1 述职报告 237
- 9.2 组织鉴定 239
- 9.3 考察材料 241
- 9.4 个人总结 244

第10章 制度类文书 245

- 10.1 制度 246
- 10.2 章程 248
- 10.3 办法 252
- 10.4 规程 257
- 10.5 规划 258
- 10.6 规定 260
- 10.7 规则、守则、公约 262

第三篇

宣传文书的写作技巧与案例分析

第11章 新闻类宣传文书 **268**
    11.1　消息 269
    11.2　通讯 273
    11.3　新闻评论 279

第12章 广告类宣传文书 **282**
    12.1　广告 283
    12.2　启事 285
    12.3　声明 286
    12.4　海报 287
    12.5　口号、标语 288

第13章 序跋类宣传文书 **290**
    13.1　编者按 291
    13.2　卷首语、发刊词 292
    13.3　序跋 294
    13.4　题词 297

第一篇

党政公文的写作技巧与案例分析

党政公文与行政事务文书，统称为"应用文"。学界对"应用文"没有明确的定义。通常来说，它是国家机关、政党、社会团体、企事业单位及个人在日常工作、生活中处理各种事务时，经常使用的用来处理公私事务、传播信息、表达意愿、解决问题、留下凭证等有约定俗成的惯用格式的文体总称。

党政公文和"应用文"的概念是不一样的，它是"应用文"的一个子概念，属于"应用文"的一种。除了党政公文之外，行政事务文书、经济活动文书、会议活动文书、公关礼仪文书、科技文书等都属于应用文的范畴。本篇集中讲解党政公文的写法和规范，并通过案例说明具体的写作方法。

第1章

什么是党政公文？

1.1	党政公文的概念	/ 5
1.2	党政公文与行政事务文书的区别	/ 5
1.3	党政公文的流传方式	/ 7
1.4	党政公文的分类	/ 9
1.5	党政公文的文种	/ 11

2015年5月，新闻界发生了一件很有意思的事情：美国国家公共广播电台驻白宫资深记者霍斯利和机器人"文字匠"比赛，看谁能更快、更好地写出一篇财经报道。出乎意料的是，拿到素材后的"文字匠"仅用两分钟就写完了稿子，而霍斯利则整整花了7分钟，"文字匠"和霍斯利写的稿子对比如表1.1所示。

表1.1 "文字匠"和霍斯利写的稿子对比

"文字匠"写的稿子	霍斯利写的稿子
丹尼斯公司在周一的报告称，第一季度利润为850万美元。这家南加州斯帕坦堡的公司表示每股获利10美分，该结果高于华尔街的预期。四位来自扎克斯投资研究公司的分析师平均预计为每股获利9美分；餐厅经营者表示期内收入为1.202亿美元，同样高于华尔街预期。三位扎克斯投资研究公司的分析师预计为1.171亿美元。丹尼斯公司的股价自年初以来已经上涨6%。在周一交易时间的最后一分钟，股价达到每股10.9美元，12个月以来已经爬升61%	丹尼斯公司在第一季度完成了一记全垒打，由于餐厅销售额蹿升超出7%，赢得了高于预期的每股10美分的获利，他们的运营收入达到1.2亿美元，调整后的净收入跃升36%到870万美元，丹尼斯公司也成为全国最大的全品类连锁餐饮服务公司之一。销量的上升表明消费者在打开他们的钱袋子来购买薄煎饼、鸡蛋和土豆煎饼。收入增长还受益于价格更低的原材料。丹尼斯公司的好成果还得益于拥有高客流量的拉斯维加斯皇家赌场餐厅的重新开张。在前三个月销量增速超过预测后，经理们已经调高了2015年后几个月的销量预期

当时，电台做了个投票。机器人"文字匠"写的稿子得票数为912，记者霍斯利写的稿子获得了9916票。很明显，大家都更加喜欢记者霍斯利写的稿子。"销量的上升表明消费者在打开他们的钱袋子来购买薄煎饼、鸡蛋和土豆煎饼"这样的表述，确实也比较通俗易懂。可是，我们认真分析"文字匠"写的稿子，就会发现：这很像是公文写作的手法，言简意赅，不过分修饰，语言特色不鲜明，读起来有点枯燥，却能把事情表述清楚。

公文讲究的就是严谨、严肃。笔者的一位老领导曾经和笔者开玩笑说："公文就是读起来有点枯燥，人们一看标题就不想看也不爱看，但却又是信息量大、不得不看的文章。"

的确，公文写作虽然略显枯燥，却是体制内工作人员的必备技能。很多人一看公文就头大，一谈及公文写作就更是头疼，虽然他们读了很多书，却对公文写作的技巧一窍不通，因此，笔者希望能通过以下讲述，让大家了解什么是党政公文，以及党政公文的写作技巧。

1.1 党政公文的概念

《党政机关公文处理工作条例》第三条规定:"党政机关公文是党政机关实施领导、履行职能、处理公务的具有特定效力和规范体式的文书,是传达贯彻党和国家的方针政策,公布法规和规章,指导、布置和商洽工作,请示和答复问题,报告、通报和交流情况等的重要工具。"

这里规定党政公文的使用主体是党政机关。在实践中,党政公文的使用范围是比较广泛的。党和国家机关、人民团体及各类企事业单位都需要用到党政公文,它是用来表达领导的意志、传递上层的政策和命令、沟通具体的工作情况、交流相关工作经验,以及推动公务活动开展的重要文体。

1.2 党政公文与行政事务文书的区别

严格来说,党政公文有专门的公文处理条例和固定格式,比如,有明确的15种文体,对形式的要求清晰而严格,等等。《党政机关公文处理工作条例》第八条将公文分为15种:决议、决定、命令(令)、公报、公告、通告、意见、通知、通报、报告、请示、批复、议案、函、纪要。这些公文也叫机关公文,文件格式是固定的,一般都是红头文件,而且,必须按《国家行政机关公文处理办法》中规定的方法撰写。

除了这些"党政公文"外的应用文,叫作"行政事务文书",包括计划、总结、调查报告、考察报告、述职报告等,甚至还包括邀请函、借条、请假条、请柬等。它不一定以红头文件的形式发布,只是需要遵循一定的写作规范,撰写起来可以比党政公文随意一些。

在体制内工作的文秘人员最常写的应用文,既包括党政公文,又包括行政事务文书。这两种文体均要求要真实地反映客观情况、对工作有指导和借鉴意义,但是党政公文的内部情报性更强,二者既存在联系又具有差别,主要存在以下几个方面的不同,如表1.2所示。

表1.2 党政公文与行政事务文书的区别

类型	党 政 公 文	行政事务文书
概念	是"公务文书"的简称,主要指党政机关公文。是法定机关与组织在公务活动中,按照特定的体式、经过一定的处理程序形成和使用的书面材料	是国家机关、企事业单位、社会团体和个人在日常生活、学习、工作中,处理公私事务、交流传递信息、解决实际问题时所使用的具有直接实用价值和惯用格式的文书
文体	包括决议、决定、命令(令)、公报、公告、通告、意见、通知、通报、报告、请示、批复、议案、函、纪要等15种文体	工作简报、总结和计划、调研报告、会议讲话稿、会议致辞、会议提案、邀请函、感谢信、贺信、倡议书,等等
功能	传达政令政策、处理公务,使公务工作正确、高效地运行,为决策提供基础和依据	反映事实、解决问题、交流情况,沟通思想、处理日常事务,传播知识和表达舆论,教育人和鼓舞人
语言风格	精准,严肃,明确,严谨,简洁,凝练,庄重,规范	平和,简洁,有感染力,富有文采,但避免过度修饰
特性	政治性、政策性、权威性、机密性、宏观性、服务性、内部性	具有一定的社会性、传播性、外部性、普及性
基本要素	有非常明确的收文对象,陈述主要事实,将基本内容表述清楚,要求言之有物、持之有据	受众明确,主题切中实际,要求言之有度、言之有理
表达方式	以明确的立场,以客观、理性的态度,对客观情况的各个方面、因素和特征进行概括、总结、分析,并在此基础上把事物的各个部分和因素组成整体进行科学综合,力求把握事物的本质特征,并在此基础上明确提出希望和要求。表达方式多以记叙、议论、说明为主,不可抒情	主要用于沟通信息、安排工作、总结得失、研究问题,写法相对自由,可记叙、议论、说明,部分文种可以适当抒情
发文形式	是发文机关的法定发文形式,通过特定的渠道制发、印发,必须遵循统一的文本格式。一般为红头文件,列入公文档案进行管理。必要时设置密级,一般不向社会公开	无统一规定的文本格式,不能单独作为文件发文,需要时只能作为公文的附件行文,一般不设密级,必要时可公开面向社会

1.3 党政公文的流传方式

党政公文的处理流程包括发文处理、收文处理、办毕文件处理三个方面的内容。做好公文流转工作,有助于及时、准确地表达发文机关领导人的意图,为实现机关职能及密切机关之间的联系,提供有效的信息服务。

1.3.1 发文处理

各个单位的岗位、人手设置情况不同,发文处理也有所不同,但基本上都是遵循拟稿、审稿、会签、签发、成文,以及发布和归档等流程,如图1.1所示。

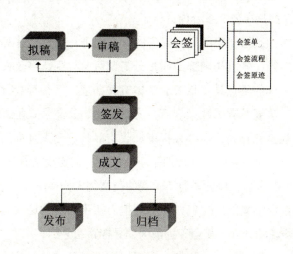

图1.1 发文处理流程

如果发文单位部门众多,并设置有专门的办文部门,一般来说,专门负责办文的部门(如办公室、行政部、文秘处)等,要负责完成公文的审稿工作。

对有些单位来说,发文流程通常是下面这样的:拟文→部门负责人→(部门会签)→部门负责人→办公室审核→办公室复核→领导批示→排版套红→校对→文印份数控制→用印→文印封发→各收文单位。这样,一个完整的发文流程就完成了。

1.3.2 收文处理

收文处理一般是签收、登记、审核分办、拟办、批办、承办、催办、注办等,流程如图 1.2 所示。每一个流程包含的内容如下。

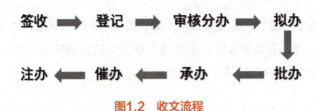

图1.2　收文流程

（1）签收：机关收到公文后需要审核收文份数，并履行签收手续，这是收文处理的第一步，也是表明"确实收到了该份文件"的依据。

（2）登记：为收到的公文注册，为日后进行公文催办、检索奠定基础。一般来说，这个步骤现在都是在公文系统内进行了。

（3）审核分办：是指文秘部门对收到的公文先进行审核，并对收文进行分类筛选，再根据公文内容、各机构内部的职责分工及行文规则，将公文分送有关领导及部门阅批办理。审核的重点是：是否应由本机关办理；是否符合行文规则；内容是否符合国家法律、法规及有关政策规定；文种使用、公文格式是否规范等。如果收到的来文不符合规定，那么，经办人报请经收文部门负责人批准后，可以退回呈报单位并说明理由。每份公文的承办部门是不同的，一定要找准分管领导和对口部门，在分办时要分清主次缓急，保证紧急、重要的公文优先分办。

（4）拟办：是指收文部门先就如何办理提出初步处置意见，为领导批办做好相应的准备。这一步骤的处理，相当于提前为领导探路和分忧。

（5）批办：是指领导对收文如何办理提出审批意见。对有具体请示事项的，主批人应当明确签署意见、姓名和审批日期，其他审批人圈阅则视为同意；没有请示事项的，圈阅表示已阅知；对需要贯彻执行的公文，应批示明确具体的实施措施与执行要求。

（6）承办：是指对收文所针对的工作或有关事项予以办理，是落实公文的重要举措；这是收文处理的中心环节，毕竟，公文只有通过承办才算是真正落到了实处，才能发挥实际效用。

（7）催办：是指对收文的办理实施督促与检查，是对落实情况进行监督，以防公文积压与延误。要做到紧急公文跟踪催办，重要公文重点催办，一般公文定期催办。

（8）注办：是指对办理完毕的公文，由承办人注明办理情况并签注姓名与日期，以方便后期整理、归档、查询公文。

1.3.3 办毕文件处理

文件办理交接完毕后,需要进行如下处理。

(1)整理归档:是指对办理完毕并具有保存价值的公文,由专门的业务部门或综合办公部门整理立卷后,按国家有关规定,定期提交给单位的档案部门妥善保存。

(2)销毁:是指对办理完毕但没有保存价值的公文,由指定部门按照有关规定进行销毁处理。

(3)清退:是指根据有关规定,将办理完毕的公文清理造册后,退还发文机关或其指定的机关。

(4)暂存:是指对不需要归档而又有保存价值的公文,经过整理后暂存一段时期,暂存期间可以根据需要编成资料,也可予以公布。

1.4 党政公文的分类

1.4.1 按照公文的行文关系划分

按照公文的行文关系划分,公文分为上行文、平行文、下行文和泛行文四类。

表1.3 按行文关系划分的四类公文

按行文关系划分	定义	常用文种和案例
上行文	下级机构向具有行政隶属关系的上级机构的行文	报告、请示。比如,关于申请购买办公桌椅的请示
平行文	向没有隶属关系的同级机构或者不属于同一系统机构的行文	公函。比如,××银行关于赴××大学考察的函
下行文	上级机构对所属的下级机构的行文	决议、决定、通知、通报、意见、批复等
泛行文	没有特定对象的行文,对象通常为社会公众	通告。比如,宁夏回族自治区市场监督管理厅关于不合格食品风险控制情况的通告

需要特别注意的是,意见既可作为上行文、下行文,也可作为平行文,具体划

分情况视内容而定。

1.4.2 按照时限要求划分

按行文时限要求划分，公文可分为特急公文（特急）、紧急公文（急件）、常规公文（平件）。

对于这些公文，都要求迅速传递办理。

根据公文的紧急程度，在公文中可分别标明"特提"、"特急"、"加急"或"平急"。从左到右，紧急程度依次降低，但即使是平急文，也不应该拖延，也应随到随办。

1.4.3 按照机密程度划分

按机密程度划分，公文可分为绝密公文、机密公文、秘密公文、普通公文。

前三者统称为保密文件，一般这种公文的内容涉及党和国家的机密，需要严格控制知密范围和知密对象，还可能规定保密时限。

对于绝密公文、机密公文、秘密公文，密级要求依次降低。

绝密公文是秘密等级最高的文件，反映的通常是党和国家的核心秘密，一旦泄密，会给党和国家造成重大损失。

机密公文反映的通常是党和国家的重要秘密。

秘密公文反映的通常是党和国家的一般秘密，但其内容也不允许泄密。

公文密级的划分和保密时限，应该按照《保密法》有关规定确定，不可以随心所欲乱定密级，而是要准确恰当。

普通公文虽然不是保密性的文件，但也不是可以公开传阅的。比如，一个单位向内部职工发放的通知，虽然不属于保密性文件，但也不可以随意扩大公文的阅知范围。

1.4.4 按照公文的性质与作用划分

按公文的性质与作用划分，公文可以分为指挥性公文、知照性公文、记录性公文。

指挥性公文一般是上级对下级进行指导、安排、命令、答复等而形成的公文，比如，决议、命令、决定、批复。

知照性公文是发布周知事项的公文,让大家"知晓"相关事项,也称周知性公文,比如,公告、公报、通知、通报。

记录性公文是指记载和传达会议情况、会议精神的文种,这里主要是指会议纪要。

党政公文的文种

1.5.1 公文文种

根据最新《党政机关公文处理工作条例》的规定,公文主要有以下 15 种:通知、请示、公函(函)、报告、通报、纪要、通告、批复、意见、决定、议案、决议、公告、公报和命令(令)。

(1)通知:主要适用于批转下级单位的公文,转发上级单位和不相隶属单位的公文,传达要求下级单位办理和需要有关单位周知或者执行的事项,任免和聘用人员,发布规章制度,等等。

(2)请示:适用于向上级机关请求指示、批准。比如,请示类公文《关于申请防护栏建设资金补助的请示》。

(3)公函(函):公函(函)适用于不相隶属机关之间商洽工作、询问和答复问题、请求批准和答复审批事项。比如,湖州市人民政府向浙江省人力资源和社会保障厅发出的《湖州市人民政府关于商请支持设立浙江湖州人力资源服务产业园的函》。

(4)报告:主要适用于向上级机关汇报工作、反映情况、回复上级机关的询问。比如,1995 年 4 月国务院学位委员会第十三次会议通过的《关于设置法律专业硕士学位的报告》。

(5)通报:主要适用于表彰先进、批评错误、传达重要精神和告知重要情况。比如,贵州省发布的《关于 6 起违反中央八项规定精神典型问题的通报》。

(6)纪要:适用于记载会议主要情况和议定事项。比如,常委会会议纪要。

(7)通告:主要适用于在一定范围内公布应当遵守或者周知的事项。比如,2020 年国务院印发的《关于进一步做好当前新冠肺炎疫情防控工作的通告》。

(8)批复:适用于答复下级机关请示事项。比如,2018 年国务院发布的文件《国务院关于同意设立"中国农民丰收节"的批复》。

（9）意见：主要适用于对重要问题提出见解和处理办法。比如，国务院办公厅颁发的《国务院办公厅关于规范校外培训机构发展的意见》。

（10）决定：主要适用于对重要事项做出决策和部署、奖惩有关单位和人员、变更或者撤销下级机关不适当的决定事项。比如，中国共产党第十八届中央委员会第三次全体会议上通过的《中共中央关于全面深化改革若干重大问题的决定》。

（11）议案：适用于各级人民政府按照法律程序向同级人民代表大会或者人民代表大会常务委员会提请审议事项。比如，全国人民代表大会常务委员会通过的《关于成立宁夏回族自治区的议案》。

（12）决议：主要适用于会议讨论通过的重大决策事项。比如，新虹公司发布的《关于通过新虹公司财务管理办法的决议》。

（13）公告：主要适用于向国内外宣布重要事项或者法定事项。比如，某省发布的《关于面向社会公开征集20××年省重点民生实事建议的公告》。

（14）公报：主要适用于公布重要决定或者重大事项。比如，国务院办公厅发布的《国务院公报》。

（15）命令（令）：主要适用于宣布施行重大强制性措施、公布行政法规和规章、批准授予和晋升衔级，或嘉奖有关单位和人员。比如，中共中央发布的《中共中央关于解放海南岛的命令》。

1.5.2 案例分析

近日来，某单位办公室主任张某某很烦。该单位承办了全市普惠金融工作会议，并计划在会议上举行一个重大项目的签约仪式，领导交代他：①邀请市领导参加会议；②向附近一所大学借用场地开会；③将近期的筹备工作情况向政府主管部门汇报。

请问：在这个案例中，可能会用到几种公文？

参考答案和解析：

①邀请市领导参会，需要用到请示（或函）。如果市委市政府是该单位的主管单位或有上下级关系，又无法确定由哪位市领导来参会，也不知道拟邀请的市领导是

否有时间，那么，行文时以请示为佳。

②向附近一所大学租用会议场地，这所大学与该单位无隶属关系，那么，就需要用到函。

③向市政府主管部门汇报会议筹备情况，需要用到的公文是报告。

④承办会议，涉及经费的问题，申请经费时需要用到请示。

⑤会议召开前，需要给参会人员发通知，此时用到的公文是通知。

⑥会议结束后，要形成会议总结材料，此时需要用到的公文是会议纪要。

案例 1-2

新虹县公安局关于严禁占用道路的布告

穿行我县的808省道，蜿蜒盘旋于崇山峻岭，缠绕在美丽的新虹江畔，朝霞中，它似嫦娥手中飘扬的锦带，引领着过往车辆南来北往；月色下，它如同圣洁的哈达，召唤人们回到自己的家园，啊，秀丽的808省道！但是，近日发现在这秀丽的省道上，时有群众占用道路晾晒稻谷和其他杂物，严重影响交通安全，导致过往车辆经常滑入江中，为保障我县省道的畅通、安全，保护人民群众的生命财产，自本布告发布之日起，严禁占用道路，杜绝一切安全隐患，违者一经发现，将给予一定严厉处罚。

特此发布。

新虹县公安局
20××年××月××日

请问：上述公文中，都有什么问题？

参考答案和解析：

上述公文的文体使用错误。此处应为"通告"，不是"布告"。

我们需要注意的是，"公告""布告""通告"是不同的。

公告的发布机关级别高，党和国家的高级机关才用，面向国内外。

布告除解放军机关外，在地方上必须是省级人民政府方可使用，也就是说，各级人民政府所属的部门（如省级人民政府下属的厅、委、办、局，县级人民政府下属的科、委、办、局等）不可使用布告告知事项，在实践中，中级人民法院针对死刑犯（和同案犯）发布公开的告示也用布告这种形式，但它属于司法文书的范畴，与本书所讲的机关公文不是一回事。布告主要面向国内发布，"新国标"发布之后，布告这种公文在实践中一般不再使用了。

通告这种公文，上至中央机关，下至基层部门均可使用。

需要注意：通知和通告是不同的。通知是向特定受文对象告知或转达有关事项或文件，让受文对象知道或执行的公文。通告是适用于在一定范围内公布应当遵守或者周知事项的周知性公文。这是向新虹县808省道附近的居民发布的周知性公文，文种应为通告。

上述公文的第二个问题是，修辞不当。公文不是写诗歌、写散文，语言应当简洁、准确、庄重，不可以有太多抒情性的内容。

文中"违者一经发现，将给予严厉处罚"表述不当，应当注明处罚依据及处罚措施。

另外，"特此发布"也应改为"特此通告"。

第 2 章
党政公文的写作要求

2.1	党政公文的行文规则	/ 16
2.2	党政公文的格式规范	/ 20
2.3	党政公文的写作特点	/ 23
2.4	党政公文的语言风格	/ 24

在机关单位,一直流传着一句话:"长期搞公文工作的不是一般人。"为什么呢?因为"一般人不愿意干,一般人干不了,干的人不一般"。

相比于写日常信息稿件,写公文确实非常辛苦,不但要忍得住枯燥、耐得住清贫,还要守得住寂寞。我们平时写文章,大多时候可以"写自己想写的",但公文不一样,很多情况下它不是"有感而发、为己立言",而是"奉命作文,代人立言"。

文秘界有句俗语"公文姓公,言不由衷,一声令下,笔快如风",说的就是:写公文时,不管你想不想写,有没有感想,到点了都得拿出来。如果平时没有积累,遇到紧急公文写作任务,恐怕将难以胜任,甚至会误事。

公文写作的整体要求是:行规矩步,戴镣铐跳舞。相对来讲,公文写作是规律性、严肃性最强的一个领域。公文有公文的写法,必须按照规定和格式来写,不能发挥太过。其他题材的文章,可能会带着写作者的个人强烈印记,但公文写出来之后,最好不要有太浓郁的个人风格。

党政公文的行文规则

2.1.1 行文规则

1. 行文规范

根据《党政机关公文处理工作条例》的规定,党政公文的行文规则基本可以概括为以下几点:一是确有必要才可以行文,行文一定讲求实效,内容要注重针对性和可操作性;二是行文关系根据隶属关系和职权范围确定,一般来说,不得越级行文,特殊情况需要越级行文的,要同时抄送被越过的机关;三是向不同级别机关行文,应当遵循不同的规则。如表2.1所示为党政公文的行文规则。

表2.1 党政公文的行文规则

行文方向	行文规则
向上级机关行文	(一)原则上主送一个上级机关,根据需要同时抄送相关上级机关和同级机关,不抄送下级机关。 (二)党委、政府的部门向上级主管部门请示、报告重大事项,应当经本级党委、政府同意或者授权;属于部门职权范围内的事项应当直接报送上级主管部门

续表

行文方向	行文规则
向上级机关行文	（三）下级机关的请示事项，如需以本机关名义向上级机关请示，应当提出倾向性意见后上报，不得原文转报上级机关。 （四）请示应当一文一事。不得在报告等非请示性公文中夹带请示事项。 （五）除上级机关负责人直接交办事项外，不得以本机关名义向上级机关负责人报送公文，不得以本机关负责人名义向上级机关报送公文。 （六）受双重领导的机关向一个上级机关行文，必要时抄送另一个上级机关
向下级机关行文	（一）主送受理机关，根据需要抄送相关机关。重要行文应当同时抄送发文机关的直接上级机关。 （二）党委、政府的办公厅（室）根据本级党委、政府授权，可以向下级党委、政府行文，其他部门和单位不得向下级党委、政府发布指令性公文或者在公文中向下级党委、政府提出指令性要求。需经政府审批的具体事项，经政府同意后可以由政府职能部门行文，文中须注明"已经政府同意"。 （三）党委、政府的部门在各自职权范围内可以向下级党委、政府的相关部门行文。 （四）涉及多个部门职权范围内的事务，部门之间未协商一致的，不得向下行文；擅自行文的，上级机关应当责令其纠正或者撤销。 （五）上级机关向受双重领导的下级机关行文，必要时抄送该下级机关的另一个上级机关
联合行文	同级党政机关、党政机关与其他同级机关必要时可以联合行文。属于党委、政府各自职权范围内的工作，不得联合行文。党委、政府的部门依据职权可以相互行文。部门内设机构除办公厅（室）外不得对外正式行文

（表格中规则内容摘自《党政机关公文处理工作条例》）

2. 行文中常见的"十大错误"

在行文过程中，常见的不符合行文规则的情况主要有以下几种。

一是纯属行政主抓的工作，错误地由党委包揽行文。

二是行政机关的公文，错误地主送给党组织。

三是党的机关公文，错误地主送给行政部门或单位。

四是多头主送，比如，非党政机关联合行文，同时给党政部门一并主送。一份请示、报告，不能同时主送给几个有关部门和领导。

五是不分有无关系、有无必要，随意将公文抄送给上下左右诸多机关、部门和单位。比如，向下级机关的一般性公文，不管有无必要，都抄送给上级机关。

六是对受文单位的领导，一一抄送。一般来说，除领导有交代指示外，主送给单位的文件不能直接报送上级领导个人，只能报送秘书部门按程序办理。

七是越级行文或上下级机关联合行文。

八是上级部门向下级机关行指令性的发文。

九是生造文种，比如，申请、汇报、总结、要点、纲要、规划、建议、答复等，这都不属于党政公文15种公文类型的范畴。

十是把文种作为公文的标题。比如，标题中只有"通知""请示""函"等字样，这也是写公文的大忌。

以上这些都属于低级错误，有可能造成比较严重的后果，公文新手一定要注意。

3. 公文的阅知范围

一般来说，一份公文的"阅知范围"有主送单位、抄送单位、内部发送单位等。其中，"主送单位"是公文的主要受理单位。

我们制发上行文时，一般只能标注一个主送机关（个别情况如"省委、省政府"除外）；制发下行文时，则可以有多个主送单位，排列顺序遵循"先上后下、先外后内"的原则，上级单位和外部单位排在前。一般来说，不同系统、不同级别的主送单位之间，用逗号隔开；同一系统、同一级别的主送单位之间用顿号隔开。

抄送单位一般是需要配合主送单位知晓或执行公文内容的有关单位，包括发文单位的领导或上级单位，还可以包括发文单位的同级单位或下属单位，或不相隶属单位。

内部发送单位，是内部需要了解公文内容的领导或部门，比如，某个领导、某个部门等。

2.1.2 发文代字

我们看公文的时候，时常能在文件上方看到"国办发〔20××〕22号""粤府办〔20××〕10号发"等字样，这就是"发文代字"。

发文机关的代字有约定俗成的规矩，年份用六角括号括起来，顺序号不用括号。

"发文代字"一般由发文机关自行拟定，但如果有直接主管上级机关的，须经上级主管机关同意才可使用。这样在同一个系统中，可以避免出现两个机关单位使用同一个字作为本单位"发文代字"的情况。

为保持发文权威性和保证法律严肃性，"发文代字"一般会采用约定俗成的代称,选定后就固定使用,一般不频繁更改。比如,广东称"粤"不称"东",广州称"穗"不称"广州","粤府办"指代的就是"广东省人民政府办公厅"。

发文代字一般由两部分组成,第一部分是发文机关的名称代字,第二部分是发文机关归口方向或主办文件部门的代字。比如,"农办渔〔20××〕65号"指的是农业农村部办公厅发布的关于渔业工作的公文。基本上,我们一看发文代字,就能明白文件的主办部门是哪个,就可以比较准确地对文件进行分办、查询及归档。

有的发文代字还包含公文的文件形式。比如,国务院发文的机关代字有"国发""国函",这里的"国"代表国务院,而"发"和"函"则分别代表"国务院文件"和"国务院函"这两种发文形式。

为便于讲清楚这个问题,我们虚构一个单位"新虹县农村商业银行股份有限公司",分为总行和总行营业部、一级支行两个行政层级。该银行在行文过程中,不同场合可能会用到不同的发文代字。

如果该银行要布置的是党的工作,一般以"中共新虹县农村商业银行股份有限公司委员会(简称'总行党委')"的名义制发公文,发文机关代字为"虹","农商银"代表归口方向,那么,发文代字一般有"虹农商银党"和"虹农商银党函"两种。

"虹农商银党"一般用于制发除干部党内职务任免、处分及一般函件以外的总行党委重要发文,适用文种为通知、请示、报告、决定等。

"虹农商银党函"一般用来办理与总行党委不相隶属的平级机构、区(县)委有关部门等商洽或协调工作,征询、答复意见,沟通、传递工作情况等。适用文种为函(复函)、意见等。

如果该银行布置的主要是行政工作,即以"新虹县农村商业银行股份有限公司"名义制发的公文,发文代字有"虹农商银发""虹农商行报""虹农商银函",等等。

其中,"虹农商银发"主要是用于下行文。比如,办理转发上级部门的重要文件;向下级单位布置工作;印发领导讲话;对系统行政人事任免、处分事项的发文等。适用文种有决定、通告、通知、意见、通报等。

"虹农商银报"需要用于上行文,比如,办理向市委、市政府,或人民银行、银保监分局、省联社等有关部门和领导个人请示、报告工作,汇报、说明情况。适用文种有请示、报告。

"虹农商银函"主要用于平行文。比如,办理与不相隶属的平级机构、区政府有关部门等部门商洽或协调工作，征询、答复意见，沟通、传递工作情况等。适用文种为函（复函）、意见。

该银行有时候还可以用"总行办公室"的名义发通知。一般来说，办公室发文是总行发通知的补充形式，发文代字为"虹农商银办"，一般用来办理向下级单位布置一般性工作事项或有关开展专项检查、上报有关资料等事务性工作事项；印发各类会议通知、内部管理办法、规定；印发领导在专业会议上的讲话；转发市政府、人民银行、银保监会办公厅、省联社及其他不相隶属单位的文件；特殊情况下，确需印发或批转下级单位的文件等。适用文种为通知、通报等。

除上述发文以外，该银行还可以有以下的发文代字。

（1）虹农商银纪：为总行纪律检查委员会的发文代字，适用的文种有通知、通报、决定等。

（2）虹农商银工：为总行工会委员会的发文代字。

（3）虹农商银团：为总行团委的发文代字。

（4）虹农商银董：为总行董事会的发文代字。

（5）虹农商银监：为总行监事会的发文代字。

2.2 党政公文的格式规范

2.2.1 公文的格式要素

公文是有严格的格式规范的，我们现行最新的党政机关公文格式是 2012 年出台的"新国标"，即《中华人民共和国国家标准党政机关公文格式》（GB/T 9704—2012）。一般来说，一份完整的公文，一共有 18 个要素，分别如下。

（1）份号。

（2）密级和保密期限。

（3）紧急程度。

（4）发文机关标志。

（5）发文字号。

（6）签发人。

（7）标题。

（8）主送机关。

（9）正文。

（10）附件说明。

（11）发文机关署名。

（12）成文日期。

（13）印章。

（14）附注。

（15）附件。

（16）抄送机关。

（17）印发机关和印发日期。

（18）页码、公文页数序号等。

其中，前六项红色横线以上的部分称为"版首"，从标题开始到附件部分为"主体"，剩下的部分称为"版记"。如图2.1所示的公文格式范文为例，最左上角的编号为文件编号。

图2.1　公文格式范文

"机密★1年"的字样表示的是公文的密级。一般来说，"机密"文件，机密后加"★",一般密级和保密期限之间可用"★"符号分隔,如"秘密★1年"。若只标注密级不标保密期限时,密级的两字之间应留一字空格,即"秘 密"。

密级程度下面为紧急程度,指公文送达和办理的时限要求。一般分为特提、特急、加急、普通等四种。紧急文件,"紧急"二字之间一般空一格,即"紧 急"。

要想掌握公文的格式要素,我们平时还是要多看、多了解。公文看多了,每收到一份公文,就能一眼看出来缺了哪些要素,就像我们每次出门都会带好钱包、钥匙、手机等一样,落下了哪个心里都会觉得不对劲。

2.2.2 公文的排版

公文的排版是公文的门面,因此文秘人员也要重视排版工作。一般来说,每个发文单位都应当指定专人按照《中华人民共和国国家标准党政机关公文格式》(GB/T 9704—2012)的标准和要求,制作一个公文格式模板供文秘人员使用,如图2.2所示。

```
一、一级标题(3号黑体)
××××××××××(3号仿宋_GB2312)
(一)二级标题(3号楷体_GB2312)
1.三级标题(3号仿宋_GB2312,有四级标题时可加黑)
(1)四级标题(3号仿宋_GB2312)
二、一级标题(3号黑体)
××××××××××(3号仿宋_GB2312)

附件:1.××××××××××××××××××
       ×××
    2.××××××××××
```

图2.2 公文正文排版格式范例

需要注意的是,由于写公文时会遇到各种情况,所以,排版时还得具体情况具体分析。比如,"新国标"已经取消"此页无正文"的格式,因此,当公文排版后所剩空白处不能容下印章位置时,我们应当采取调整行距、字距的措施加以解决,务必要使印章与正文同处一面,不能再采取标识"此页无正文"的方法来解决。具体到每个文件,我们还要根据实际情况对排版进行调整。

2.3 党政公文的写作特点

党政公文写作不同于一般文章写作,也区别于论文写作,更不同于文学创作。平时我们写作,写的可能是自己心里想写的,但公文写作却是"受领导之命,代单位立言",它反映的是群体性的活动,不能加入私人感情色彩。

对于公文写作的特点,可以概括为三点:一是公文写作讲究规范表达,不过分追求标新立异,是为"行规矩步";二是公文事关公务活动,有特定的读者对象,内容针对性强,方针政策性强,因此,必须确保它合法、真实;三是公文写作通常刻不容缓,时限性强。

一般来说,公文要求"**目的明确,内容真实**"。我们撰写公文的目的是为机关单位的行政管理服务,因此,公文的开头就需要写清楚:为了……,根据……。这算是起笔入题,准确定位,非常讲究针对性。公文反映的内容,一定要真实,要准确反映机关单位管理工作的实际情况。整体上,一份公文需要回答清楚"为什么?干什么?怎么干?"这三大问题,因此,内容一定要有合法性、真实性、针对性、可行性。

写公文时,我们也要用到记叙、说明、议论三种表现手法。记叙时,要把一个事件的来龙去脉说清楚、讲明白,让受众读完公文就能了解发生了什么;说明时,要真实而准确地分析相关事物的特征、要点、结构、成因、作用,等等,把一个事物的多个侧面呈现出来;议论时,需要摆事实、讲道理、理顺逻辑、懂得论证,最后得出一个或多个结论。

公文写作对表达方式的基本要求是"**叙述时,不曲折、不修饰,要简洁庄重;说明时,不失真、不渲染,要平实确切;议论时,不烦琐,不铺展,要精当凝练**"。

比如,我们需要写一份通报,批评某公务员为庆祝父亲六十大寿大摆酒席、广收礼金的行为。该通报就应该简单、直接地交代事实,不必生动具体地去描写宴会盛况及会后安排的一些活动等。

又比如,一名国家涉密人员,离职前必须在单位内非密岗位进行脱密,脱密期为2年。该人员为非核心岗位人员,想要在脱密期届满前离职,单位需要向上级主管部门写一份报告,那就应当实事求是地写清楚相关情况,而不是任意夸大该人员的作用。如果字里行间写满"最关键技术岗位的灵魂人物""具有不可替代的重要作用""直接关系到……工作进度,将对……工作均造成极大影响""甚至从某种程度上会影响到我国……重大战略计划",等等,就犯了"说明失真和渲染"的错误。

再比如,我们需要在一份通知中要求大家做好保密工作,就不需要先用几千字的篇幅去阐述保密工作的重要性。正确的操作是:先简单介绍下发通知的目的,接着对发文对象提出要求,比如,哪些内容需要保密,怎么开展保密工作,具体由谁牵头负责和监督,以及如果保密工作做不到位将面临怎样的处罚,等等。

2.4 党政公文的语言风格

党政机关公文在写作时要达到"言之有物""言之有序""言之有文采"的标准,即要有实实在在的内容、观点、举措,等等。要把话"说到点子上",还要把话说得有条理、符合语言规范和行文逻辑,最好还有一定的思想性和文采,因此,公文的语言风格不能太跳脱,而是要准确、简练、庄重、鲜明。

2.4.1 准确

公文的语言表达一定要精准。写公文时,我们要写清楚概念,行文要讲究分寸,句式要符合语法习惯,公文的要素要规范,切勿有模糊的、不好落实甚至会引发歧义的表述。

比如,"砍伐碗口粗的树木"的表达就不准确,因为不能清楚地让人知道"碗"是大碗还是小碗,这个界定就很模糊,因此,这里需要改成"砍伐树干直径超过20厘米的树木"。又比如,"造成损失",需要改成"造成物品损毁"或"造成物品只能降价销售",若是折算成经济损失数据更佳,如"造成直接经济损失186万元"。再比如"20对男女青年集体结婚"这种表述,就很容易引发歧义,应当改为"20对青年男女举办集体婚礼"。

2.4.2 简练

公文语言的表达一定要简洁凝练,切忌啰唆。能用一句话表达清楚的,就不需要反复解释说明。行文时,我们要不断锤炼语言,把空话、套话、虚话都删掉,各个句式和段落之间要层次分明、富有逻辑。

比如，我国原《婚姻法》规定："夫对于其妻所抚养与前夫所生的子女或妻对于其夫所抚养与前妻所生的子女，不得虐待或歧视。"后来，这个规定被修改为："继父母与继子女之间，不得虐待或歧视。"后面这个表达更简练，同时还包含了"继子女也不可以虐待或歧视继父母"这层意思。

写公文，我们应当力求"篇无闲句、句无闲字"，行文不蔓不枝、干净利索，还要注意控制篇幅。很多新手在写作时，会存在"文章越长，证明工作做得越多"这种错误认识，但是，我们的公文不在长，而是在于字字珠玑。尤其是上行文，如报告，一定要做到"总结经验要简明扼要，分析问题要切中要害，布置下阶段工作计划要切实可行"。

一般来讲，请示类公文一般不超过1500字，报告类公文一般不超过3000字，下发的通知类公文一般不超过4000字，极特殊的情况可以除外（如可行性报告、调查报告、带有指导意见的通知等）。但是，公文内容也不是越少越好，而是要表述清楚全部的情况。比如，上级单位在检查提纲里提了20个问题，我们不能在公文里写一句"经查，我单位不存在上述问题"就完事，而是要结合实际，概要说明本单位的具体做法。

2.4.3 庄重

公文的语言要严肃、庄重、得体。要尽量使用书面语言，不用方言、俚语；需要用到术语的时候，术语使用一定要规范；措辞要得体，整体语言风格应该安全、庄重。比如，"咬耳朵"这个词可能有两重意思，第一层意思是"用嘴巴咬住耳朵"，第二层意思是"交头接耳，窃窃私语"，这种可能会引发错误理解的词语是不可以写进公文里的。像广东人常说的"扑街"（意为"倒霉"）、"走鬼"（意为"流动商贩"），北京人常说的"蹬鼻子上脸"（意为"得寸进尺"）、"鸡贼"（意为"小气"），上海人常说的"门槛精"（意为"精明"）、"混腔司"（意为"混日子"）之类的词语是不可以写进公文里的。

在写到与会计、审计、法律、医学等专业有关的问题时，需要先搞清楚各专业术语的用法，不能想当然。比如，要分清楚"GDP"和"GNP"、"法人"和"法人代表"等专业词汇的区别，并确保将其运用准确。

2.4.4 鲜明

写公文时一定要观点明确、褒贬得当、段旨撮要、风格鲜明和生动。公文的语言风格最讲究平实，但是过于平实了就很容易枯燥、千篇一律，甚至将公文写成八股文。

如何让公文的语言风格变得鲜明？其实我们可以向毛泽东同志学习。毛泽东同志的文章大多写得有气势、有思想、有美感，而且，每隔几段就会产生一个"记忆点"，个性非常鲜明，工人农民看了不觉得深，专家学者看了不觉得浅。比如，1939年7月7日，面对即将上前线的华北联合大学师生，毛泽东同志发表了一席讲话，就别出心裁地用了"三个法宝"阐明了中心思想："姜子牙下昆仑山，元始天尊赠了他杏黄旗、四不像、打神鞭三样法宝。现在你们出发上前线，我也赠给你们三样法宝，这就是——统一战线、武装斗争、党的建设。"

想要使得一篇公文的语言风格生动鲜明，就要摆脱八股式的写法，标新立异。总体来说，就是避免观点旧、办法旧、表述旧。同一个观点，我们不能反反复复在不同的公文里说，而是力求我们在公文中提出来的道理新、材料新、角度新。提办法和举措时，尽量不要照搬以前的办法，而是要结合当前的实际及实践中发生的新情况进行完善。同一个意思有多种表述方式，同样的话可以换不同的语言陈述，因此，在公文写作过程中，我们可以适当转换一下语言，避免老套。

第 3 章

常见公文的写作实战技巧和案例分析

3.1 通知 / 28	3.9 意见 / 106
3.2 请示 / 50	3.10 决定 / 113
3.3 公函（函） / 61	3.11 议案 / 118
3.4 报告 / 69	3.12 决议 / 123
3.5 通报 / 84	3.13 公告 / 127
3.6 纪要 / 90	3.14 公报 / 134
3.7 通告 / 99	3.15 命令（令） / 143
3.8 批复 / 102	

机关单位最常见的公文有通知、报告、请示、公函（函）、通报、纪要、意见、批复、通告，等等，议案、决定只有在重大场合才会使用，而公报、命令（令）一般人员很少接触到，因此，本章拟从大家最常用的公文开始介绍。介绍时，首先会列明各类公文的概念、分类、特点，以及写作要点和实战技巧，等等，然后通过"举正例"的形式让大家模仿，再通过"举反例"的形式让大家加深印象，避免在公文写作过程中犯低级错误。

通知

3.1.1 通知的概念和分类

在法定公文中，通知是使用频率最高的一种文种。它是发文单位向特定的对象告知有关事项的公文。一般适用于批转下级单位的公文、转发上级单位和不相隶属单位的公文、传达要求下级单位办理和需要有关单位周知或者执行的事项、任免和聘用人员、发布规章，等等。

在日常工作中，我们布置工作、举办活动时需要用到通知，比如《关于做好20××年上半年工作总结和下半年工作计划的通知》；印发制度和转发文件时需要用到通知，比如《关于印发〈××股份有限公司股份管理办法〉的通知》《转发〈关于印发××同志在20××年廉洁从业和反腐败工作会议上讲话的通知〉》；提出要求和人事任免时，也会用到通知，比如《关于进一步规范亲属回避工作的通知》《关于××等同志职务任免的通知》；其他有必要通知的事项，也可以通过通知的形式发布。

通知一般分为经转性通知、知照性通知、指示性通知、事务性通知四类，其所涉内容对比如表3.1所示。

表3.1 四类通知

分 类	应 用
经转性通知	这种通知主要用于印发本级机关、批转下级机关或转发上级机关、同级机关和不相隶属机关的公文，以及发布某些行政法规等，比如《国务院批转财政部 国家计委关于进一步加强外国政府贷款管理若干意见的通知》

续表

分 类	应 用
知照性通知	让受文对象"了解情况"。这种通知发送对象广泛，对下级、平级均可发送，主要用于告之各有关方面周知的事项等。周知行政事务、成立或撤销机构、启用或停用印章、办公地点迁移，以及任免、聘用通知等，严格意义上也属于知照性通知，比如《国务院关于更改新华通讯社香港分社、澳门分社名称问题的通知》
指示性通知	对收文对象提出方向性的意见、做出具体的指示。比如《文化部关于取缔变相营业性录像放映活动的通知》《关于做好元旦期间全区食品安全工作的通知》
事务性通知	一般用于上级机关对下级就某一具体事项布置工作、交代任务，或者，同级机关及不相隶属的单位之间就某一项具体工作的进行或某一具体问题的解决要求对方配合、协助办理等。这类通知一般会对收文对象做出工作安排，比如各类会议通知、活动通知均属于此类通知

3.1.2 通知的写作要点和范文

通知一般由标题、主送机关、正文、落款和日期构成。在标题中，我们需要写明"事由＋文种"，比如《关于……的通知》。

通知正文的写作要诀，可以总结为"**务虚在前，解决认识问题；务实在后，解决操作问题**"。在写通知正文时，开篇我们需要先写明通知的缘由，交代清楚写通知的背景、情况和依据、目的，是"务虚"。接下来再写通知的"务实"部分，比如，具体的操作事项之类的，要让收文对象看得明白，执行时可以落到实处。

接下来，我们分别介绍每一种通知的写法。

1. 经转性通知的写法

一般写这类通知时，需要对印发、批转、转发的文件提出意见，表明态度。比如，要在正文开头写明所印发、批转、转发文件的目的和意义，在文末提出希望和要求，写明"请认真贯彻执行""望遵照执行""请参照执行"等。

通知作为一种最能体现公文特征的文种，无论在什么情况下，《关于……的通知》这样的标题都不可省略，但是在批转、转发、印发通知的标题中，有的新手会错把被批转、转发、印发的公文文种视为本公文的文种，而将本公文的文种省略不写了。

比如《××市人民政府批转市规划局关于进一步加强城市规划管理的请示》，很显然，这个标题的谓语和宾语成了"批转……的请示"，这根本是说不通的。我们应当在"请示"后面加"的通知",并把"请示"前的"的"字删去,将这个标题改为《××市人民政府批转市规划局关于进一步加强城市规划管理请示的通知》。对于转发的文件,标题写法类似,比如《××省人民政府办公厅转发国务院办公厅关于违规修建办公楼等楼堂馆所案件调查处理情况通报的通知》。

遇到用"通知"这种文种来转发另一个"通知"时,标题中更容易忽略文种。例如,批转、转发、印发的公文本就属于"通知",却需要我们再次下发一次通知。

比如《××市人民政府转发××省人民政府关于开展第三次人口普查工作通知的通知》《××市人民政府办公室转发中共××省委办公厅、××省人民政府办公厅关于进一步加强领导干部出国(境)管理工作的通知的通知》,在这样的标题中,第一个"通知"是被转发公文的文种,第二个"通知"是本次发文的文种。

转发上级文件的转发类通知,在正文里引文一定要先引标题,后引发文字号,但是,通知的标题中不用引发文字号,如果被转发的公文标题中没有发文机关,则需要加上发文机关。

当多层次地"转发"某份公文时,标题中一般只留一个"关于"、一个"转发"字样,标题中若是出现两个"关于""转发",读起来会比较乱。在转发这类通知时,我们可将各级转发机关的意见融入本层机关的转发意见中。一般来说,出现多重转发的情况,我们的处理方式有以下三种。

一是省略法。拟批转、转发、印发的原公文标题中已有"关于"一词时,新拟标题可省略介词"关于"和文种"通知",比如《国务院批转农业部关于加速发展淡水渔业的报告》。

二是替代法。当采用省略法也无法避免"转发""关于""通知"等词要在标题中重复出现时,我们可用发文字号作为新拟标题的事由来替代原文标题,比如我们可以写《××省委关于贯彻落实中发(19××)12号文件精神的通知》,还可以在标题中写明事由主旨,如《中共××省委关于贯彻执行中发(19××)21号文件严格控制党政机关干部出国问题的通知》。

三是直转法。针对某一重大问题或事件,中央发了文件,省委立马转发,市委接着转发,县委还要转发时,标题就更加难拟制。如果采用省略法、替代法均不合适,我们可采用直接转发最上一级文件的办法。比如,××省委就疫情防控工作发了通知,某市委转发后,某县委又需转发,这时就可采用直接转发省委通知的办法,将标题拟成《转发××省委关于抓好疫情防控工作的通知》。如果上级在转发它的上级文件时,均结合实际提出了具体落实意见,则可将上级的转发意见连同最上一级文件作为"附件"附在正文之后。

尤其需要注意的是:"批转""转发""印发"不能混淆。转发下级机关的公文,通知标题中用"批转";转发上级机关和平行机关的公文,标题中用"转发";下发本机关的规章制度等非法定公文时,标题中用"印发"。多个机关联合行文时,标题上各机关之间不加顿号,而是以空格代替。

范文 3-1

山东省财政厅 山东省发展改革委员会 山东省工业和信息化厅
山东省审计厅 人民银行济南分行

关于转发《财政部 发展改革委 工业和信息化部 人民银行 审计署关于打赢疫情防控阻击战 强化疫情防控重点保障企业资金支持的紧急通知》的通知

鲁财金〔2020〕9号

各市(不含青岛,下同)财政局、发展改革委、工业和信息化局、审计局,黄河三角洲农业高新技术产业示范区财政金融局,人民银行各市中心支行、分行营业管理部,有关金融机构:

为支持疫情防控重点保障企业扩大产能,保障疫情防控相关重要医用物资、生活必需品平稳有序供给,现将《财政部 发展改革委 工业和信息化部 人民银行 审计署关于打赢疫情防控阻击战 强化疫情防控重点保障企业资金支持的紧急通知》(财金〔2020〕5号)转发给你们,并提出以下要求,请一并贯彻执行。

一、充分认识保障疫情防控重要医用等物资供应的重要意义

(略)

二、严格疫情防控重点保障企业名单管理

(略)

三、切实加强应急保障资金的使用监督管理

(一)用好专项再贷款资金。(略)

(二)用好财政贴息资金。(略)

四、加强部门协作，形成工作合力

各级有关部门要各司其职，并加强部门配合、协同作战，共同推动政策尽快落地，及早见效。要建立协同联动工作机制，开辟绿色通道，简化业务流程，提高工作效率。要加强政策宣传，主动向疫情防控重点保障企业宣传介绍政策，确保企业了解内容、知晓流程，指导企业用足用好政策，坚定社会信心。要急事急办、特事特办，按照战时标准和要求，迅速落实好国家政策措施，全力支持和组织推动相关企业满负荷生产、扩大产能。要加强对重点保障企业贴息贷款的审计监督，对滥用职权、玩忽职守、徇私舞弊、骗取套取财政资金和信贷资金的违法违纪行为要依法追究，涉嫌犯罪的，依法移送司法机关处理。

附件：《财政部 发展改革委 工业和信息化部 人民银行 审计署关于打赢疫情防控阻击战 强化疫情防控重点保障企业资金支持的紧急通知》

山东省财政厅　　山东省发展和改革委员会　　山东省工业和信息化厅
山东省审计厅　　中国人民银行济南分行
20××年××月××日

范文 3-2

关于转发××市财政局《关于印发〈××市政府集中采购目录及标准（20××年版）〉的通知》的通知

各预算主管部门，各镇、街道，××工业区：

根据《中华人民共和国政府采购法》和《××市政府采购实施办法》相关规定，以及《财政部关于印发〈地方预算单位政府集中采购目录及标准指引（2020年版）〉的通知》（财库〔2019〕69号）要求，现将××市财政局《关于印发〈××市政府集中采购目录及标准（20××年版）〉的通知》（×财采〔20××〕25号）转发给你们，该集中采购目录及标准自2021年1月1日起实施，请遵照执行。

××市××区财政局
20××年××月××日

2. 知照性通知的写法

写这类通知一定要写清楚基本事实，不能只笼统写一两句话就交代完毕。例如，写到机构改名，最好能写清楚改名后机构的职责、职权有无变化；写人事任免和聘用通知，一般要写清楚决定任免、聘用的机关、依据，具体任用的职务，任用、聘用时长等信息。

范文 3-3

国务院关于更改新华通讯社香港分社、澳门分社名称问题的通知

（国函〔20××〕5号）

香港、澳门特别行政区政府：

鉴于中央人民政府已经对香港、澳门恢复行使主权，为更好地贯彻"一国两制"、"港人治港"、"澳人治澳"、高度自治的方针和《中华人民共和国香港特别行政区基本法》、《中华人民共和国澳门特别行政区基本法》（以下均简称基本法），支持特别行政区政府依照基本法施政，保障中央人民政府驻香港、澳门的工作机构按照授权履行职责，1999年12月28日，国务院第24次常务会议决定：自2000年1月18日起，新华通讯社香港分社、新华通讯社澳门分社，分别更名为中央人民政府驻香港特别行政区联络办公室和中央人民政府驻澳门特别行政区联络办公室。其职责为：

一、联系外交部驻香港特别行政区特派员公署、外交部驻澳门特别行政区特派员公署和中国人民解放军驻香港部队、中央人民解放军驻澳门部队。

二、联系并协助内地有关部门管理在香港、澳门的中资机构。

三、促进香港、澳门与内地之间的经济、教育、科学、文化、体育等领域的交流与合作。联系香港、澳门社会各界人士，增进内地与香港、澳门之间的交往。反映香港、澳门居民对内地意见。

四、处理有关涉台事务。

五、承办中央人民政府交办的其他事项。

中央人民政府驻香港、澳门特别行政区联络办公室及其人员，将严格遵守基本

法和当地的法律，依法履行职责。特别行政区政府在处理与联络办公室职责有关的事务时，可与其联系。

新华通讯社香港分社和新华通讯社澳门分社更名后，中央人民政府驻香港特别行政区的机构有：中央人民政府驻香港特别行政区联络办公室，外交部驻香港特别行政区特派员公署，中国人民解放军驻香港部队；中央人民政府驻澳门特别行政区的机构有：中央人民政府驻澳门特别行政区联络办公室，外交部驻澳门特别行政区特派员公署，中国人民解放军驻澳门部队。请特别行政区政府为上述机构提供履行职责所必需的工作便利和豁免。原新华通讯社香港分社和新华通讯社澳门分社承担的新闻业务，将分别由新华通讯社提请特别行政区政府注册的新华通讯社香港特别行政区分社、新华通讯社澳门特别行政区分社承担，请特别行政区政府为其注册和开展工作提供便利。

特此通知。

国务院
20××年××月××日

范文 3-4

关于聘用××等工作人员的通知

各市人民政府，市政府各部门，市直各单位：

20××年10月31日，市政府决定，聘用：李××为××市高新技术产业开发区管理委员会主任；秦××为××轨道交通产业示范区管理委员会主任。以上人员聘期三年。

××市政府办公厅文秘处
20××年××月××日

教育部办公厅关于启用教材局和基础教育司发文代字及新印章的通知

教办厅函〔2017〕13号

各省、自治区、直辖市教育厅（教委），新疆生产建设兵团教育局，有关部门（单位）教育司（局），部属各高等学校，部内各司局、各直属单位：

根据《教育部办公厅关于成立教材局、基础教育司等机构及相关职责调整的通知》（教人厅〔2017〕2号），即日起废止使用原基础教育一司、基础教育二司发文代字"教基一""教基二"，启用教材局、基础教育司发文代字"教材""教基"，废止使用"教育部基础教育一司""教育部基础教育二司"印章，启用"教育部教材局""教育部基础教育司"印章。

附件：新印章模式

教育部办公厅
20××年××月××日

3. 指示性通知的写法

当上级对某一项工作做出指示和安排，而根据公文内容又不必用"命令""意见"时，可使用指示性通知。这类通知的撰写难度相对要大一些，因为它很考验撰写者的水平。

撰写指示性通知，主要遵循以下几点：要掌握好政策、法规依据，增强发文的合法性和权威性；要做好相关措施的可行性研究，增强可操作性；要合理安排结构，讲究条理与逻辑，便于阅读领会理解。

在这类通知的导语部分，我们需要强调发文的缘由，说明指示事项产生的背景、依据，或是要说明某个问题的现状、严重性与危害性。主体部分要求我们围绕通知主题，对每一部分进行分项说明，并且要交代清楚要求收文单位领会、知晓、执行、承办的具体事项。

主体部分要合理安排结构,结构又主要分纵向和横向两种写法。

纵向(递进式)结构:基本原则、指导思想、工作任务、政策措施、方法步骤、注意事项等内容,按照先后次序表达。

横向(并列式)结构:将主题内容分解为几个方面,分别进行说明。

范文 3-6

国务院办公厅关于
进一步做好改善农民进城就业环境工作的通知

各省、自治区、直辖市人民政府,国务院各部委、各直属机构:

农民有序进城就业,对于促进农村富余劳动力转移,增加农民收入,满足城市劳动力需求,统筹城乡发展,都具有重要意义。党中央、国务院高度重视改善农民进城就业环境工作,《国务院办公厅关于做好农民进城务工就业管理和服务工作的通知》(国办发〔2003〕1号)下发以来,各地区、各有关部门做了大量工作,农民进城就业的环境不断改善,但是,目前仍存在一些亟待解决的问题。主要是农民进城就业管理服务制度建设滞后,城市公共职业介绍、培训服务还不能满足农民进城就业的需要,一些不法分子以职业介绍为名坑骗农民工钱财的违法犯罪活动时有发生,农民进城就业收费多、手续繁的问题有待进一步解决,部分行业和企业拖欠农民工工资、侵害农民工权益等问题仍然比较突出。为进一步改善农民进城就业环境,维护农民工合法权益,经国务院同意,现就有关问题通知如下:

一、进一步做好促进农民进城就业的管理和服务工作

(一)清理和取消针对农民进城就业等方面的歧视性规定及不合理限制。(略)

(二)开展有组织的劳务输出。(略)

(三)完善对农民进城就业的职业介绍服务。(略)

(四)做好对农民工的咨询服务工作。(略)

(五)加强对农民进城就业的培训工作。(略)

二、切实维护农民进城就业的合法权益

(一)进一步解决拖欠农民工工资问题。(略)

(二)加强劳动合同管理和劳动保障监察执法。(略)

第3章 常见公文的写作实战技巧和案例分析

（三）及时处理农民工劳动争议案件。（略）

（四）支持工会组织依法维护农民工的权益。（略）

（五）做好农民工工伤保险工作。（略）

三、进一步健全完善劳动力市场

（一）整顿劳动力市场秩序。（略）

（二）探索建立城乡一体化的劳动力市场。（略）

地方各级政府，特别是城市政府要进一步提高认识，把改善农民进城就业环境作为重要职责，列入重要工作日程。要定期开展以"改善农民进城就业环境，维护农民工合法权益"为主题的普法宣传活动，增强用人单位依法用工和农民工依法维权的意识。要建立综合治理、齐抓共管的工作机制。要按照本通知要求，加强协调配合，结合当地社会经济发展状况，将农民进城就业纳入经济社会发展规划，制订本地区改善农民进城就业环境的实施方案。要层层落实责任制，掌握工作进度，注意总结经验，及时发现和解决工作中遇到的新问题。国务院将组织专项检查，督促改善农民进城就业环境和维护农民工权益的各项措施落到实处。

国务院办公厅
20××年××月××日

范文 3-7

国务院关于开展第七次全国人口普查的通知

国发〔2019〕24号

各省、自治区、直辖市人民政府，国务院各部委、各直属机构：

根据《中华人民共和国统计法》和《全国人口普查条例》规定，国务院决定于2020年开展第七次全国人口普查。现将有关事项通知如下：

一、总体要求

（一）指导思想。以习近平新时代中国特色社会主义思想为指导，全面贯彻党的十九大和十九届二中、三中、四中全会精神，认真落实党中央、国务院关于统计改革发展的决策部署，坚持实事求是、改革创新，科学设计、精心组织，周密部署、依法实施，确保第七次全国人口普查数据真实准确，全面客观反映我国人口发展状况。

（二）普查目的。第七次全国人口普查是在中国特色社会主义进入新时代开展的重大国情国力调查，将全面查清我国人口数量、结构、分布、城乡住房等方面情况，为完善人口发展战略和政策体系，促进人口长期均衡发展，科学制定国民经济和社会发展规划，推动经济高质量发展，开启全面建设社会主义现代化国家新征程，向第二个百年奋斗目标进军，提供科学准确的统计信息支持。

二、普查对象、内容和时间

普查对象是普查标准时点在中华人民共和国境内的自然人以及在中华人民共和国境外但未定居的中国公民，不包括在中华人民共和国境内短期停留的境外人员。

普查主要调查人口和住户的基本情况，内容包括：姓名、公民身份证号码、性别、年龄、民族、受教育程度、行业、职业、迁移流动、婚姻生育、死亡、住房情况等。

普查标准时点是2020年11月1日零时。

三、组织实施

第七次全国人口普查涉及范围广、参与部门多、技术要求高、工作难度大，各地区、各部门要按照"全国统一领导、部门分工协作、地方分级负责、各方共同参与"的原则，认真做好普查的宣传动员和组织实施工作。

为加强组织领导，国务院决定成立第七次全国人口普查领导小组，负责普查组织实施中重大问题的研究和决策。普查领导小组办公室设在国家统计局，具体负责普查的组织实施。各成员单位要按照职能分工，各负其责、通力协作、密切配合，共同做好普查工作。对普查工作中遇到的困难和问题，要及时采取措施予以解决。

地方各级人民政府要设立相应的普查领导小组及其办公室，认真做好本地区普查工作。要充分发挥街道办事处和乡镇政府、居民委员会和村民委员会的作用，广泛引导、动员和组织社会力量积极参与并认真配合做好普查工作。

地方普查机构可根据工作需要，招聘或者从有关单位借调符合条件的普查指导员和普查员。为稳定普查工作队伍，确保普查工作顺利进行，应及时支付招聘人员的劳动报酬，保证借调人员在原单位的工资、福利及其他待遇不变，并保留其原有工作岗位。

四、经费保障

第七次全国人口普查所需经费，由中央和地方各级人民政府共同负担，并列入相应年度的财政预算，按时拨付、确保到位。

五、工作要求

（一）坚持依法普查。各地区、各部门要按照《中华人民共和国统计法》《中华人民共和国统计法实施条例》《全国人口普查条例》等法律法规要求，认真做好普查各项工作。普查取得的数据，严格限定用于普查目的，不得作为任何部门和单位对各级行政管理工作实施考核、奖惩的依据。普查中获得的能够识别或者推断单个普查对象身份的资料，不得作为对普查对象实施处罚等具体行政行为的依据。

（二）确保数据质量。建立健全普查数据质量追溯和问责机制，各级人民政府统计机构要加大对普查工作中违纪违法行为的查处和通报曝光力度，坚决杜绝人为干扰普查工作的现象，确保普查工作顺利进行和普查数据真实准确。对普查中发现应当给予党纪政务处分或组织处理的统计违纪违法责任人，由统计机构按规定提出处分处理建议并及时移送任免机关、纪检监察机关或组织（人事）部门。

（三）提升信息化水平。采取电子化方式开展普查登记，探索使用智能手机采集数据。广泛应用部门行政记录，推进大数据在普查中的应用，提高普查数据采集处理效能。全流程加强对公民个人信息的保护，各级普查机构及其工作人员必须严格履行保密义务，严禁向任何机构、单位、个人泄露或出售公民个人信息。

（四）加强宣传工作。各级普查机构要会同宣传部门认真做好普查宣传的策划和组织工作。采用多种手段，广泛深入宣传第七次全国人口普查的重要意义和要求，引导广大普查对象依法配合普查，如实申报普查项目，为普查工作顺利实施创造良好舆论环境。

附件：国务院第七次全国人口普查领导小组组成人员名单

国务院

2019年××月××日

国务院的两份指示性通知，一份是针对农民工进城就业的问题，一份是针对全国人口普查的问题。从上述内容我们看出，这类指示性通知的写作难点主要在于：要将工作考虑得十分全面，像是下"一盘棋"一样，不遗落任何一枚棋子。通知正文的结构安排要合理，要分主次、有层次，每一部分阐述的内容要明确、清晰，整篇文章要富有逻辑，文辞要高度凝练。

4. 事务性通知的写法

事务性通知公文在日常生活中使用率最高。在写这种通知时，要注意说明发文缘由、具体的任务及具有可操作性的工作安排。例如，写会议通知时一般应写明以下几点：召开会议的原因、目的、名称，通知对象，会议的时间、地点，需要准备的材料，交通和食宿如何解决等。

写这类通知，要尽量考虑周全，撰文过程中要站在收文对象的立场想一想，其想要了解的事宜是否均已在通知中阐述明白。若有必要，应在文末写明联系人和联系方式，收文单位或个人若对通知内容有疑虑，可及时联系发文单位工作人员咨询。

范文 3-8

××市人民政府
关于召开政府系统人事改革工作会议的通知

各区（县）人民政府，市属各委、办、局，各直属机构：

为进一步推动我市人事改革工作，根据2013年2月省人民政府人事工作会议精神和省人社厅的工作部署，市政府常务会议决定，召开全市政府系统人事改革工作会议。现将有关事项通知如下：

一、参加人员

各区（县）人民政府、市属各委、办、局和各直属机构分管人事工作的有关领导。

二、会议时间

20××年3月22—23日，会期2天，上午8:30—11:30，下午14:00—17:00。

三、会议地点

××市会议中心1号楼第五会议室。

四、会议内容

1. 传达贯彻省政府人事工作会议精神，学习省人社厅下达的相关文件。
2. 总结全市人事改革试点工作，听取市政府公务员考察团出国考察报告。
3. 研讨、部署下一阶段的人事改革工作。

五、相关事项

1. 与会人员请着正装。
2. 市属各部门与会人员3月21日下午2:00在市政府门口统一乘车，各区（县）

政府领导自行前往会议地点。

3. 会议统一安排食宿，所需费用由各单位报销。

4. 为便于安排食宿，请各单位将与会人员姓名、性别、民族、职务等于 3 月 18 日前报市政府办公室（见会议回执）。

联系人：吴××，王××　　联系电话：×××××××

请与会人员准时到会。

附件：会议回执

××市人民政府（印）

20××年××月××日

解析： 此会议通知包含了时间、地点、参加人员、事项、通知主体、通知时间等六要素，还对通知对象的"衣食住行"均做出了安排，内容简洁明确，通知要素齐全，是一份比较合格的会议通知。

国务院办公厅关于延长20××年春节假期的通知

国办发明电〔20××年〕1号

各省、自治区、直辖市人民政府，国务院各部委、各直属机构：

经国务院批准，为加强新型冠状病毒感染的肺炎疫情防控工作，有效减少人员聚集，阻断疫情传播，更好地保障人民群众生命安全和身体健康，现将延长20××年春节假期的具体安排通知如下。

一、延长20××年春节假期至 2 月 2 日（农历正月初九，星期日），2 月 3 日（星期一）起正常上班。

二、各地大专院校、中小学、幼儿园推迟开学，具体时间由教育部门另行通知。

三、因疫情防控不能休假的职工，应根据《中华人民共和国劳动法》规定安排补休，未休假期的工资报酬应按照有关政策保障落实。

国务院办公厅

20××年××月××日

解析： 这是疫情期间国务院办公厅下发全国的、延长春节假期的通知。通知先交代认识问题，再交代操作问题，并对学校开学时间、因疫情防控不能休假的职工的待遇进行了特别强调，方便各地遵照执行。

范文 3-10

关于做好办公室搬迁工作的紧急通知

经学校研究，定于近期开展办公室搬迁工作。为确保搬迁工作安全、有序、及时进行，现将有关事宜通知如下：

一、时间安排

各相关单位的搬迁工作时间原则上为一个工作日，具体时间安排将在后期的整体搬迁方案中通知。

二、搬迁准备工作

1.各相关单位负责人要根据行政办公用房分配方案（见附件1）实地查看新办公室，进行功能分区、人员定位，确定房间编号及门牌，并于6月30日（星期四）上午下班前将本单位办公室的房间编号、需增补的门牌标识信息、需移机的电话号码等三项信息进行统计后报送给党政办公室（原则上房间编号、门牌标识和需移机的电话必须完全统一）。由党政办公室在搬家前统一标识于新办公楼各房间。

2.各相关单位要提前做好搬迁准备工作，对本单位需要搬迁的办公桌椅、会议桌椅、沙发、文件柜、计算机、打印机及其他大件（或精密）物品的数量进行清点，并填写办公资产清单登记表（见附件3，主要用于与搬家公司确定工作量），并于6月30日（星期四）上午下班前将搬迁的大件（精密）资产清单登记表报送给党政办公室。文件资料及个人用品需提前进行整理，打包装箱。所有需搬迁的物品必须对照前期编好的房间号做好相应的标识，方便搬家公司搬到正确的地点。

3.各相关单位要对照资产清单，对不搬迁物品进行认真梳理，原有资产不得随意丢弃，空调一律不搬入新的办公地点，待搬迁工作结束后，迁出与迁入部门与资产装备处共同做好资产交接手续。

4.按照中央最新出台的各级领导干部办公家具配备标准，各部门请自行严格对照，如有超标，须报资产装备管理处，由资产装备管理处调配使用。凡超标而未报的部门，一经发现，将由纪委严肃追责问责。

三、相关要求

1. 各相关单位具体负责本单位的搬迁工作,要明确1名专人,具体负责协调实施搬迁工作,并于6月30日将具体负责人名单和联系方式报送党政办公室。

2. 所有物品打包需在搬迁工作开始之前完成,搬迁开始后未打包的物品搬家公司无法负责,更不能保证物品的完整性和安全性。届时均由各部门自行搬运。

3. 个人贵重物品请自行携带或运送至新的办公地点,搬家公司不负责搬运。

附件:1. 科教综合大楼行政办公用房分配方案
   2. 各单位办公室房间编号、需移机电话及搬迁工作联络员信息统计
   3. 各单位办公资产信息统计表
   4. 中央行政单位通用办公设备家具配置标准

××医药学院党政办公室
20××年××月××日

解析: 这是一份紧急搬迁通知,我们可以看到通知对办公用房分配方案、搬迁准备、搬迁过程、办公家具配备标准等事宜进行了强调,还回答了"干什么,怎么干,何时干,谁来干"等问题。虽然通知事项较多,但整体清晰明了,可操作性强。

范文 3-11

关于严明防汛纪律的紧急通知

各区委、市人民政府,葛店开发区、临空经济区党工委、管委会,市委各部办委局,市级国家机关各委办局,各人民团体:

近期,我市遭遇多场强降雨袭击,市防汛抗旱指挥部下发紧急通知,防汛形势严峻。为坚决打好防汛救灾这场硬仗,确保人民群众生命财产安全,现将有关纪律要求通知如下。

一、严格落实防汛责任。防汛责任大于天,各地各单位要认真贯彻落实习近平总书记对防汛救灾工作的重要指示,坚持人民至上、生命至上,牢固树立"防大汛、

抢大险、抗大灾"的思想，时刻绷紧防汛这根弦，时刻保持战时状态，落实落细防汛救灾措施，做到思想认识到位、责任落实到位、预警预报到位、会商研判到位、紧盯重点到位、应急值守到位、抢险救援到位、隐患排查到位。各级党政主要负责同志要坚持以上率下，切实担负起指挥、组织、协调、督办的具体职责，靠前指挥，一线作战，切实把确保人民生命安全放在第一位落到实处，确保安全度汛。

二、严格遵守防汛纪律。各地各单位要严格执行防汛救灾战时机制，强化防汛战时纪律；坚决执行省、市防汛抗旱指挥部关于防汛救灾调度指令、落实工作职责，严禁以任何借口推诿拖延、各行其是，确保政令畅通；严格执行24小时值班值守和领导带班巡查制度，严禁擅离职守、脱岗空岗；严格落实值守职责，严禁值守期间手机通信不畅、违规饮酒、带彩娱乐等行为；严格执行汛情、险情、灾情报告制度，严禁虚报、瞒报、漏报、迟报；严格各类防汛救灾物资采购、管理和使用，严禁截留挪用、贪污侵占防汛救灾款物等行为；严格发放防汛补助，严禁借防汛救灾之名违规发放津补贴。

三、严格监督执纪问责。全市各级纪检监察机关要认真履行监督责任，紧盯长江、内湖、城市防洪、城市危房、重点工程和重点区域，下沉一线监督检查，督促各地各单位切实做好统筹防疫与防汛、防汛与救灾、应急与谋远、防汛救灾与科学管理、用好专业力量与社会力量、防汛与抗旱等工作。要坚决纠治以形式主义、官僚主义对待防汛工作问题；对欺上瞒下、谎报灾情的，对有令不行、有禁不止的，对擅离职守、临危退缩的，对推诿扯皮、贻误工作的，对行动缓慢、敷衍塞责的，发现一起，查处一起，点名道姓通报曝光，绝不姑息；对严重失职渎职，致使国家和人民生命财产遭受重大损失的，严格实行"一案双查"，用铁的纪律、铁的规矩确保防汛工作万无一失。

中共××市纪律检查委员会
20××年××月××日

解析：这份通知是在汛情发生后发出的，它对防汛纪律做出了明确的要求。通知先强调了责任意识，再严明防汛纪律，接着再说明惩处手段。三个段落层次清楚，逻辑严密，浑然一体。这种写法值得我们学习。

范文 3-12

关于做好×××分析报告材料报送工作的通知

各部室：

根据××局的监管工作要求，我单位需提交经营风险情况分析报告，请各部室按分工提供报告素材，现将有关事项通知如下：

一、报告内容及分工：××××××××

二、报送时间及方式：××××××

三、其他事项（比如，数据截止时间、典型案例、图片格式要求等）

特此通知。

×××××（单位名称）
20××年××月××日

范文 3-13

关于举办×××培训班的通知

各×××：

为了××××××，集团总部决定举办×××培训班。现将有关事项通知如下：

一、培训时间（包括报到时间）

二、培训地点（包括报到地点）

三、参训人员

四、培训内容或议程

五、其他注意事项

……

特此通知。

×××××（单位名称）
20××年××月××日

解析：范文 3-12、范文 3-13 是日常工作中常用到的两种通知模板。通知内容相对比较简单，在起草类似的通知时，大家按模板填充相应的内容即可。

范文 3-14

关于印发韩××市长在市政府常务会议上讲话的通知

各县（市）、区人民政府，市经济技术开发区管委会，××科技产业园管委会，××开发示范区管委会，市有关部门和单位：

2月25日，韩××市长在十四届市政府第××次常务会议集中学习《中共中央国务院关于给予中共××市委、××市人民政府通报批评的通知》后作了重要讲话。现印发给你们，请认真组织学习，迅速贯彻落实。

××市安全生产委员会办公室
20××年××月××日

在政府常务会议上关于安全生产的讲话

韩××
（20××年2月25日）

同志们：

××8·12爆炸事故是一起特别重大的生产安全责任事故，给人民群众生命财产造成了巨大损失，教训极为惨痛……下面我就贯彻落实通知精神再提三点意见。

（略）

我们要共同认真反思，举一反三，在××市迅速开展一场安全隐患大排查、大整改，聚焦建筑工地、道路交通、化工企业、危险品运输、城市消防、校园、食品药品等重点行业和领域，从严从实、深挖细查，做到不遗漏一个角落、不放过一个隐患、不忽视一个风险，切实保障人民群众的安全，增强人民群众的安全感、幸福感。

解析：印发或转发讲话、规章和文件时，一般要将讲话、规章和文件正文附在通知后面，而不作为附件处理。

3.1.3 通知写作的常见问题

在写通知类公文时，最常见的问题主要有以下几个方面。

1. 通知标题不规范

一个完整、规范的通知标题应由发文机关名称、事由和文种三要素组成，受文对象看到标题，就能明白这份通知是哪个机关发来的、说的是什么问题。用红头文件下发通知时，标题中可以不注明发文机关。很多人在写通知标题尤其是比较长的标题时，很容易犯错误。例如，以下三个标题就存在比较严重的语法问题。

（1）《关于认真做好表彰优秀员工的通知》—— 这个通知标题缺乏宾语，"做好"后面接"表彰优秀员工"显然是不对的，应改为《关于认真做好表彰优秀员工工作的通知》。

（2）《关于做好支持农民春耕生产各项工作问题的通知》—— 这个通知标题存在"谓宾搭配不当"的问题，"做好"为谓语，"问题"为宾语，去除中间的定义词后，"做好问题"显然不对，"问题"二字纯属冗余，此通知标题应改为《关于做好支持农民春耕生产各项工作的通知》。

（3）《关于召开第 × 届党员代表大会有关事宜的通知》—— 在这类会议通知中，"召开"和"事宜"也存在"谓宾搭配不当"的问题，此标题应改为：《关于召开第 × 届党员代表大会的通知》或者《关于第 × 届党员代表大会有关事宜的通知》。

2. 没有做到开门见山

写通知不需要长篇大论，开门见山是最恰当的。比如，我们写个通知要求下级机关舆情管理人员来参加舆情培训，那我们在正文中写一大段关于舆情工作的重要性就非常没有必要。又比如，我们需要针对舆情管理工作写一份指示性通知，要求大家落实舆情管理工作的各项要求，却在通知正文中洋洋洒洒议论舆情工作对一个单位的重要性，最后却只简单地提了一下舆情工作的思路、想法、措施，那就犯了"本末倒置"的错误。

3. 用语不够规范简洁

很多文秘人员在写通知时，存在"过分口语化"的问题，写出来的通知内容像是在聊天。例如，在通知中写"今年的错误要纠正，去年的也不要放过。今后不论超产奖还是什么乱七八糟的这个奖那个奖，统统都得在利润中支付"，这样的表述太口语化，违反了公文的用语要求。笔者曾经见过一位文秘人员把粤语中的"扑街"两个字写进公文里，这是非常不严肃的。日常俚语尽量不要使用在公文里，电影台词及网络上一些流行语也不能用。比如，"的哥"要写成"出租车司机"，"灌水"要写成"去网上论坛发帖"，至于像什么"不明觉厉""黑转粉"之类的网络用语就更不能写在通知里了。

4. 层次不分明，内容冗长

写通知时，最忌讳通知的内容过长及正文内容结构不合理、层次混乱。例如，我们要印发一项制度，同时对下级贯彻落实这个制度提出要求。如果在通知的第一段就先写注意事项，显然就是不注意层次。发通知的目的主要是让大家知悉这项制度并遵照执行，如果在通知正文中交代这个制度是由哪些部门和人员参与起草，修改了多少稿，起初这个制度是怎么规定的，后来又修改了什么内容等信息，那就是画蛇添足。

5. 要素不齐全，结语不规范

相比于长篇大论的综合性材料或者文件制度，通知类公文的写作要求较低，很多人在写通知时会犯"轻信自己"的错误，最终写出来的通知不是要素不齐全，就是结语不规范。通知通常是大多数人公文写作的第一篇作业，必须慎重对待。收尾时要正确使用"特此通知""请遵照执行"等用语，收尾时要明确发文机关，如果是联合发文，可根据通知内容负责程度的主次或者行文单位的习惯性排列顺序进行逐一明确。如果要求大家必须将这则通知执行到位，否则重罚，就要把具体怎么惩罚、依据什么做出惩罚等内容在结尾处写清楚，否则就犯了"要素不全"的错误。

在所有公文中，通知的应用范围是最广泛的，使用也是最频繁的。上至国家政令，下至百姓生活，都可以通过写通知的形式昭告出去。无论哪一级别党政机关、社会团体、企事业单位，都会用到这种公文，它也是公文写作入门级的文种。掌握了本节讲述的内容，再举一反三，并进行长期训练，那么，写好通知类公文不是难题。

第 3 章 常见公文的写作实战技巧和案例分析

病文 3-1

××银行《会议通知》

总行营业部、各一级支行：

根据上级关于开展信贷自查工作的通知精神，我行决定召开信贷自查筹备工作会议部署信贷自查工作，现将有关事项通知如下。

一、会议时间

20××年10月19日上午10:00—12:00，上午9:30签到。

二、参加会议人员

总行营业部、各一级支行来一名负责人、一个助手。

三、其他事项

自己解决，晚饭可以在总行餐厅吃。所有人必须参会，违者处罚。

信贷部
20××年10月

病文解析：

病文 3-1 至少存在以下八个错误。

（1）通知的标题错误，应该是《关于召开信贷自查工作筹备会议的通知》。

（2）"根据上级关于开展信贷自查工作的通知精神"，应该改为"根据××（上级单位名称）《关于开展信贷自查工作的通知》（文号）的精神"。

（3）没有写明会议地点。会议通知应写明会议地点，比如"总行××楼大会议室"。

（4）参加会议人员应该写明确，比如总行营业部、各一级支行主要负责人、负责信贷自查工作的经办人。

（5）"其他注意事项"部分，"交通自己解决，晚饭可以在总行餐厅吃"太过口语化，应该改为"交通自理，需要在总行餐厅用餐的参会人员请将名单报送到××××处"。

（6）对于"违者处罚"，应该明确处罚措施，比如在会议上点名批评或通报批评之类的，注意要有处罚依据。

49

（7）信贷部作为一个部门，不能直接给总行营业部和一级支行发文，此文可以以总行或总行办公室名义发。

（8）日期应该写明年月日，比如20××年10月××日。

3.2 请示

3.2.1 请示的概念、分类和特征

请示是机关单位一种带有呈请性的上行文，一般用在向上级请求批准或帮助解决"人、财、物、机构、编制"事项或在其他重要工作时使用。请示与报告不同，报告的目的主要是让领导知晓情况，而请示一般在自己的层面解决不了问题，需要上级做出决定、给出支持或帮助时使用。在实践中，也有称"请示"为"签报"的，但"签报"除了"请示"之外，还可包含"报告"这种文种，严格意义上来说，"请示"并不等于"签报"。

按照不同的请求，请示可以分为请求指示的请示和请求批准的请示，前者主要用于向上级要政策、要办法、明确工作方向和内容，后者主要用于下级机关增设机构、增加编制、上项目、列计划、申请经费、购置设备等。例如，《关于〈会计人员职权条例〉中"总会计师"是行政职务或是技术职称的请示》是请求指示的请示，目的是进一步明确职务的归属。《关于向××慈善会捐款的请示》《关于加大打击恶意逃债力度的请示》，需要上级批准或是从各个层面予以支持，则属于请求批准的请示。

请示属于上行文，在15种法定公文中，它的特征最明显，如表3.2所示。

表3.2 请示的特征

特 征	说 明
行文内容具有请求性	向上级机关请求指示或批准的公文，具有请求的性质
行文目的具有求复性	请示的目的是请求上级指示、批准、解决具体问题，要求做出明确批复
行文时机具有超前性	请示必须在事前行文，等上级机关做了批复之后才能付诸实践
请求事项具有单一性	请示要求一文一事，即每一份请示只能提出批复一个事项、解决一个问题

3.2.2 请示的写作要点和范文

请示一般包括标题、主送机关、正文和落款四大部分。请示标题一般要写明"发文机关+事由+文种",发文机关有时可以省略,在落款中写明白即可。

请示的标题的格式大多为"关于……的请示",切记不能写成"报告"或者"请示报告",更不能写成"关于……的申请""关于……的请求"。

请示的主送对象可以为上级单位,也可以为上级领导。如果需要向上级领导写请示,可直接写明领导的姓名、头衔;若是向"领导集体"写请示,实践中也可以直接写"××(单位名称)领导",比如"集团领导""局领导"。

请示的正文,一般由事由、事项和结语三部分内容组成。请示的开头,需要写清楚请示的理由和依据,回答的是"**因为什么请示**"的问题。

请示的事由是请示中最重要的部分,直接关系到请示事项是否成立、是否可行,理由是否充足。事由写得非常完备,能把依据、情况、意义、作用、必要性、可行性等都写得清楚,直接影响到上级机关的审批态度。

请示的事项可以包括办法、措施、主张、看法等,一般要符合常规和实际,具有可行性、必要性,主要回答"**请示什么事项**"的问题。这部分主要是写请示的主题内容,如果请示的事项比较复杂,一定要分清主次、重点突出、条理清楚。切记**不要在不明确、不清楚具体情况时写请示,也不要只提出问题但不提解决问题的建议和方案**,否则,领导看了之后会不明要领,不知道对方到底想要解决什么问题、怎么解决。

请示的结语需要写明白"妥否,请批示""请审批""请批准""请批复",等等。如有附件,也需要做一个说明,最后要署名写上日期。

如果能事先跟上级机关进行口头沟通,上级机关口头同意以后才起拟书面请示,可避免做无用功。

范文 3-15

××市人民政府关于承办20××年春季全国糖酒商品交易会有关问题的请示

省人民政府:

根据商务部通知,20××年春季全国糖酒商品交易会于3月下旬在我市举行,并委托我市承办有关会务工作。为使这次交易会达到预期目的，并取得圆满成功，现将有关问题请示如下。

一、成立全国糖酒商品交易会领导小组。大会筹备及大会期间的有关重大事项，由领导小组负责组织协调。领导小组下设全国糖酒商品交易会办公室，负责日常具体工作。

二、会务接待工作由全国糖酒商品交易会办公室牵头，市工商局、市糖酒公司、市糕点公司共同承办。请省级各有关部门大力支持、指导。

三、交易会期间，有接待任务的各宾馆、饭店、招待所及大会交易场，应接受会务办公室的统一安排，遵守物业管理规定，执行交易秩序管理的通告，做好与会人员的住宿和交易场地的安排和管理工作。

四、交易会期间，公安、交通部门要切实加强社会治安和市内交通管理，保证与会人员的人身、财产安全；铁路、航空、航运部门要尽力做好代表的返程中转工作；城市供水、供电、供气部门要认真做好水、电、气的供应，切实保证交易会需要；工商、市容、卫生管理部门要积极支持配合，保证交易会的顺利进行。

五、交易会期间，场内广告业务由大会统一办理，场外广告悬挂时间由大会统一安排。

六、预计本届交易会将有5万余人要由大会统一安排接待，在此期间，请各市、地、州和省级各部门尽量不在××市安排会议。

特此请示，请予审批。

附件：全国糖酒商品交易会会务领导小组名单（略）

××市人民政府（印）
20××年××月××日

解析： 从请示内容来看，这份请示是由市政府上报给省政府的。市政府承办了此次交易会，对各个环节的工作做出安排后，向省政府请示"这样安排是否可行"，并向省政府要支持、要帮助。整份请示内容完备，逻辑清晰、结构合理。

范文 3-16

关于举办公文写作、舆情管理培训班的请示

×× 副局长：

为适应新时代管理需要，进一步提升文秘人员和宣传人员公文写作和舆情管理水平，我局决定举行公文写作和舆情管理知识培训。相关培训事宜，拟安排如下。

一、培训内容

公文写作（含保密工作）、舆情管理相关知识。

二、培训对象

各部门、各基层单位负责公文写作、舆情管理的人员各1名。

三、培训时间

20×× 年 11 月 9 日（星期五），日程安排如下。

（一）8:30—9:00　　开班动员讲话

（二）9:00—12:00　　公文写作

（三）14:00—16:00　舆情管理

（四）16:00—16:30　舆情应急演练

四、培训地点

×× 大楼七楼会议厅

五、授课老师

×××（附培训老师的情况介绍）

六、培训费用

此次培训费用为 2 万元（含授课老师在本市的住宿、交通、餐饮等费用）。

以上请示如无不妥，请批准。

办公室
20×× 年 ×× 月 ×× 日

解析：该请示涉及培训内容、对象、时间、地点、师资、费用及具体安排，等等，都写得比较清楚。请示的事项只有一个，但与该事项有关的方方面面均有考虑到，无遗漏，这也是请示应该完成的使命。

范文 3-17

关于设立政务公开科的请示

××市机构编制管理委员会：

推行政务公开和政府信息公开，是落实依法治国基本方略、推进依法行政、建设法治政府的重要举措。自中共中央办公厅《政务公开条例》、国务院办公厅《政府信息公开条例》颁布实施以来，我市高度重视，积极行动，及时成立了××市政务公开工作领导小组，办公室设在市监察局，专门负责协调落实政务公开、政府信息公开工作，取得了积极成效。但由于受机构改革和市、区合署办公、部门职能交叉等因素的影响，致使政务公开、政府信息公开工作运行不规范、公开不全面、不彻底，与打造法治型政府、服务型政府和廉洁型政府的要求还有很大差距。

为落实中纪委、自治区纪委"三转"会议精神，市纪委于5月上旬召开相关会议，将政务公开、政府信息公开工作职能职责移交我办管理。在本轮机构改革中，自治区编委批准成立了市政府直属正处级事业单位——市政务服务中心（公共资源交易中心），将原属我办管理的政务服务中心（正科级事业单位）人员及编制全部划归其管理。加之，政府门户网站、舆情信息发布、监管等职能又归市委宣传部（网信办）管理，造成政务公开、政府信息公开工作运行体系不完善、不顺畅，影响了工作的顺利开展、考核验收。

为进一步理顺工作，按照中央办公厅《政务公开条例》和国务院办公厅《政府信息公开条例》要求，以及纪委"三转"会议精神，政务公开、政府信息公开由各级政府办公室负责，指定专人履行相关职责，确保政务公开、政府信息公开工作的连续性和有效性，请求市机构编制委员会在我办增设政务公开科（市政务公开领导小组办公室），增加行政编制3名（其中配置科长1名，副科长1名，工作人员1名）。

特此请示，请批示。

××市人民政府办公室

20××年5月18日

解析： 上述请示，依据合法，理由充分，文辞简洁凝练，堪称佳作。

范文 3-18

关于启动××××项目的请示

集团领导：

为应对激烈的市场化竞争，把握体制改革带来的机遇，近两年我集团陆续启动了全面转型升级及转型的改革和探索。随着各项工作的深入推进，为了有效提高区域竞争力，稳固市场份额，集团下属各公司纷纷将工作重点聚焦在提升客户体验、创新服务方式、降低运营成本上，并对业务流程的再造提出了迫切需求。考虑到××××项目对我集团转型升级的重要性，我部在做好充分准备的基础上，拟申请启动项目建设，现将有关事项请示如下。

一、项目背景

（一）项目建设的重要性和紧迫性。

1. 客户体验提升的需要。

（1）现状分析。（略）

（2）××××项目对客户体验的提升作用。（略）

2. 风险防控能力提升的需要。

（1）现状分析。（略）

（2）××××项目对风险防控能力的提升作用。（略）

3. 运营成本降低的需要。

（1）现状分析。（略）

（2）××××项目对运营成本降低的促进作用。（略）

4. 网点营销能力发展的需要。

（1）现状分析。（略）

（2）××××项目对营销的促进作用。（略）

（二）项目建设的复杂性。

1. ××××项目选择需综合考量。（略）

2. 业务运营模式的转型势必带来组织和管理的变革。（略）

3. 项目涉及面广。（略）

4. 项目周期较长。（略）

二、项目建设安排

（一）前期准备。（略）

（二）基本建设思路。

1. 试点先行，以点带面。（略）

2. 同步建设，双轨并行。（略）

3. 引入专业咨询力量。（略）

三、请示事项

为配合集团的战略转型，充分发挥我部的技术服务职能，我部提请启动××××项目建设。一是由于本项目较复杂，规模较大，涉及部门多，为做好沟通协调，推进项目的顺利开展，建议在集团层面成立项目领导小组，组长由集团董事长担任，成员由相关部门负责人及试点单位的负责人组成。二是由于该项目涉及各专业条线，建议成立由××部、×××公司等业务骨干组成的项目工作组，并确定项目牵头部门及项目负责人。三是为保证项目的顺利实施，建议在前期调研和公司交流的基础上，引入专业咨询力量，协助项目组对相关业务流程进行深入梳理和重新设计，明确科学合理、可实施性强的项目方案，并建立严格的项目质量把控机制，确保项目质量。

妥否，请批示。

××部
20××年××月××日

解析：涉及重大项目的立项，我们需要写请示，但越是重大的项目，越需要把请示写得详尽、有可操作性。以上请示，对项目背景、项目建设的必要性、复杂性及建设安排等均做了比较详细的阐述，很有说服力，是一份合格的请示。

范文 3-19

关于以市政府名义与××银行股份有限公司
签署战略合作备忘录的请示

市政府：

为进一步加大金融支持区域经济发展力度，促进我市经济社会持续健康发展，我市拟与××银行开展战略合作。

在广泛征求××、××等部门及人民银行××市中心支行、××银保监局等监管单位的意见和建议并经市法制办审查的基础上，我办起草了《××市人民政府与××银行股份有限公司战略合作备忘录》，主要合作内容包括：一是××银行将为××、××等重点项目提供总计××亿元的信贷支持；二是××银行积极加大对××、××等重点项目的融资支持力度，与我市在基础设施建设、产业园区建设、物流中心、口岸建设交通领域等方面开展良好合作；三是××银行积极为我市战略性新兴产业（新能源、电子）、装备制造业、现代农业、现代服务业（冷链物流、医疗卫生、健康养老、文化旅游）提供综合性金融服务方案；四是××银行通过××等慈善活动积极参与我市公益事业，营造良好金融服务环境。

签署该备忘录，对全面深化市政府与××银行战略合作关系、推动双方良好合作打开新局面、加强金融支持区域经济发展具有重要意义。

当否，请指示。

附件：1.《××市人民政府与××银行股份有限公司战略合作备忘录》
　　　2.《优先支持重点合作项目清单》

××市金融工作办公室
20××年××月××日

解析：此请示最大的亮点在于起草这份请示之前已广泛征求过意见并送交法制部门审查，前期工作做得很严谨。在写请示时，撰写者将长达几千字的"备忘录"内容浓缩成一段话，节省了上级领导研读"备忘录"的时间；附件附上"备忘录"

的详细内容和合作项目清单，方便上级了解"备忘录"的具体内容和具体的合作项目，考虑比较周全。

3.2.3　请示写作的常见问题

写请示最常见的两个问题是：请示和报告混用，多事一请示。

前面我们强调过，请示和报告虽然都是上行文，但报告是向上级报告情况，而请示是向上级请求帮助。如果请示和报告混用，很有可能会造成非常严重的后果。

有这样一个案例：1997年5—7月，广西壮族自治区某县连续遭受洪涝灾害，灾情非常严重，属于重灾县，亟须自治区给予帮助。该县的上报文件本应该用"请示"，却错用了"报告"，公文标题为《××县委××县政府关于我县遭受特大洪涝灾害情况的报告》，这个报告洋洋洒洒写了很多字，把该县的受灾情况和抗洪救灾措施写得非常详细，最后才要求自治区解决救济粮款的问题。但是自治区救灾办发放救灾粮款的时候，却没有把这个县当作重灾县来对待，该县只得到了所需救济款的20%。该县领导特别不能理解，到处询问原因，最后才知道是文秘人员错用了文种，把请示当成报告进行了上报。我们都知道，"报告"属于"阅件"，领导了解到情况就可以了，不需要批办。"请示"则属于"办件"，领导必须批办。该自治区办公厅接到该县的报告后，不会按照请示件处理呈给有关领导批办，而是按照"阅件"直接转给了自治区救灾办，效果自然就大打折扣了。

将多件事情写在一份请示里面，也是写请示的大忌。请示只能**"一事一请示"**，一份件只能解决一个问题。请示事项过多的话，有的事项上级批准了，有的事项上级不同意，会让执行者无所适从。

一般来说，向平行机关发文，我们一般使用公函，但在特殊情况下，我们也可以用请示。例如，某市政府办公厅需要向财政局行文请求拨款，两家单位都是局级单位，按理来说应该发函，但实践中也有发请示的，这是因为：办公厅有求于财政局，而且写请示比较容易得到快速的回应。

为提高工作效率，实践中有些单位也不会一味死守公文运行程序。比如，请示一般只写一个主送机关，避免因为多头请示耽误工作，但若是审批流程是依次审批而不是同时审批，有些单位也会在请示中依次写明审批主体，再按流程依次呈送。又比如，在事情急需拍板的情况下，给上级机关写请示，公文处理流程可能会比较

第3章 常见公文的写作实战技巧和案例分析

长,实践中也有写好请示后直接送拍板领导审批的情况。一般来说,只要能把事情办成,只要不太违反行文规则,到底是用请示还是公函、是呈给上级机关还是领导个人审批,一般人也不会过分纠结。

关于下拨装修员工食堂经费的请示报告

集团领导、计财部:

  随着员工人数逐年增加,我集团现有的员工餐厅已经无法容纳就餐人数,中午就餐时员工排队现象严重,影响了员工的身心健康。为了解决这一困难,我办决定装修一下员工餐厅,把餐厅扩大一些。另外,我集团"职工之家"也需要装修升级,望上级部门给予适当支持。

  特此请示,请回复。

  附件:员工餐厅规划图

办公室(章)
20××年××月××日

病文解析:

该案例至少存在以下七处错误。

(1)标题错误。没有"请示报告"这样的标题,应删除标题中的"报告"。原因是标题中的"请示"与"报告"均为应用文的一种文种,结合下面内容可知,此应用文应该是一篇请示。

(2)计财部应该是会签部门,却写在了主送机关的位置。主送机关应删除"计财部",因为请示的主送人只能是一个,不可多头主送。且计财部和办公室属平级单位,不可向平级单位打请示,只能会签。

(3)行文口语化严重,"严重影响了员工的身心健康"更是有夸大、渲染之嫌。

(4)前期工作没有做周全,请示理由也不充足,就急于写请示。

(5)请示事项不明确,标题写了要申请经费,正文却只提了"扩建餐厅"这一事项。

（6）违反了"一事一请示"的原则，将职工之家的装修升级也纳入了此请示中。

（7）"特此请示，请回复"的口吻，略显生硬。应改为"妥否，请批复"之类的谦辞，"餐厅已经无法容纳就餐人数"这句话"谓宾搭配不当"，需要修改。

接下来我们可以对该公文进行如下修改。

范文 3-20

关于扩建员工餐厅有关经费的请示

集团领导：

我集团现有的员工餐厅已使用多年，无法容纳逐年增加的就餐员工。每个工作日中午就餐时间，餐厅就餐人员排队现象严重，员工对此多有怨言。为解决这一问题，经充分调研和沟通，我办拟对员工餐厅进行扩建（规划图见附件1）。经初步询价（相关供应商的报价表见附件2），我办拟将扩建员工餐厅的费用控制在40万元以内，并以邀请招标的形式确定具体的供应商。以上费用，拟从管理费用中列支。

以上若无不妥，请批示。

附件：1. 员工餐厅扩建规划图
　　　2. 三家供应商的报价表

办公室

20××年××月××日

经过修改的请示，相比病文，理由写得更充分，而且初期工作做得更充足，比如，事先制作好了规划图，事先找三家供应商问询了报价，确定了费用区间，明确了确定供应商的方式。修改后的请示经领导审批同意后，基本就可以启动相关工作。

3.3 公函（函）

3.3.1 函的概念、分类和特征

函（又称"公函"），属于平行文，一般适用于不相隶属单位之间相互商洽工作、询问和答复问题，以及请求批准和答复审批事项。

按照性质，函可以分为以下五类。

（1）申请函：请求批准某一事项的函，比如《关于申请加入××银行债券回购交易对手库的函》。

（2）商洽函：请求协助、商洽解决办理某一问题的函，比如《关于协助做好××调研材料的函》。

（3）答复函：针对申请、商洽或其他事情的函的回复，比如《关于环境行政处罚过程中有关问题的复函》。

（4）告知函：告知事情的函，比如《关于数据协查岗位人员变动的函》。

（5）询问函：询问有关方针、政策和工作中遇到界限不明的问题，比如《关于确认××等二人高级职称的函》。

公函具有使用灵活、语言恳切的特点。它的行文方向灵活，大部分可以发往平行机关，偶尔可以作上行文或下行文使用，适用于各级机关的各类公务活动，一般不受机关级别高低的限制；而且，不管是内容繁简还是事情大小，均不受限制，使用起来比较方便。**公函的语言多为陈述性、说明性的，很少有议论性的内容，文辞质朴，语气恳切，一般不具法规性和强制性。**

3.3.2 公函的写作要点和范文

公函的标题一般为《关于……的函》，如《××公司关于商洽举办现场管理培训班的函》。

正文主要由主送机关、开头部分、主体部分、结尾部分组成。在正文的开头处，需要说明发函的原因、根据、目的；主体部分需要提出发函联系、商洽、询问的事项及本单位的意见；结尾部分需要提出请予支持、协助、批准或答复的要求，并恰当使用结语，比如"特此函达""特此致函""专此致函""特此函告""特此函商""特此函达""特此函复""特此致函""见复为盼""敬请回复""即请函复""请予函复""请

予审批""请予协助""此复",等等。

答复函的写法,与主动发出的公函的写法,存在微小的差别。写答复函时,一开头要使用引语说明发函针对的来文单位名称、来文文号、日期、来文标题等,主体需要针对来文内容给予具体答复、表态,或围绕答复事项提出有关要求,结尾使用结语多为"此复""特此复函"。写答复函,态度要明朗,语言要准确,避免犹豫不定、含糊笼统。

写公函的注意事项主要有四点:一是遵照"一文一事"的规则,函件涉及的内容和事项尽量单纯而具体;二是篇幅要简短扼要,切忌长篇大论,语言要简洁扼要;三是要体现平等、商洽的语言气氛,对级别高的机关要尊重、谦敬,对级别低的机关要语气平和,对平行单位和不相隶属的单位要友善,不必低声下气,也不必盛气凌人,切忌使用命令性、生硬的语言;四是恰当使用公函术语,比如"拟请……""如同意……""即请(特请、诚请、恳请、恭请、敬请)……""敬请大力支持(协助)为盼(为荷)""恳请研复(函复)为盼(为荷)"等。

范文 3-21

关于赴××大学学习参观的函

××大学:

我院院长一行5人组成的考察小组将于2020年10月8日上午9:30赴贵校参观考察,敬请接洽为盼,具体安排如下。

一、到达时间

10月8日上午9:00

二、参观考察内容

留学生教育教学管理方面的成功经验与具体做法,包括学籍管理、对外汉语课程设置、对外汉语教师资质认证等。留学生日常管理的成功经验与注意事项。两校有关国际教育的合作意向与事宜等。

三、参观考察人员

具体名单附后(含姓名、头衔、联系方式等)。

四、联系方式

联系人:××　　电话(手机):××××

特此函达，敬请大力协助为盼。

××学院

2020年9月28日

解析：学习参观或学习考察函，是我们经常会写到的函件。写这类公函，需要将考察人员的人数、名单、行程安排、考察内容等事项和内容告知对方，方便对方提前做准备。在函件末尾，最好能留下本单位的联系方式，方便对方与自己联系。

范文 3-22

关于协助开展调查研究工作的函

各关联协会：

为深入了解工程建设企业发展情况，及时掌握企业在经济结构调整、创新发展水平、经营资源配置等方面的发展变化情况，发现、总结、推广典型企业的规律性经验，促进工程建设企业的高质量发展，我会近期采取问卷调查、专题座谈或深入企业实地访谈等形式，开展以"推动工程建设企业高质量发展"为主要内容的调查研究工作。

现请各关联协会协助安排本地区（或行业）在高质量发展方面有代表性的10家企业，参考调研提纲（见附件1）准备文字材料，并真实填写调研问卷（见附件2），于7月15日前将相关材料反馈至我会行业发展部。

感谢对我会工作的大力支持！

联系人：×× 　联系电话：×××× 　电子邮箱：×××

附件：1. 调研提纲
　　　2. 调研问卷

中国施工企业管理协会

20××年6月2日

解析：对于工作协助函，一般需要将需要协助的具体事项写清楚，方便对方执行。该函件既写清楚了需要协助的事项，还附上了详细的调查内容，值得借鉴。

范文 3-23

关于拟录用20××届大中专毕业生的函

××省人事厅：

根据中共××省委组织部、××省人事厅《关于20××年省级机关录用应届高校、中专学校优秀毕业生的通知》规定，我们对拟录用到我厅机关工作的大中专毕业生按规定程序进行了统一考试、面试、体检、政审。经厅党组研究，拟录用大中专毕业生24名。现将有关录用审批材料报上，请审批。

附件：录用审批材料24份

××省安全厅
20××年3月25日

解析：这是省安全厅写给省人事厅的一份请批函。全文文辞简练，请求事项清楚，公函术语使用正确。另外，大家要注意请批函与请示的区别——向有隶属关系的上级机关请求批准，我们要用请示；向没有隶属关系的业务主管机关请求批准有关事项，则用请批函。

范文 3-24

关于××项目的请款函

××（主送机关名称）：

感谢贵单位一直以来对我司业务的支持。根据贵单位与我司签署的《××合同》，我司在交付产品后×日内，贵单位应付清货款，现付款期将至（或付款期已过），请贵单位本着诚信、互惠互利之原则尽快安排付款。

贵单位应付金额为：×××元。我司的收款账户信息如下。

户名：××××。开户行：××××。账号：××××。联系人：×××。联系电话：×××。

顺祝商祺！

××公司
20××年××月××日

解析：每到年底，各家经济单位可能都需要用到请款函。以上为请款函模板，需要写清楚请款依据、收款信息等，方便对方打款。

范文 3-25

关于建立业务关系的函

××××××（主送机关）：

因应我单位（校、局、院、行等）××××业务发展需要，且贵单位在××有着良好的服务平台，我行拟申请与贵单位建立××关系。具体有关事项如下：

一、我单位基本情况

××××××××

二、我单位业务发展现状

××××××××

（表达与对方搭建业务关系的意愿。）

特此函达，盼复。

××××××（公章）
20××年××月××日

解析：想与对方搭建业务联系，首先需要对本单位的情况做一个介绍，接着对本单位某一方面的业务情况做一个介绍，接着再向对方表达搭建业务关系的意愿。如有必要，还可以在公函中点明"合作关系达成后，对方能从这场合作中得到什么利益和便利"等问题。

教育部关于同意设立××学院的函

教发函〔20××〕73号

××省人民政府：

《××省人民政府关于申请设立××学院的函》（×府函〔20××〕74号）收悉。根据《高等教育法》《民办教育促进法》《民办教育促进法实施条例》《普通高等学校设置暂行条例》《普通本科学校设置暂行规定》有关规定和全国高等学校设置评议委员会考察评议结果，经研究，同意设立××学院，学校标识码为××××××。现将有关事项通知如下。

一、××学院系本科层次非营利性民办普通高校，由你省领导和管理。

二、学校定位于应用型高等学校，主要培养区域经济社会发展所需要的应用型、技术技能型人才。

三、学校全日制在校生规模暂定为5000人。

四、学校本科专业的增设问题，按我部有关规定办理。同意首批设置本科专业5个，即酿酒工程、葡萄与葡萄酒工程、食品质量与安全、资源循环科学与工程、市场营销。

五、我部将适时对学校办学定位、教学质量和人才培养情况进行评估。

望你省加强对该校的指导和支持力度，督促举办者进一步加大投入力度、加强学校师资队伍建设、完善学校法人治理、健全资产管理和财务会计制度、规范学校办学行为、落实安全管理责任，结合优化区域高等教育结构布局的需要，引导学校按照办学定位，强化学校发展战略规划研究，全面加强内涵建设，创新人才培养模式，不断提高教育教学质量和办学效益，促进学校办出特色，办出水平，更好地为贵州省经济社会发展服务。

附件：1.××学院办学许可证信息
　　　2.××学院章程

教育部
20××年5月23日

解析：此函属复函。在实践中，标题中是否要加"复函"二字主要是看标题怎么取。从函件内容来看，教育部已明确同意设立××学院，因此，标题中再写"关于同意贵州省人民政府设立××学院的申请的复函"就显得啰唆。此复函先援引来函的标题和文号，接着表明态度是"同意"并将重要事项在复函中通知对方。文末提出了希望，就无须再使用公函术语。从这个案例中我们可以看出：实践中，我们写公函不一定要照搬教科书，而是要学会具体情况具体处理。

范文 3-27

国家发展改革委关于支持××建设国家中心城市的复函

发改规划〔20××〕2650号

××省人民政府：

国务院办公厅转来你省《关于贯彻落实李××总理重要讲话精神加快推进××中心城市建设的请示》（办〔20××〕2745号），要求我委商有关部门研究办理。经征求有关部门意见，现函复如下：

一、××市作为我国中部和长江中游地区唯一人口超千万人、地区生产总值超万亿元的城市，区位优势突出，科教人才资源丰富，文化底蕴深厚，具备建设国家中心城市的基础条件。××建设国家中心城市，有利于增强辐射带动功能、支撑长江经济带发展，有利于激发改革创新动力、推动中西部地区供给侧结构性改革，有利于构筑内陆开放平台，纵深拓展国家开放总体格局。

二、原则同意××建设国家中心城市。请你省按照《国家发展改革委关于支持武汉建设国家中心城市的指导意见》（附后），指导××市编制具体实施方案。××市要紧紧围绕建设国家中心城市的战略目标，加快推进相关工作，全面提升辐射带动能力和国际竞争力。我委将对××国家中心城市建设给予指导支持。

特此函复。

附件：国家发展改革委关于支持××建设国家中心城市的指导意见

国家发展改革委

20××年12月14日

解析： 这是国家发改委写给××省政府的一封复函。××省政府将一份请示打给了国务院办公厅，国务院办公厅认为此件由国家发改委研究和办理更适宜，就将其转给国家发改委。国家发改委经征求有关部门意见后，回复了此函。复函一开头交代了回函原因，接着点明××市的城市地位，然后表明态度"原则同意"，并在附件中附上了指导意见。复函要素齐全、格式正确、考虑周全，值得我们学习。

3.3.3 公函写作的常见问题

很多人不重视公函的写作，是因为公函一般是发往平级机关，没有太强的强制性和约束力。思想上一松懈，写出来的公函就不符合要求。事实上，公函也是一种公文，能代表发函单位的公文写作水平，需要我们在思想上重视起来。

写公函，要注意一份公函只能提出或解决一个问题或某个方面的问题，不能将两个不相干的事项写进同一份公函里。写公函时，要实事求是、明确具体，要让人一看就懂，以利于别人办理和执行，切勿拐弯抹角或含混不清。

病文 3-3

关于要求报价的函

×××公司经理：

我们要搬进新办公大楼办公了，对你公司生产的办公桌椅很感兴趣，想购进一批。我行要求不高，只要求这些办公桌椅品质一级、方便员工午休，望你能告诉我单价报价和交货日期、结算方式等信息。如果价钱合理，且能给予最大折扣，我们将做到大批量订货。致礼！

×××银行
20××年××月××日

病文解析：

该案例中至少存在五处错误。

（1）写这类报价公函，一般不以"具体的人"作为主送机关。

（2）全文太过口语化，不符合公文写作的语言规范。

（3）标题太过简单，请求事项未表述清楚，全文要素不全。

(4)代表单位行文,须以单位的口吻表达,不可出现"你""我"之类的名称表述。

(5)结语使用不规范。

我们可以将上述公函改为下面的样式:

关于商请办公家具报价的函

×××公司:

我行因搬迁办公大楼,需采购一批全新的办公家具。久闻贵厂生产的办公家具品质优良,我行有意将贵公司列入供应商名单。我行对该批新办公家具的要求是:采用E1级健康环保板材,办公桌带午休折叠床,设计简约,可耐用至少20年。

请贵厂就办公家具样式、单价报价、交货日期、结算方式等在本月底前函告我行。如果贵司报价合理且能给予最优惠折扣,我行将考虑大批订货。

请及时函告为盼。

××银行股份有限公司

20××年××月××日

3.4 报告

3.4.1 报告的概念、分类和特征

报告适用于向上级单位汇报工作、反映情况、提出意见或者建议,或是单纯答复上级单位的询问。报告和请示一样属于上行文,但**报告具有性质上的汇报性、语言上的陈述性、行文上的单向性、时机上的事后性、态度上的沟通性**。报告和请示的区别如表3.3所示。

表3.3 请示和报告的区别

类别	请示	报告
性质	属呈请性公文，一般是针对实际工作中遇到的问题无法解决，请求上级帮助或批准	属呈报性公文，常用以反映本部门职权范围内可以解决的问题
内容繁复程度	一般一文一事，可包含需要报告的内容	综合性报告，内容则可涉及多方面。报告不得包含需要请示的事项
行文时间	必须是事前行文，上级批复后方可行事，不可先斩后奏	根据情况需要，事前、事中、事后均可行文
文件处理	属"批件"。对下级的请示，上级无论同意与否，都要及时批复	属"阅件"。报告一般不需要批复

按内容性质，报告可分为报送报告、情况报告、工作报告和答复报告。

报送报告一般是向上级机关报送材料、物件时所做的简要报告，比如《关于呈送〈××省特困老人生活状况调查报告〉的报告》《关于呈送〈××市政府2020年远景规划〉的报告》。

情况报告一般要有具体的重大情况或者新情况发生，它分为一般情况报告和紧急情况报告。一般情况报告首先要对所反映的问题或情况做一下概述，然后分析产生问题的原因，最后提出解决问题的意见和办法。紧急报告情况可在"报告"二字前面加上"紧急"字样，以引起领导的重视，比如《林业部关于抢救大熊猫的紧急报告》。

工作报告是向上级机关汇报本单位工作情况的报告，是应用最为广泛的报告类型，它一般用于反映某一阶段、某个方面贯彻落实上级要求的情况。有时是全面报告工作情况，有时是就某件事或某项工作做专题汇报。

答复报告，是下级机关对上级机关询问做出回答的报告。比如，国务院要求某市政府就大学城建设的情况做个汇报，那么某市政府就要写一份答复报告。

按照所涉及的内容不同，报告又可分为"综合报告"与"专题报告"。只涉及某一方面、某一业务、某一事件、某一专项的情况，称为"专题报告"，涉及一个地区、系统、单位的全方位的工作情况，则称为"综合报告"。"综合报告"和"工作总结"是不一样的，前者表述工作的进展情况，而后者不仅要概略地表述工作情况，还侧重于经验上的提炼、理论上的阐述，甚至写明心得体会和下一步计划。

3.4.2 报告的写作要点和范文

不同类型的报告，有不同的写法。

写报送报告时，要简要叙述工作落实情况，并将需要报送的文件、物件和材料的名称、数量说明一下，比如《关于报送历史资料和历史物品的报告》。写情况报告时，需要将事情的来龙去脉或是起因、经过、结果等要素都写清楚。写工作报告，一般要先写明工作的基本情况，接着介绍主要做法和成绩，包括采取的措施、积累的经验及产生的效果等，最后说明存在的问题和今后的工作设想及打算等。写答复报告时，一般要先援引本单位拟写答复报告的由头（比如上级的要求），再根据上级机关问询、监督的事项，逐个进行答复和反馈，不能有遗漏，比如《关于巡察反馈意见的整改落实情况的报告》。

总体来说，报告也需要写好标题、内容、结尾。

报告的标题，可以用完全式标题，即"发文机关＋事由＋文种"。一般下级机关向上级机关行文，应采用完全式标题，以示尊重，比如《××公司关于2015年××卡管理工作情况的报告》。报告的标题也可以用省略式标题，即"事由＋文种"。使用这类标题时，文件本身应该带有眉首部分，而眉首应明确显示发文机关，这样在标题中才能省略发文机关，比如《关于××大道路灯问题及相关情况的报告》。此外，报告标题不能只写"报告"二字。

报告的内容，要能真实、全面地反映情况，突出重点，不得夹带请示事项。

报告结尾可以用简明的语言概括全文，或提出今后工作的意见，或总结经验或教训，或使用"特此报告""专此报告""以上报告请审阅""以上报告请核查"等惯用语结尾。当然，也可以不以这些报告术语作为结尾。报告不得要求上级机关答复，因此报告结尾不宜写"以上报告，请批示（批复）"等语句。

范文 3-29

关于资产清查情况的报告

××市人民政府：

根据《××市行政事业单位资产清查工作实施方案》等文件精神，我单位于今年年初着手准备资产清查工作，并于3月份正式启动。经过近半年时间的努力，目前已经按时完成资产清查的主体工作，并经××等三家会计师事务所的资产清查专项审计，清查工作基本数据已上报××市财税局。现将有关资产清查的工作情况报告如下：

一、资产清查基本情况

（略）

二、资产清查工作结果和重要事项说明

（略）

三、清查工作成效及从中发现的一些问题

（略）

四、加强国有资产管理的意见和提议

（略）

特此报告。

××××××（公章）

20××年××月××日

解析：这是一份比较完备的资产清查工作报告，属于"专项报告"。报告内容翔实、全面，基本将相关情况交代清楚并提出了加强国有资产管理的意见和提议。注意，报告一定要言之有物，因为上级机关从中可以看出发文单位的工作做得到底有多实、多细。

范文 3-30

关于报送 2014 年工作总结和 2015 年工作计划的报告

××××××（主送机关）：

在过去的 2014 年，我单位突出党风引领，强化问题整改，深入推进××××工作，努力实现了××××××。现将主要工作报告如下。

一、主要指标完成情况

（略）

二、重点工作落实情况

（略）

三、存在问题及原因

（略）

四、2015年工作计划

（略）

特此报告。

××××××（公章）

20××年××月××日

解析：上述报告属综合性报告。写这类有关工作总结和计划的报告，标题一般是固定的，写作难点在于正文。正文的前面一般介绍工作背景、基本概况等，也可交代总结主旨并做出基本评价。开头第一段没有固定的写法，但一定要简洁，开宗明义。

报告的主体部分，应包括主要工作内容、成绩及评价、经验和体会、问题或教训等。这些内容是总结的核心部分，可按纵式或横式结构形式撰写。比如，可以按主体内容纵向所做的工作、方法、成绩、经验、教训等逐层展开，这是纵式结构。按照材料的逻辑关系将其分为若干部分，或是按照"提出问题、分析问题、解决问题"的思路写，就是横式结构。

一般来说，写总体情况的概述时，要简明扼要地写明总结所在期限内的工作根据、指导思想及对工作成绩的评价等内容，不随意展开分析、评议。写成绩和措施时，无论总结哪个方面的工作，都要抓住有新意、有特色、有典型意义的内容来写，一般的工作内容点到为止即可。写经验体会，要与客观实际相符，观点最好能体现在小标题上。分析问题和教训时，不宜过长，不必展开写，关键要分清主次矛盾。写下一步计划时，最好能针对存在的问题。结尾作为总结的结束语可以归纳呼应主题、指出努力方向、提出改进意见或表示决心、信心等，要简短精练。

范文 3-31

关于对××常务副市长批示件回复情况的报告

尊敬的××常务副市长：

我局对您在×月21—31日期间《市长热线日报》《周报》《网络舆情报告》上

批示的重点环境信访件和舆情高度重视，严格按照批示要求认真办理。其中，对于您在《××市12345为民服务热线日报》上做出批示且由各县区政府直接办理的承办件，我局对此专门安排对各县区办理情况进行了后督查，以确保各县区在办理过程中"面对面"反馈到位。现将有关已办结的批示件情况报告如下。

一、市长公开电话批示件办理情况

（略）

二、《网络舆情报告》领导批示件办理情况

（略）

在下一步工作中，我局将继续对环境信访及舆情工作保持高度重视，对领导批示件严格处理落实到位，努力改善环境质量，确保群众环境权益。

特此报告。

××市环境保护局
20××年7月8日

解析：上述报告为一份回复报告。市长对环保局多项工作提出了要求，环保局依项将办理情况反馈给市长。报告前面对"为什么写这样一个回复报告"进行了说明，末尾对下一步工作进行了表态。该类报告的写作重点主要在正文部分，要实事求是、全面翔实地反映情况和问题。

关于巡察反馈意见的整改落实情况的报告

区委巡察工作领导小组办公室：

根据《区委第三巡察组关于对××（拟文单位）党组巡察情况的反馈意见》相关内容，××党组坚持把巡察问题整改落实与"不忘初心、牢记使命"主题教育活动有机结合起来，通过全体干部职工的共同努力，截至目前，巡察组反馈的4个方面存在的10个问题，全部基本整改完毕。现将整改情况报告如下。

一、强化主体责任，抓好整改工作部署

（略）

二、坚持问题导向，扎实推进整改落实

（一）在加强党的政治建设和思想建设，发挥领导核心作用和贯彻落实中央、省市区委决策部署方面

（略）

问题一：党的政治思想建设不够有力

主要表现：理论学习存在形式化现象，学习贯彻习近平新时代中国特色社会主义思想和党的十九大精神深度不够，氛围不浓，心得体会、调研报告等理论成果不多，运用科学理论指导实践工作不够。

整改情况：

1. 党组负责加强学习，结合科协工作实际，制定了"2019年理论学习中心组学习安排"，制定贯彻党的十九大精神和上级重大决策部署落实措施，健全和完善工作制度，今年以来已组织11次集中学习。

2. 党组加强调查研究，确定调研课题，更好地运用科学理论指导实践工作，已确定《××××》《××××××》等4个调研课题，已收集问题建议6条，并提出了解决问题的具体做法，计划于10月份全部完成。

3. 紧密结合"不忘初心、牢记使命"主题教育，牢牢把握深入学习贯彻习近平新时代中国特色社会主义思想这一根本任务，做到学原著悟原理。制定了集中学习方案，明确了《习近平关于"不忘初心、牢记使命"重要论述选编》等10本学习规定书目，紧张有序地开展了集中学习与自学工作，党组理论学习中心组已举行理论学习专题学习会4次，对"担当作为"等8个专题分别进行了研讨交流。

问题二：党组核心作用发挥不够充分

主要表现：（略）

整改情况：（略）

（二）在加强党的建设、落实党内政治生活和开展干部选拔任用工作方面

问题：（略）

主要表现：（略）

整改情况：（略）

三、立足长远长效，巩固提高整改成果

通过对巡察组巡察出的问题进行整改，使我们充分认识到工作中存在的薄弱环节，××党组将以此次巡察整改为契机，切实加强党的领导，增强党的建设，落实

全面从严治党主体责任,坚持把纪律和规矩挺在前面,把整改融入"不忘初心、牢记使命"主题教育,融入日常工作常抓不懈,立足长远巩固整改成效,以实实在在的整改成效推进科协各项工作。

中共××市××区××党组
20××年××月××日

解析:这是一份整改报告。整改报告没有固定的写法,但至少应该囊括以下三部分的内容。开头部分,可以简要介绍落实整改的总体情况。正文部分的第一个部分,可以简要说说如何组织整改的情况及具体的措施、做法;第二个部分需要逐一对照上级的整改要求,详细地汇报整改落实情况。最后再简要说说整改工作中存在的不足和问题,并在结尾处表决心,提出下一步整改计划。

范文 3-33

关于××广场突发群体性讨薪事件情况的报告

××集团公司:

20××年7月24日上午9时许,我司旗下××广场有20多名农民工集体讨薪。我司迅速派员前往项目部了解情况,并及时报警。××派出所民警接警后,立即派员赴现场处理。

经调查,现场农民工系××广场××项目的工人,此项目发包方为A建筑有限公司,承包方为B劳务有限公司,分包人为C。根据现场农民工反映,由于B劳务有限公司未按时向C拨付工程款,导致该项目28名农民工累计被欠薪约80万元,涉及人数目前无法确认,但大部分工人都有工资欠条。我司应急管理部相关人员立即组织保安疏散围观人群,并劝导现场讨薪农民工进入我司会议室,选出工人代表与B劳务有限公司谈判。××派出所警员向工人发放投诉登记表等材料,告知工人维权途径,并协请××司法所共同处理此次事件。

经派出所民警、司法所工作人员、我司相关负责人对劳资双方长达三个小时的劝解和调解,最终达成共识:B劳务有限公司于三日内向C结清工程款,C收到工程款后立即支付农民工的薪资。以上均已形成书面协议。

此次农民工集体讨薪事件虽然造成一定数量的人群围观，但未对××广场的营业情况造成实质性的影响。目前，该事件已基本得到妥善解决。如后续有突发情况，容后再报。

××公司
20××年7月25日

解析：这是一份突发事件的情况报告，报告写明了时间、地点、人物及起因、经过、结果等六要素，将事情的来龙去脉交代清楚，并将上级最关心的"是否对营业情况造成影响"等情况进行了说明。

范文 3-34

××银行关于电子银行信息管理工作情况的专项报告

××银保监局：

接到银保监会《关于……的通知》，我行高度重视，立即组织相关人员进行学习，并针对文件要求进行了自查，现将有关情况汇报如下：

一、总体情况

（略）

二、具体措施

（一）制定了完善的管理制度

（略）

（二）明确了电子银行业务管理架构

（略）

（三）加强了电子资金转移和支付环节的身份识别管理

（略）

（四）加强了客户信息安全的内部控制与管理

（略）

（五）做好了相关系统的日常运行维护工作

（略）

（六）加强对电子银行业务风险的技术和业务防控

（略）

（七）加大"钓鱼"诈骗风险提示和公众教育力度，着力提高客户自身风险识别和控制能力

（略）

专此报告。

××银行股份有限公司
20××年××月××日

解析：此专项报告是按照通知要求起拟的，第一部分先介绍了总体情况，接着再介绍了具体的落实措施，措施囊括了电子银行信息管理工作各方面的情况。写这类报告的难点主要在于素材的充实，这要求我们全面掌握情况，尽量写重点、亮点、典型，力求多出"干货"。

3.4.3 报告写作的常见问题

报告写作中常见的问题之一是标题错误。有的人经常在标题中写"关于……的请示报告"或是单独就写"报告"二字，这都是不正确的。有的报告标题乱而长，中心不突出，内容不集中，甚至出现把两种不同性质的事项写到同一个标题中的情况。例如，某单位给上级的一份报告中把"共建文明单位"和"爱国卫生运动"两种性质完全不同的事项写在同一个标题当中。还有的报告标题不够简洁凝练，比如《××局关于认真贯彻落实××××政发（××）××号文件精神，积极应对强秋淋天气，动员群众做好小麦播种工作，保证今年农业夺取丰收的情况的报告》，这个标题就太过冗长、啰唆，其实这个标题只需要写成《××局关于发动群众应对强秋淋天气、开展小麦播种工作的情况报告》即可。

报告的写作难度比通知、请示、公函要大一些。在日常工作中，不同岗位的工作人员可能需要写不同的报告，比如财务分析报告、审计报告、检查报告、述职报告、整改报告、可行性研究报告、社会责任报告、年度发展报告，等等。每种报告的写作要求、包含的要素都是不一样的，这就要求我们平时要在工作中善于积累、观察、临摹、勤学习、多练手。

写报告要注意，报告反映的内容一定要实事求是、条理清楚。有成绩不夸大，有缺点不缩小，更不能弄虚作假，切忌条理不清，让人看了不知其所以然。写报告时，一定要紧紧围绕上级的要求、围绕自己的工作去写，不要超越报告要求的范围和自己的职责权限。填充素材时，要注意剪裁得体，去芜存菁，详略得当，不能"眉毛胡子一把抓"。撰写要求较高的综合性报告、专项报告，必要时可以加图示、图表。

病文 3-4

关于××市××贸易市场"3·12"火灾事故的调查报告

××市人民政府：

20××年3月12日，××市××贸易市场发生火灾事故，造成1名消防救援人员牺牲、5名消防救援人员受伤（其中2人重伤），整个贸易市场都快被烧平了。

网友拍摄的视频显示，××贸易市场一商铺起火燃烧，浓浓白烟从店内冒出，一旁地面上散落着多条灭火水枪水管，附近的担架车上躺着伤者，几名医护人员将担架抬走。起火店铺靠近街道，不时有车辆和行人通过，附近地面堆积着各种杂物。

在××贸易市场开店的李女士表示，3月12日她来到店里，看到附近贸易市场一家商店起火燃烧，大火顺着紧闭的卷帘门蔓延出来，还有浓浓的白烟不时从里面冒出。她便报了警，消防、公安、急救等车辆随后赶到救援，但在救火过程中有消防员牺牲，据说还有五六名消防员受伤。事故发生后，我局高度重视，目前已查出事故原因，相关善后工作也在进行中。

特此报告。

××市应急管理局
20××年××月××日

病文解析：上述案例存在的最大问题是未在调查报告中写明事故的起因、经过、调查结果。将一份关乎到人命的调查报告写得比较含糊，一定会遭到批评的，因为这已经不是水平问题，而是态度问题。

对于同样的火灾事故，下面的报告内容写得非常全面、翔实，体现出了高度重视、高度负责任的态度。

范文 3-35

关于××市贸易市场"3·12"火灾事故的调查报告

20××年3月12日,××市贸易市场发生火灾事故,造成1名消防救援人员牺牲、5名消防救援人员受伤(其中2人重伤),过火面积1680平方米。

市委、市政府高度重视,要求对该起事故进行提级调查……有关人员组成的××市贸易市场"3·12"火灾事故调查组(以下简称"事故调查组"),对该起事故进行全面调查。同时聘请了消防、建筑等方面专家参与事故调查工作。

事故调查组按照"四不放过"和"科学严谨、依法依规、实事求是、注重实效"的原则,通过现场勘验、查阅资料、调查取证、检测鉴定和专家分析论证,查明了事故发生的原因、经过、人员伤亡和火灾直接经济损失等情况,认定了事故性质和责任,提出了对有关责任人员和责任单位的处理建议,并对事故原因及暴露出的问题,提出了事故防范措施。

一、基本情况

(一)事故有关单位基本情况

1. ××市贸易市场建设开发方。(略)

2. ××市贸易市场经营服务方。(略)

3. ××市城关贸易市场开发方、出租方。(略)

(二)××市城关贸易市场情况

1. ××市贸易市场基本情况。(略)

2. ××市贸易市场产权情况。(略)

3. ××市贸易市场经营及出租承包情况。(略)

(1)经营情况。(略)

(2)市场一楼承包情况。(略)

(3)市场二楼承包情况。(略)

4. ××市贸易市场改造情况。(略)

5. ××市贸易市场建筑消防设施运行情况。

(1)周边市政消火栓情况。(略)

(2)市场消防设施器材情况。(略)

(三)火灾发生时××市贸易市场人员情况

事故发生时,××市贸易市场有2人在现场,分别是××市××有限公司实际控制人陈××住在市场二楼办公室,××市××有限公司当天夜班保安吴××在市场大门值班。

二、事故发生经过和应急救援处置情况

(一)事故发生经过和事故救援情况

20××年3月12日3时38分59秒,市场内电气线路出现故障。4时16分,龙××(第一报警人)在市场南面的出租房看到市场屋顶有类似火光的红点,便使用手机拨打"110"报警。4时22分,××市公安局巡警宋××与余××到达市场,发现在大门值班的××市××有限公司夜班保安吴××还不知道发生火灾。3人同时进入市场到达起火摊位灭火,巡警宋××与余××使用灭火器,吴××先后使用市场南楼西北、西南侧两个室内消火栓连接水带灭火。吴××因操作不熟练,第一次卡口接不上,第二次水带缠绕打绞出水量少,未能有效扑救火灾。巡警见火势无法控制,立即向110指挥中心求助。4时30分,××市消防救援支队指挥中心接到"110"转警。4时31分,接到住在市场南楼二层东南角的陈××报警。4时36分,××市消防救援大队到达现场处置。5时10分,××市应急管理局、公安、交警、医疗、环卫等联动单位到场协同处置。6时02分,××市消防救援支队全勤指挥部到达现场,成立现场指挥部。6时37分,××市××区××路特勤消防救援站、战勤保障消防站和××消防救援站等增援力量相继到达现场。7时40分,现场明火基本扑灭,但市场内部仍有大量货物阴燃冒烟。

8时40分,××市贸易市场南部建筑由于过火时间过长发生坍塌,造成××消防救援站政府专职消防队员韦××,以及××路特勤站消防员黄××、兰××共3名指战员被困,4名消防救援人员受伤。现场指挥员立即组织救援,并调集全市消防救援力量前往救援,同时向省消防救援总队指挥中心报告。省消防救援总队立即调集总队及××支队救援力量赶赴事故现场,全力展开救援。13时18分、13时30分先后救出××路特勤站消防员黄××、兰××,二人意识清醒,无生命危险,立即送往××市人民医院救治。15时19分,将××消防救援站政府专职消防队员韦××被救出,经现场医护人员确认,已无生命体征。17时05分,救援工作处置完毕,现场移交给××市人民政府指挥部进行后续处置。

（二）政府应急处置情况

（略）

三、事故造成的人员伤亡和火灾直接经济损失

（一）人员伤亡情况

事故造成1名消防救援人员牺牲、5名消防救援人员受伤（其中2人重伤）。

（二）火灾直接经济损失

经统计，截止到20××年7月10日，该起火灾事故共造成直接经济损失922万元。

四、事故发生的原因和事故性质

（一）事故发生的直接原因

公安机关经现场勘验取证、证人指证、调阅视频、调查询问（讯问）等，排除了刑事责任等因素引起火灾的可能。事故调查组综合相关调查技术鉴定结论分析，认定本起火灾起火时间为20××年3月12日3时39分，起火原因是××市贸易市场一层南侧C13柱区域上部电气故障引发，同时，由于××市贸易市场南楼钢筋混凝土梁板柱过火时间过长，已远超其耐火极限，致使建筑构件混凝土强度过低，从而引发××市贸易市场南楼坍塌。

（二）致灾因素分析

1. 建筑结构发生变化。（略）

2. 电气线路年久失修维护不当。（略）

3. 采光井加速火灾竖向蔓延。（略）

4. 摊位设置和货物摆放加速火灾横向蔓延。（略）

5. 发现火灾及报警时间晚。（略）

（三）建筑物坍塌原因

（略）

（四）事故发生的间接原因

（略）

1. ××市××有限公司安全生产主体责任不落实。

（1）安全管理制度不落实，安全意识淡薄。

①未落实每2小时一次防火巡查制度。（略）

②特种作业人员无证上岗。（略）

③安全生产事故隐患排查治理制度不落实。(略)

④作业人员安全教育不到位。(略)

⑤未有效组织本单位灭火和应急疏散演练工作。(略)

(2)消防安全职责不清。(略)

2. ××市××市场建设开发有限责任公司未依法依规履行产权方安全管理责任,对产权建筑安全管理缺失……

3. 政府及有关行业监管部门

(1)××市商务局。(略)

(2)××市城关镇政府。(略)

(3)××市整治"两违"联合执法大队。(略)

(4)××市城市管理执法局。(略)

(5)××市消防救援大队。(略)

(五)事故性质

经调查认定,××市贸易市场"3·12"火灾事故是一起一般生产安全责任事故。

五、对事故责任单位和责任人员的责任认定和处理意见

(一)对责任单位的责任认定和处理意见

(略)

(二)对责任人员的责任认定和处理意见

(略)

六、事故防范和整改措施

(一)进一步强化安全生产意识

(略)

(二)严格监督管理,全面落实企业消防安全主体责任

(略)

(三)进一步加强消防安全宣传教育力度

(略)

专此报告。

3.5 通报

3.5.1 通报的概念、分类和特征

通报是一种适用于表彰先进、批评错误、传达重要精神或者情况的公文。通报可以分为三种：表彰性通报、批评性通报和情况通报。表彰性通报，顾名思义，是表扬先进、树立榜样用的。批评性通报，主要目的是惩戒错误，让其他人"引以为戒"。情况通报分为一般情况通报和专项情况通报，一般用来传达情况、沟通消息、互通情报。

通报的特点是：**事例典型，定性准确，态度明朗，奖惩明确，要求可行，发布及时**。所通报的人和事，要足够典型，有通报的价值；对被通报的人和事，定性要准确，态度要明朗，奖惩要明确；发通报的目的主要是让它发挥激励教育、批评警戒、推动工作等作用，因此，在通报中提出的意见、希望和要求一定要有可行性，不然容易起到反效果。通报要尽早起拟，及时发布，这样才能起到好的激励、警戒及沟通效果。

3.5.2 通报的写作要点和范文

通报标题的写法一般为"关于表彰……的通报""关于给予……处分决定的通报""关于……情况的通报"。正文则基本由总体情况概述、基本事实、决定及要求四部分组成。

写表彰性通报和批评性通报，我们需要走好"四步棋"。

第一步棋是讲述"**发生什么事**"。这部分主要用记叙手法，将事情介绍清楚，要求要素完整。

第二步棋是阐述"**我们怎么看**"。这部分主要使用议论的手法，围绕前述的基本事实论理、给予评价、表态。

第三步棋是说明"**我们怎么办**"。这部分主要使用说明的手法，说明表彰或批评的具体方法。

第四步棋是点明"**大家该怎么干**"，对被表彰或被批评之外的单位和人员提出要求和意见。

写表彰性通报和批评性通报的时候，语言表达要恰如其分，说话不能轻飘飘，

也不可以说"过头话"。例如,有的小孩子在学校比较调皮,经常在教室墙上乱写乱画,学校给予批评性通报,说小学生的这种行为"人神共愤",就显得很过激。

写情况通报时,我们需要走好"三步棋",即**有情况、有分析、有要求**。我们需要对基本情况进行介绍,对主要问题进行分析,并对具体工作提出新的要求。

范文 3-36

××省化工总公司党委关于
授予张××"优秀共产党员"荣誉称号的通报

×化发〔20××〕××号

各分公司党委,总公司党委各部门,各直属机构:

张××同志是××化工厂管道维修工人,共产党员。20××年8月12日上午8时30分,成品车间后处理工段油气管道突然爆炸起火。正在清理夜间施工现场的张××被爆炸气浪猛烈推倒,头部、右臂和大腿等多处受伤,鲜血直流,鞋子也被甩出很远。在这危急关头,张××强忍剧痛,迅速爬起,顾不得穿鞋和查看自己的伤势,踩着玻璃碎片,冲入烈火之中,迅速关闭了喷胶阀门、油气分层罐手阀、蒸汽总阀。接着又先后抓起10余个干粉灭火器扑救颗粒泵、混胶罐等扑救大火,在随后赶来的厂保安员韩××的援助下,英勇奋战十几分钟,终于将大火全部扑灭,避免了火势的蔓延。

张××在身体多处受伤、火势凶猛,并随时可能发生更大爆炸的危急关头,将个人生死置之度外,果断处理突发事件,为遏制火势蔓延,防止事故扩大,减少国家财产损失,做出了突出的贡献。他的行为体现了为保护国家财产和人民利益,不惜牺牲个人生命的崇高精神品质,谱写了一曲当代共产党人的正气之歌。韩××不顾危险,奋力救火,表现了忠于职守、不怕牺牲的精神,不愧为一名称职的保安人员。

为此,总公司党委研究决定:

一、将张××和韩××奋力灭火的英勇事迹通报全公司,予以公开表彰。

二、授予张××"优秀共产党员"荣誉称号,为张××晋升一级工资,并颁发灭火奖金5000元,以资鼓励。

三、为韩××晋升一级工资,并颁发奖金1000元,以资鼓励。

希望各分公司党委、总公司党委各部门、各直属机构组织广大共产党员和干部职工认真学习总公司党委的表彰通报，以张××、韩××的英勇事迹和崇高精神为动力，努力做好本职工作，落实安全生产责任，为化工行业的改革与发展做出更大的贡献。

××公司党委（印）
20××年××月××日

解析：这是一份表彰性通报。正文第一段落写清楚了"发生什么事"——发生火灾，张××和韩××奋力救火。第二段落阐述了"我们怎么看"的问题，对张××和韩××英勇救火的行为进行了正面评价。第三段落开始，明确了"我们怎么办"的问题，即对二人进行表彰。正文结尾，对收文单位提出了要求，点明了"大家该怎么干"的问题。

范文 3-37

关于给予曹××处分决定的通报

各市管学校（幼儿园）、学区管委会、××教办、民办学校：

经查，20××年3月至20××年1月，××市第×中学教师曹××长期利用双休日违规对学生进行有偿补课，其行为违反了中小学教师职业道德。根据《××市在职中小学教师有偿补课行为处理办法》第六条之规定，经20××年3月28日市教体局局长办公会会议研究决定，给予曹××降低岗位等级处分，责令其退还违规所得，两年内不得评先评优，受处分期间年度考核定为不合格。

全市各中小学要引以为戒，切实加强教师师德师风建设，严格规范教师执教行为，杜绝此类行为再次发生。

××市教育体育局
20××年3月28日

解析：这是一份批评性通报。正文遵循了"四步棋"写法。首先讲述"发生什么事"——教师曹××违规补课,接着再写"我们怎么看"——教师曹××的行为违反了中小学教师职业道德,接着再写"我们怎么办"——根据相关规定和会议研究,给曹××处分,最后再写"大家该怎么干"的问题,对全市中小学提出了希望。特别值得一提的是,写批评性通报一般需要写清楚批评或惩罚的依据。本案例中,"根据《××市在职中小学教师有偿补课行为处理办法》第六条之规定,经20××年3月28日市教体局局长办公会会议研究决定"就是处罚依据。

范文 3-38

关于全市金融机构营业场所疫情防控专项督查情况的通报

各银行机构、保险公司、证券公司、地方金融组织:

2月1—2日,市金融工作局、人行××市中心支行、××银保监分局会同各县(区)金融办联合成立了4个工督查组,对金融机构营业场所落实疫情防控情况进行了专项督查。现将相关情况通报如下。

一、基本情况

此次专项督查共抽查金融机构营业场所82个。其中,银行机构营业点53个、保险机构营业点24个、证券机构营业点2个、地方金融组织营业点3个。总体来看,金融机构营业网点疫情防控措施落实还不均衡。银行机构总体较好,保险及其他机构落实情况还有较大差距;城区网点落实情况较好,乡(镇)网点落实有差距。其中,A银行A1支行、A2支行,B银行B1支行"三定责任制"落实较好,实现了岗位、人员、职责"三明确";A银行攀枝花分行营业部自助服务厅与营业大厅通道无人值守,督查发现后立即采取物理措施实现隔离;B银行××分行营业部防疫物资管理登记较为规范。

二、共性问题

(一)落实常态化疫情防控措施的责任感、警惕性有所下降,"定人员、定岗位、定责任"三定责任制落实不细。岗位职责不明确,人员配备不足,身兼多岗、无法落实防控要求。

(二)营业场所内、入口处人员聚集;营销活动引导分流不充分。

(三)体温检测、健康码查验等防控措施执行不严格。

(四)场所内工作人员、客户未佩戴口罩或口罩佩戴不规范。

（五）无健康码客户登记要素不齐备，无体温、住址、联系电话等关键信息。消杀记录登记不规范，未注明消杀时间、人员。

（六）通风换气不足，场所内垃圾清运不及时。

（七）消毒液、口罩等防疫物资储备明显低于日常运营需要。

（八）落实属地政府疫情防控整改要求不力，配合度不高。

三、工作要求

各金融机构要坚决克服麻痹思想、厌战情绪、侥幸心理、松劲心态，始终保持如履薄冰、慎终如始的态度，坚持人物同防。要对本单位疫情防控措施落实情况进行全面梳理评估，对防控隐患再排查、防控重点再明确、防控要求再落实，确保各项措施执行到位、风险管控到位，坚决防止因局部防控不力造成疫情扩散，持续巩固我市已取得的疫情防控成果。下一步，市金融工作局、人行××市中心支行、××银保监分局还将组织开展"回头看"，对整改不到位、问题仍然突出的机构，将根据管理权限提出整改通知和问责建议。

特此通报。

××市金融工作局
人民银行××市中心支行
中国银保监会××监管分局
20××年02月04日

解析：这是一份兼具表扬和批评的情况通报。通报简要介绍了专项检查的结果，对疫情防控工作做得好和做得差的单位都进行了点名，提出了各家单位存在的共性问题并要求他们整改。此通报遵循了写情况报告的"三步棋"手法，既有情况介绍，又有问题分析，还对各单位提出了要求，很有警示作用。

3.5.3 通报写作的常见问题

很多新手在写通报时，常常情不自禁地把要通报的事情描述得过于清楚、生动，仿佛身临其境。例如，某公司的员工赵××因被扣发当月的奖金，找主管领导李××理论和纠缠，结果两人话不投机，一言不合打了起来。该公司为此拟制了一篇批评性通报，文中在叙述两人打架的过程时使用了这样一段文字："赵××随手从茶几上拿起一个烟灰缸朝李××的头部砸去，李××一看不好，往左边一闪，只听'啪'的一声，烟灰缸砸中了外墙玻璃，玻璃碎片溅满了整个办公室。李××也很生气，顺手抓起办公桌上的订书机，朝赵××的头部砸去，说时迟那时快，赵××顺势一闪，躲过了袭击，他上前两步，抱住了李××的大腿，将他摔翻在地。"这种活灵活现的写法，用来写小说是可以的，但不适合写在严肃的通报里。通报作为一种公文，不能把事实写得过于生动、详尽，只需要用概括性的语句将主要情况表达出来，并兼以必要的议论和说明即可。

病文 3-5

关于对新虹县环保局进行批评的通报

各乡、镇人民政府，县经开区管委会，县政府各部门和直属单位：

近日，××电视台《××××》栏目不断接到群众的举报，他们反映在新虹县有一家企业一直以来违规倾倒工业废渣，污染大量农田，生产的废水直接排入新虹河，给沿途村庄的百姓生活带来了威胁。

20××年××月××日，××电视台《××××》栏目记者根据群众的举报，来到新虹县并对当地百姓和县环保局执法大队长进行了采访。县环保局执法大队大队长方××做出了相应解释，但同时也说出了"如果都作为，北京就不会有雾霾了"这样天雷滚滚的话语。此采访视频被电视台播出后，流传到了网上，新虹县因他这句"名言"名扬全国，给我县造成了很坏的社会影响。县政府对县环保局做出批评，并责令县环保局对该同志进行处理。希望全县干部引以为戒，不要在接受采访时乱讲话。

特此通报。

新虹县人民政府
20××年××月××日

病文解析：此病文至少有三处错误。其一，标题不规范；其二，通报内容未找准重点；其三，全文表述非常口语化甚至使用"网络热词"，显得不严肃、不庄重。

对于以上病文，我们可以做如下修改。

范文 3-39

关于给予新虹县环保局通报批评的通报

各乡、镇人民政府，县经开区管委会，县政府各部门和直属单位：

20××年××月××日，××电视台《××××》栏目记者就新虹县××镇××有限公司的污染问题，对当地百姓和县环保局执法大队长进行了采访。采访过程中，县环保局执法大队大队长方××做出了相应解释，但同时也说出了"如果都作为，北京就不会有雾霾了"的不恰当话语，造成了很坏的社会影响。县环保局作为县政府的职能部门，对其工作人员接受采访要求不严、教育管理不到位，损害了单位和政府形象。为此，县政府决定给予县环保局全县通报批评，并责令县环保局对该同志予以严肃处理。希望全县上下引以为戒，按照"三严三实"的要求，加强机关内部管理，从严要求工作人员，内强素质，外树形象，切实尽职履责，为展示新虹县良好形象和实现经济社会持续健康发展做出应有的贡献。

新虹县人民政府
20××年××月××日

纪要

3.6.1 纪要的概念和特点

纪要是用于记载会议主要情况和议定事项的一种公文文体，又称"会议纪要"。它是会议记录的归纳总结，与会议记录存在很大的不同。会议记录，是把会议的基本情况如实记录下来的文字材料，是形成会议纪要的原始材料。"会议纪要"和"会议记录"之间的差别，如表3.4所示。

第 3 章 常见公文的写作实战技巧和案例分析

表3.4　会议纪要和会议记录的区别

类别	功能	规范	内容和语言特色	发布形式
会议纪要	现行效用，传达执行	按照国家公文标准执行	会后摘编，系统而简要。记录主要精神，语言概括简练	主要记述重要会议情况，只有当需要向上级汇报或向下级传达会议精神时，才有必要将会议记录整理成会议纪要。会议纪要按公文程序发，但一般没有主送和抄送机关
会议记录	原始凭证、以备查考	遵循约定俗成规则	同步形成，原始而翔实。记录所发之言，语言原汁原味	会议记录一般是有会必录，凡属正式会议都要做记录。作为内部资料，用于存档备查，以及进一步研究问题和检查总结工作的依据，绝不公开发布

记录与纪要存在一定的共性，那就是二者都是工作实录、工作凭证和依据。之前，很多单位都存在会议没有记录或记录了但记录不全、内容失实、没有表态等问题，这样的记录没有凭证价值。现在，各级党政机关都加强了会议文件的管理，因此，文秘人员不仅要做好会议记录并根据记录等文件整理编写会议纪要，还需要做好会议文件整理归卷等工作，以应对上级或监管部门的检查、验收和考核。记录与纪要都是会议档案的重要组成部分，都要做得齐全、完整、系统，做到"会终卷结"。

会议纪要按照会议形式划分，有办公会议纪要、联席会议纪要、工作会议纪要、例会会议纪要、全体会议纪要等；按照会议内容划分，有学术型会议纪要、务虚型会议纪要、决议型会议纪要、部署型会议纪要等。会议纪要可以用专用版头印发，也可以用通用版头印发，也可以用其他约定俗成的方式印发。

3.6.2　会议记录和纪要的写作要点和范文

1. 会议记录写作要点

鉴于会议记录是形成会议纪要的基础，我们首先介绍一下会议记录的写作要点。会议记录有表格式与文章式两种形式。表格式会议记录一般使用统一印制的表格式会议记录专用纸，要素整齐划一，便于归档管理。文章式会议记录一般要记录会议标题、会议组织情况（时间、地点、出席或缺席人员、主持人、记录人），记录清楚会议主要内容，比如议程或议题、发言与讨论情况、与会者的意见与建议、会议议定事项、会议文件或决策事项的表决结果，等等，文末要写"散会""休会"等字样，有主持人与记录人的签字。表格式会议记录格式参考如图 3.1 所示。

××××会议记录用纸

会议名称：

会议时间：　年　　月　　日　　午　　时　　分　　地点：

出席人员：

列席人员：

缺席人员：

中途出（退）席者：

主持人姓名：　　　　　　　　　记录人姓名：

审阅人签字：

主要议题：

发言内容：

主持人签字：　　　　　　　　　记录人签字：

图3.1　表格式会议记录格式参考

在实践中，大多数会议都以摘要记录为主，尤其是专题研讨会、座谈会、日常办公会等。传达领导讲话会议、公布重要结论或重大决策性会议、处理人物或事故的会议，等等，则需要详细记录。做会议记录，要准确、客观、如实、全面、清楚、避免失真。记录时，手速要快，要集中精力，避免遗漏，字迹要清晰，必要时可使用录音设备，事后查漏补缺。

对于会议记录，也有一些速记技巧，即"**手记第一句，脑储第二句，耳听第三句**"，一般我们把第一句和第三句话记录下来，事后就能把第二句还原出来，这样可以提高记录速度。还有，速记时，我们可以减少空中运笔，把字写得"飘"一些，尽量避免遒劲有力，必要时可大量使用略符。比如，自创略符或使用经济学等学科中常用的略符（"商品"可用"W"代替，"价格"可用"P"代替，等等）。在会议过程中，我们还可以根据会议内容调整记录速度。比如，刚开始的暖场阶段，可以放松一些；重要领导发言或是与会者讲到重要内容时，全神贯注记录，该详细的部分要记录详细，该扼要的地方要记录得简明一些。现在，也有一些会议记录软件可供我们使用，只是如果会议内容涉密，以手写的方式记录会更安全。

2. 会议纪要的写作要点

会议纪要一般由版头、发文字号、标题、日期、正文、参加会议人员、发送（收文）单位等部分组成。各单位都有常用的版头、发文字号，等等。写标题时可在"会议纪要"前加会议主题，比如《关于发展渔业产业的会议纪要》，也可以直接写《××第18次办公会议纪要》，若是用专用版头印发会议纪要，也可以不写标题。

成文日期可以居中标注在标题之下，也可以标注在正文开头。正文开头要简明扼要地撰写会议情况，主要包括会议目的、主题、时间和地点、参会人员、会议主要内容、会议效果，等等。纪要的主题部分要记载会议主要精神和决定事项，包括会议研讨的主要问题、决定了的有关事项、与会者达成的主要共识、会议取得的成果，等等。结尾部分，可以号召收文对象落实会议精神，也可以强调落实会议精神和决策的关键问题。会议纪要中，所有人的姓名都应该写全名，若能注明头衔更好，而且，一般只有文头，没有公章。

一般来说，写会议纪要，要学会用好标志性词语，比如：

会议听取（审议）了……

会议充分肯定了……

会议认为，……

会议指出，……

会议强调，……

会议通过（批准）了……

会议同意（原则同意）……

会议确定（议定）了……

会议建议，……

会议决定，……

写会议纪要，最难的是主体部分，需要对会议记录进行综合分析、概括简练和加工整理。在结构安排方面,我们可以按照会议研究问题的顺序逐个归纳、总结,也可以把会议研究的内容进行归纳分类再分项撰写,也可以自行梳理写作脉络,将问题反映清楚。

下面是会议记录和会议纪要的范文。

××市城南开发区管委会办公会议记录

时间:20××年12月26日上午

地点:管委会会议室

主持人:李××(管委会主任)

出席者:杨××(管委会副主任)、周××(管委会副主任管城建)、李××(市建委副主任)、肖××(市工商局副局长)、陈××(市建委城建科科长)及建委、工商局有关科室宣传人员。街道居委会负责人

列席者:管委会全体干部　　　　记录人:邹××(管委会办公室秘书)

讨论议题:

1. 如何整顿城市市场秩序。
2. 如何制止违章建筑、维护市容市貌。

杨主任报告城市现状:我区过去在开发区党委领导下,各职能单位同心协力、齐抓共管在创建文明卫生城市方面取得了一定成绩,相应的城市市场秩序有一定进步,市容街道也较可观。可近几个月来,市场秩序倒退了,街道上小商贩逐渐多起来,水果摊、菜摊、小百货满街乱摆……一些建筑施工单位沿街违章搭棚、乱堆放材料,搬运泥土撒落大街……这些情况严重地破坏了市容市貌,使大街变得又脏又乱,社会各界反应很强烈。因此今天请大家来研究:如何整顿市场秩序?如何治理违章建筑、违章作业、维护市容……

讨论发言(按发言顺序记录):

肖××:个体商贩不按规定到指定市场经营,管理不得力、处理不坚决,我们有责任。这件事我们坚决抓落实:重新宣传市场有关规定,坐商归店、小贩归市、农民卖蔬菜副食到专门的农贸市场……工商局全面出动,也希望街道居委会配合,

具体行动方案我们再考虑。

罗××（工商局市管科科长）：市场是到了非整不可的地步了。我们的方针、办法都有了，过去实行过，都是行之有效的，现在的问题是要有人抓、敢于抓，落到实处。……只要大家齐心协力问题是能够解决的。

秦××（居委会主任）：整顿市场纪律我们居委会也有责任。我们一定发动群众配合好，制止乱摆摊，乱叫卖的现象。

李××（市建委副主任）：去年上半年创建文明卫生城市时，市府7号文件明确规定施工单位不能乱摆战场。工棚、工场不得临街搭设，更不准侵占人行道。沿街面施工要有安全防护措施……今年有的施工单位不顾市府文件，在人行道上搭工棚、堆器材。这些违章作业严重地影响了街道整齐、美观，也影响了行人安全。基建取出的泥土，拖斗车装得过多，外运时沿街撒落，到处有泥沙，破坏了街道整洁。希望管委会召集施工单位开会，重申市府7号文件，要求他们限期改正。否则按文件规定惩处。态度要明确、坚决。

陈××：对犯规者一是教育，二是照章处理。"不教而杀谓之虐"，我们先宣传教育，如果施工单位仍我行我素，那时按文件照章处理，他们也就无话可说。

周××：城市管理我们都有文件、有办法，现在重点是执行，职能部门是主力军，着重抓，其他部门配合抓。居委会把居民特别是"执勤老人"（退休职工）都发动起来，按市府7号文件办事，我们市区就会变得文明、干净、面貌改观……

与会人员经过充分讨论、协商，一致决定：

1. 由工商局牵头，居委会和其他部门配合，第一周宣传、第二周行动，监督实施，做到坐商归店，摊贩归点，农贸归市，彻底改变市场紊乱状况。

2. 由管委会牵头，城建委等单位配合对全区建筑工地进行一次检查。然后召开一次施工单位会议，对违章建筑、违章工场限期改正。一个月内改变面貌。过时不改者，坚决照章处理。

散会。

主持人（签名）
记录人（签名）
20××年12月26日
（转载自期刊《应用写作》）

范文 3-41

××市城南开发区办公会议纪要

2015年12月26日上午,李××管委会主任主持召开××市城南开发区办公会议,会议听取杨主任关于城市现状的报告,重点讨论了关于如何整顿市场秩序和如何制止违章建筑维护市容市貌的问题。现将会议纪要如下。

会议认为,我区过去在开发区党委领导下,各职能单位同心协力、齐抓共管,在创建文明卫生城市方面取得了一定成绩,相应的城市市场秩序有一定进步,街道市容也较可观。可近几个月来,市场秩序倒退了,街道上小商贩逐渐多起来,水果摊、菜摊、小百货满街乱摆,一些建筑施工单位沿街违章搭棚,乱堆乱放材料,搬运泥土撒落大街。这些情况严重地破坏了市容市貌,使大街变得又脏又乱,社会各界反应很强烈。

针对维护市容市貌的问题,会议强调了以下几点。一是我区应与工商局、街道居委会及其他部门共同配合。重新宣传有关规定,严格落实规定;制订具体工作计划,责任要落实到位;切实加大整顿市场秩序的力度。二是要有人抓,敢于抓,落到实处,齐心协力解决问题。三是认真贯彻落实市政府7号文件,制止违章建筑维护市容市貌。四是认真贯彻落实市政府7号文件,对犯规者既教育又惩戒。五是管委会应召集施工单位开会,重申市政府7号文件,要求违规者限期改正。否则按文件规定惩处,态度要明确、坚决。六是加强执行力度,职能部门是主力军,着重抓,其他部门配合抓。居委会发动居民特别是"执勤老人"(退休职工),按市政府7号文件规定办事,才能使我们市区文明、清洁,面貌改观。

会议决定:(一)由工商局牵头,居委会及其他部门配合,第一周宣传、第二周行动,做到坐商归店、摊贩归点、农贸归市,彻底改变市场紊乱状况;(二)由管委会牵头,城建委等单位配合对全区建筑工地进行一次检查。随后召开一次施工单位会议,对违章建筑、违章工场限期改正。一个月内改变面貌。过时不改者,坚决照章处理。

××市城南开发区办公室

20××年12月26日

(转载自期刊《应用写作》)

解析： 以上两份范文，分别是会议记录和会议纪要。我们从范文中可以清晰地看出会议记录和会议纪要的差别，会议记录讲究原汁原味，而会议纪要则要求高度概括、凝练，更接近于"会议工作简报"的写法，几乎无口语化的语言。在会议上，与会人员会对某些问题进行讨论，可能会有意见分歧或相反的情况，在写纪要时要学会对不同意见进行取舍。如果意见分歧太大，难以取得统一，一般不写入纪要，但研讨性的会议本就允许有观点争鸣，可以除外。

范文 3-42

××银行专题办公会议纪要

（20××年第××期）

××银行办公厅　　　　　20××年××月18日

20××年××月××日上午，××行长主持召开第××次行长专题办公会，研究村镇银行有关工作，办公厅、××局、××局等有关部门负责同志参加了会议。

会议听取了××局关于我行村镇银行工作有关情况的汇报，与会各部门做了补充汇报。会议指出，在行党委的正确领导和统一部署下，20××年以来我行村镇银行工作取得了显著成绩，下一步要围绕我行战略定位，积极稳妥，量力而行，总结经验，针对存在问题采取应对措施，切实做好村镇银行有关工作。

一、我行村镇银行工作取得了显著成绩

会议指出（略）

二、我行村镇银行工作中需要高度重视的关键环节

（一）公司治理。从全国普遍情况看，现阶段村镇银行的治理结构仍不完善，需要进一步加大建设力度，从大股东辅导、内部规范运作、内部控制、风险管理、激励约束机制等方面予以健全完善。一是加强辅导。要发挥我行作为大股东的优势，帮助和促进村镇银行建立起有效治理制度，完善"三会一层"治理结构、审议决策监督机制和流程建设，并形成统一规范的标准、模板。二是规范内部运作。健全村镇银行高管层授权制度、监事会制度、董事会决策制度和股东大会制度，建立严谨规范的企业内部运作机制。三是加强内控机制建设。村镇银行"麻雀虽小，五脏俱全"，必须按照现代商业银行要求建立起完善的内控制度，前、中、后台分离，会

计、出纳等职能分开，授权与制衡并重，防止一人多岗，确保不出现案件和风险。四是风险管理。村镇银行面临信用风险、信贷风险、市场风险、操作风险、道德风险等多种性质的风险，其中最大的风险是人的风险，因此，加强风险控制的关键是要管住人，防范好道德风险、操作风险等人为风险隐患。五是健全激励约束机制。建立科学的人力资源管理体系和适当的激励机制以吸引人才，同时辅之以相应的奖惩约束制度，并完善考核指标体系，发挥指挥棒的导向作用，形成良性、长效的经营管理行为。

（二）IT治理。（略）

（三）文化差异。（略）

（四）流动性管理。（略）

（五）资本约束。（略）

（六）业务协同。（略）

（七）风险和案件防范。（略）

三、下一步工作重点

（一）我行战略定位。（略）

（二）量力而行。（略）

（三）积极稳妥。（略）

（四）认真总结经验。（略）

（五）解决当前问题的针对性措施。（略）

参加人：（略）

行内发送：（略）

（资料源自首届中央国家机关公文写作大赛）

解析：此会议纪要写得非常全面，开头部分对会议情况进行了总结，正文部分从取得的成绩、需要高度重视的关键环节、下一步工作重点等层面，对会议内容进行了展开说明，总体脉络非常清晰，内容详尽，语言凝练。

3.6.3 纪要写作的注意事项

刚开始写会议纪要的新手很容易错把"记录"当"纪要"，恨不能把领导的讲话一个字不落地记录下来并写进纪要里，但这是写纪要的大忌。领导在会议上的讲话不一定都有讲话稿，很有可能是"想起来什么就讲什么"，我们将这些内容写成纪要的时候就要学会"合并同类项"和调整讲话顺序，将领导讲话的内容进行概括和总结。

例如，在会议记录中，领导的讲话内容是："反腐倡廉没有休止符，作风建设永远在路上。广大干部群众的参与和支持，是反腐倡廉建设的制胜法宝。我们将虚心听取你们的意见和建议，并在今后工作中认真改进，进一步推进反腐倡廉各项工作，以党风廉政建设和反腐败斗争的实际成效取信于民。最后，我对你们一直以来对我县党风廉政建设和反腐败工作的关心、理解、支持、参与，表示衷心感谢！"如果我们要将其整理成会议纪要，只需要表述为："会议认为，广大干部群众的参与和支持是反腐倡廉建设的制胜法宝。会议强调，××（单位名称）将虚心听取广大干部群众的意见和建议，并在今后工作中认真改进，进一步推进反腐倡廉各项工作，以党风廉政建设和反腐败斗争的实际成效取信于民。"

3.7 通告

3.7.1 通告的概念和特点

通告，是一种在一定范围内公布应当遵守或者周知事项的周知性公文。一般来说，通告的使用面比通知要广泛。上到国家机关，下到企事业单位甚至临时性机构都可使用。如果通告具有强制性，则收文对象的范围不可以超过发文机关的权限。

通知、通报、通告这三个公文都具有告知性和沟通性，但又存在区别，如表3.5所示。

表3.5 通知、通报和通告的区别

类别	对象	目的和作用	制发时间
通知	一般只通过某种固定的渠道传达至有关部门、单位或人员，告知对象有限	主要是安排具体的事项并要求下级机关照此执行或办理	制发于事前，预先对工作做出安排
通报	上级机关把典型的人和事或带有指导性的经验教训通报给下级机关。无论哪种通报，受文单位只能是制发机关的下级	通报可以用于奖惩有关单位或人员，或将重要情况传达给下级，主要用于指导、推动相关工作，一般没有工作的具体部署与安排	通报制发于事后，一般是对已经发生的事进行告知、分析、评价并要求下级学习或引以为戒

续表

类别	对象	目的和作用	制发时间
通告	所告知的对象是一定范围内的组织和群众,具有权威性,要求人们遵照执行,一般都要张贴或通过新闻媒体大力宣传	在一定范围内应当遵守,有一定的约束力	制发于事前,用于约束通告发布后人们的行为

通告一般分为周知性通告和约束性通告两大类。前者用于在一定范围内需要公布或周知的事项,比如,全市统一试鸣防空警报的通告,关于春节交通管制的通告,等等。后者用于公布应该遵守的事项,一般只限有权限的行政机关使用,比如《关于禁烧秸秆的通告》《关于禁止燃放烟花爆竹的通告》。

3.7.2 通告的写作要点和范文

通告分为标题、正文、结尾、落款等几个部分。严谨的标题一般由发文机关、事由和文种三要素构成,比如《××市应对新型冠状病毒肺炎疫情工作领导小组办公室关于进一步做好当前新冠肺炎疫情防控工作的通告》。当然,通告标题也可以单纯由事由或发文机关+文种组成,比如《关于暂停网络缴纳交通罚款的通告》《中华人民共和国公安部通告》。

通告的正文一般由通告目的和依据、通告事项或内容及通告结语构成。开头需要阐明发布通告的原因、目的和依据,以增强发文的权威性和针对性。接着再用"现将有关事项和规定通告如下""特通告如下"等承启用语,转入事项和内容部分。写通告事项需要明确重点、讲究逻辑,要将需要周知和遵守的事项清晰地告知收文对象;如果内容过多,则可以采用分条列项的表达方式。结语部分,我们可以用"此告""特此通告""请遵照执行"来结束,也可以提出希望、要求甚至祝福,还可以说明通告有效期、遵守范围,等等。

通告的落款一般由发文机关、成文日期组成。如果标题中没有出现发文机关,落款就需要注明发文机关的全称。成文日期,要写在发文机关的下面,或通告的右下角。

范文 3-43

关于禁止燃放烟花爆竹的通告

××市广大市民群众：

根据《烟花爆竹安全管理条例》的规定和森林草原防灭火相关规定和要求，经××市人民政府同意，自20××年2月7日起至5月31日止，全市禁止燃放一切烟花爆竹。现将有关情况通告如下。

一、禁止燃放范围

森林防火禁火区、主城区、交通沿线、旅游景区、电力通信管线沿线、工程建设施工作业区域和居民生活区为烟花爆竹禁燃禁放区域，禁止燃放一切烟花爆竹。

同时，20××年春节期间，××市供销社全面停止出售烟花爆竹，全市无烟花爆竹零售点。请广大市民群众不要非法生产、买卖、储存、运输、邮寄和燃放烟花爆竹。

二、禁止燃放时间

自本通告发布之日起。

三、法律责任

对通告发布后，非法燃放烟花爆竹的，将由公安机关依法追究法律责任。

××市公安局
20××年2月07日

解析：正文由依据＋通告事项＋结语组成，通告对禁燃烟花爆竹的范围、时间、法律责任进行了限定，写得干净利索、一目了然，比较容易执行。

范文 3-44

关于春节期间调整营业时间的通告

尊敬的客户：

值此20××新春佳节来临之际，××银行全体员工给您拜年了！为了在春节期间给您提供更好的金融服务，我行网点营业时间调整如下：

（略）

您可以根据具体的金融服务需求，采取自助渠道办理业务。春节期间，我行银行卡业务、电子银行业务正常运转，××××客服热线提供24小时人工座席服务。感谢您长期以来对我行工作的支持与厚爱，恭祝您新春快乐，万事如意，心想事成，大吉大利！

××银行股份有限公司
20××年××月××日

解析：上述通告为周知性通告，此类通告不如约束性通告那般严谨，因此在正文开头可以向客户拜年，正文结束时又可以对客户送出新春祝福。写此类通告，最重要的是要将告知事项写清楚，让阅读通告的人一目了然。

3.7.3 通告写作的注意事项

通告这类文体，有时候需要通过新闻媒体发布或张贴在大街小巷，因此，要特别注意校对印刷文件，否则，可能会给本单位带来重大舆情。例如，某市某单位张贴通告时，通告上竟有多达20处错误，比如，将"犬只"写成"犬值"，"饲养犬只"写成"思想全职"，"防疫合格证"写成"防信合格证"等。该单位官网上的通告原文是没有错别字的，是基层工作人员在进行PDF（便携式文档格式）转文字时出现了错误。事发后，该单位立即对张贴的通告收回销毁。纪委介入调查并责成该单位对相关责任人进行了责任追究。

3.8 批复

3.8.1 批复的概念、分类和特点

答复下级机关的请示事项，我们需要用到的公文就是批复。它是基于请示而产生的文种，一般具有被动性。下级没有请示事项，上级机关不会主动给下级机关制发批复。批复的内容具有针对性，不会含有与请示内容不相关的内容，因此，批复的态度往往非常明确，内容也比较简洁。鉴于批复是上级机关给出来的结论性、指导性意见，下级机关必须遵照执行，不能违背，因此，批复具有比较强的权威性和强制力。

第3章 常见公文的写作实战技巧和案例分析

按照批复态度的不同，批复一般分为肯定性批复（同意请示事项）、否定性批复（不同意请示事项）和解答性批复（对下级的询问给予明确的答复）。

3.8.2 批复的写作要点和范文

批复一般由标题+主送机关+正文+落款组成。

写批复标题，最常见的写法是完全式标题，即将发文机关的批复态度也明确写在标题中，比如《中国银保监会××监管局关于不同意核准×××董事长任职资格的批复》。

批复的主送机关一般只有一个（特殊情况除外），而且不能降级行文，即"谁给你打请示，你就给谁回复批复"。如果批复的内容同时涉及其他单位，则可以采用抄送的形式送达。

批复的正文一般包括引语、意见和要求三要素，并且坚持**"一文一批复"**的原则。

在写批复时，一定要写明引语，点出批复对象，以及明确针对的是哪一份请示。一般在开头写"××请示已收悉，现批复如下"等字样。写批复意见要将同意或不同意的内容和事项写清楚，并给出相应的理由，绝不能写得含糊其词，让下级无所适从。正文最后，可以提一些补充意见或表明希望、提出号召，或是仅仅写"特此批复"。如果批复态度是不同意，还可以提出其他的解决意见。落款要署成文日期并加盖公章。

范文 3-45

国务院关于同意设立"中国农民丰收节"的批复

国函〔20××〕80号

农业农村部：

  关于申请设立"中国农民丰收节"的请示收悉。同意自20××年起，将每年农历秋分设立为"中国农民丰收节"。具体工作由你部商有关部门组织实施。

国务院

20××年06月07日

解析： 以上批复为肯定性批复。标题中可以写明"同意""核准"等字样。如有必要，我们可以在引语部分写明请示文号、收文时间等信息。

范文 3-46

中国银监会××监管局关于不同意核准×××董事任职资格的批复

××银行股份有限公司：

你行《关于申请对××商业银行股份有限公司董事任职资格审核的请示》（×商银发〔20××〕×号）行政许可事项申报材料收悉。根据农村中小金融机构董事和高管人员管理的有关规定，经审查研究，现批复如下。

×××同志请假未能参加20××年2月××日的××银行业金融机构高级管理职务任职资格考试，20××年3月××日参加了补考，考试成绩不合格，不符合《中国银行业监督管理委员会农村中小金融机构行政许可事项实施办法》第九十七条第四款等相关规定，不同意核准其××农村商业银行股份有限公司董事任职资格。

此复。

中国银监会××监管局
20××年××月××日

解析： 以上批复为否定性批复。写否定性批复，需要说明否定的依据和理由。上述范文中的否定理由是该同志未能参加任职资格考试，后来参加了补考但成绩不合格。依据是《中国银行业监督管理委员会农村中小金融机构行政许可事项实施办法》第九十七条第四款。特别要说明的是，有的否定性批复的态度是"缓办"，那也应该要说明理由。说明缘由主要是方便下级机关了解未能获准的原因，以免增加不必要的解释工作。

第 3 章 常见公文的写作实战技巧和案例分析

范文 3-47

关于对人民法院终结执行行为
提出执行异议期限问题的批复

××省高级人民法院：

你院《关于××有限公司与××有限公司房地产开发经营合同纠纷案的请示》（×高法〔20××〕×号）收悉。经研究，批复如下。

当事人、利害关系人依照民事诉讼法第二百二十五条规定对终结执行行为提出异议的，应当自收到终结执行法律文书之日起六十日内提出；未收到法律文书的，应当自知道或者应当知道人民法院终结执行之日起六十日内提出。批复发布前终结执行的，自批复发布之日起六十日内提出。超出该期限提出执行异议的，人民法院不予受理。

此复。

最高人民法院

20××年××月××日

解析：以上批复为答复性批复。一般下级收到类似答复性批复时，就知道在具体工作中该怎么做了。

范文 3-48

国务院关于同意设立
中国（海南）自由贸易试验区的批复

海南省人民政府、商务部：

你们关于设立中国（海南）自由贸易试验区的请示收悉。现批复如下。

一、同意设立中国（海南）自由贸易试验区。

二、中国（海南）自由贸易试验区实施范围为海南岛全岛。相关土地、海域开发利用要严格遵守国家法律法规和海南省"多规合一"总体规划，并符合节约集约用地用海的有关要求。涉及无居民海岛的，要严格按照《中华人民共和国海岛保护法》等有关规定办理。

三、中国（海南）自由贸易试验区内的海关特殊监管区域的实施范围和税收政策适用范围维持不变。

四、海南省人民政府、商务部要会同有关部门做好《中国（海南）自由贸易试验区总体方案》的组织实施工作。

国务院

20××年9月24日

解析：以上批复中，主送机关有两个，因为请示是由两个单位联合上报的。此批复除了表明同意态度之外，还对下级提出了相关的工作要求。

3.8.3 批复写作的常见问题

在实践中，批复具有答复性、批示性、权威性和针对性等特点，因此，很多人会把它和"请批复函"混淆。虽然"请批复函"与"批复"都是在答复下级机关或不相隶属机关请求批准某些事项，但二者存在较大的区别。请批复函的行文对象比较宽泛，一般是在向无隶属关系的机关申请批准事项时使用，而批复的行文对象主要是下级机关。例如，一个公园要建办公楼，首先需要向上级主管部门请示，上级部门同意批复后，才能向建设、土地、环保等业务主管部门去函请求批准，这些业务主管部门若同意则复函批准。

同一份批复中，可以有同意的事项，也可以有不同意的事项。写批复时，明确写清楚同意哪些事项、不同意哪些事项，不同意的部分要给出不同意的理由。

3.9 意见

3.9.1 意见的概念、分类和特点

公文语境里的意见，不是"人们对事物产生的看法或想法"，而是行文机关在重要问题上对受文对象提出的见解和处理方法，带有比较强烈的宣传、引导、说明、阐释意义，具有一定的权威性、建议性和指导性。意见一般是下行文，但有时候也

可以是上行文甚至是平行文。

与决定、通知、通报等"刚性"很强的公文相比,意见的性质充满"弹性"。下级机关在工作中发现或遇到重要问题时,可以向上级写意见,提出自己的见解、办法和措施。上级也可以通过意见,对下级的工作和活动提出指导意见。

与其他公文文种相比,**意见在行文方向上具有灵活性,在行文内容上具有指示性和参谋性**。它对行文机关没有特别的限制,可广泛适用于各级行政机关、企事业单位和人民团体,还可以根据具体事项的特点、所处阶段不断提出补充意见或修改意见。

按行文方式分,意见分为直接发文和随通知转发或批转两类。比如,《关于校外线上培训的实施意见》属于直接发文式意见,《国务院批转林业部〈关于进一步加强森林防火工作的报告〉的批转意见》属于批转式意见。

按性质和内容分,意见分为指导性意见、规划性意见、规定性意见、实施性意见、建设性意见、评估性意见和具体工作意见。

在实践中,指导性意见用得最多,一般用作下行文,内容包括对某项工作的指导思想、工作原则、工作思路、措施、方法等,比如《××市政府关于加强科学技术普及工作的若干意见》。

规划性意见也多为下行文,一般是提出总体构想和蓝图,内容宏观而系统,适用周期长,在撰写手法上有点像规划、纲要等计划性问题,比如《关于加强城市总体规划工作的意见》。

规定性意见也主要是下行文,主要对下级机关和人员提出规范性的要求。在实践中,党组织、纪律部门对成员行为准则提出具体的要求和标准时,会使用规定性意见,比如《关于规范党员干部网络行为的意见》。

实施性意见,内容一般是为完成某项工作和任务而制定的实施方案,内容相对比较具体,对相关工作安排比较细致,比如《关于城镇医疗机构分类管理的实施意见》。

建设性意见一般为上行文,是下级机关向上级机关提出工作设想、建议时使用的公文,它有比较强的"建言献策性"。如果意见被上级采纳,还可以获得上级的批转,供更大范围去遵守或执行,比如《关于加强院区内安全防护工作的建设性意见》。

评估性意见一般用作平行文,也可用作下行文。一般是由行文机关对某项工作、事项、问题进行调查、研究或鉴定、评审后,再把相关的评估结果和意见递交给受文机关。这类意见又分为鉴定性意见、审查性意见和批评性意见。例如,《关于对××路68号房屋维修加固费用及房产贬损价值的评估意见》属于鉴定性意见,《关于对〈××区突发事件总体应急预案〉的合法性审查意见》属于审查性意见。

具体工作意见所涉及的内容相对比较具体,指向某一细分领域的工作,附带一些具有可操作性的办法和措施,比如《关于落实〈政府工作报告〉重点工作分工的意见》。

3.9.2 意见的写作要点和范文

意见和其他形式的公文一样,一般由标题、主送机关、正文、落款四部分组成。意见一般都有主送机关,但如果意见涵盖的内容具有普适性,周知范围越广越好,也可以不写主送机关。意见标题、主送机关、落款的写法,与通知等公文文种类似,但正文部分的写法略有不同。意见的前面需要写清楚发文原因,即"为什么要提这个意见"。一般来说,前面部分不常写发文依据,但会有比较多的篇幅介绍发文的背景、目的、意义,等等。接着,再用"现提出如下实施意见""现提出如下意见""特制定本处理方法"等过渡用语进入主体内容。主体部分,需要我们花大力气阐明看法、表明态度并提出相关的建议、解决办法,这部分要求言之有物,行文逻辑要清晰,内容要富有针对性、可行性。结尾处,可以提出希望和要求。如果这份意见是由下级打给上级,还可以用上"以上意见如无不妥,请批转各地区、各部门执行"等结尾用语。

范文 3-49

中共中央国务院关于全面加强生态环境保护坚决打好污染防治攻坚战的意见

良好生态环境是实现中华民族永续发展的内在要求,是增进民生福祉的优先领域。为深入学习贯彻习近平新时代中国特色社会主义思想和党的十九大精神,决胜全面建成小康社会,全面加强生态环境保护,打好污染防治攻坚战,提升生态文明,建设美丽中国,现提出如下意见。

一、深刻认识生态环境保护面临的形势
（略）

二、深入贯彻中共中央生态文明思想
……

坚持生态兴则文明兴。（略）

坚持人与自然和谐共生。（略）

坚持绿水青山就是金山银山。（略）

坚持良好生态环境是最普惠的民生福祉。（略）

坚持山水林田湖草是生命共同体。（略）

坚持用最严格制度最严密法治保护生态环境。（略）

坚持建设美丽中国全民行动。（略）

坚持共谋全球生态文明建设。（略）

三、全面加强党对生态环境保护的领导
……

（一）落实党政主体责任。（略）

（二）强化考核问责。（略）

四、总体目标和基本原则

（一）总体目标。（略）

（二）基本原则。

坚持保护优先。（略）

强化问题导向。（略）

突出改革创新。（略）

注重依法监管。（略）

推进全民共治。（略）

五、推动形成绿色发展方式和生活方式
……

（一）促进经济绿色低碳循环发展。（略）

（二）推进能源资源全面节约。（略）

（三）引导公众绿色生活。（略）

六、坚决打赢蓝天保卫战

……

（一）加强工业企业大气污染综合治理。（略）

（二）大力推进散煤治理和煤炭消费减量替代。（略）

（三）打好柴油货车污染治理攻坚战。（略）

（四）强化国土绿化和扬尘管控。（略）

（五）有效应对重污染天气。（略）

七、着力打好碧水保卫战

……

（一）打好水源地保护攻坚战。（略）

（二）打好城市黑臭水体治理攻坚战。（略）

（三）打好长江保护修复攻坚战。（略）

（四）打好渤海综合治理攻坚战。（略）

（五）打好农业农村污染治理攻坚战。（略）

八、扎实推进净土保卫战

……

（一）强化土壤污染管控和修复。（略）

（二）加快推进垃圾分类处理。（略）

（三）强化固体废物污染防治。（略）

九、加快生态保护与修复

……

（一）划定并严守生态保护红线。（略）

（二）坚决查处生态破坏行为。（略）

（三）建立以国家公园为主体的自然保护地体系。（略）

十、改革完善生态环境治理体系

……

（一）完善生态环境监管体系。（略）

（二）健全生态环境保护经济政策体系。（略）

（三）健全生态环境保护法治体系。（略）

（四）强化生态环境保护能力保障体系。（略）

（五）构建生态环境保护社会行动体系。（略）

新思想引领新时代，新使命开启新征程。让我们更加紧密地团结在以习近平同志为核心的党中央周围，以习近平新时代中国特色社会主义思想为指导，不忘初心、牢记使命，锐意进取、勇于担当，全面加强生态环境保护，坚决打好污染防治攻坚战，为决胜全面建成小康社会、实现中华民族伟大复兴的中国梦不懈奋斗。

20××年6月16日

解析： 此意见对全面加强生态环境保护、坚决打好污染防治攻坚战的相关工作进行了指导，重点突出，内容全面、系统，情感层层递进，逻辑清晰缜密。写类似这种工作意见是一项系统工程，一般是多业务线条、多人团结协作、共同完成的结果。

范文 3-50

关于开展××省水资源论证区域评估工作的意见

各市水利（水务）局：

为深化"放管服"改革，优化营商环境，根据《××省人民政府办公厅关于全省开发区"标准地"改革的指导意见》（×政办秘〔20××〕117号）有关要求，现就我省开展水资源论证区域评估工作提出如下意见。

一、总体要求

（一）工作目标。

（略）

（二）实施范围。

××省境内各类开发区，其他各类产业集聚区、工业功能区、特色小镇等可参照执行。

二、工作任务

（一）编制评估报告。（略）

（二）规范审查同意。（略）

（三）推行告知承诺。（略）

（四）强化监督管理。（略）

三、保障措施

（一）加强组织领导。（略）

（二）强化工作考核。（略）

附件：1. ××省开发区取水许可告知承诺书
   2. ××省水资源论证区域评估技术要求（试行）

××省水利厅

20××年××月××日

解析：与通知、通报、公函、请示等文体相比，意见相对来说对写作水平要求更高。意见的撰拟者必须全面深刻地领会和掌握有关方针、政策，切勿"想当然"或"闭门造车"。这就要求我们在撰拟意见之前要做好调研工作，掌握大量的第一手资料，掌握问题的本质和事物发展规律。提出来的意见要切合实际，还要考虑可行性，表述这些意见时不仅要明确具体，更要方便别人理解和执行。以上范文基本做到了这些，并在附件中添加了告知承诺书和评估技术要求，是一篇优秀的意见范文。

3.9.3 意见写作的常见问题

一般来说，发文机关若是想批转、印发、转发一份意见，就不适宜再用"意见"这种文种发布，而是应该以"通知"形式发布。意见一般以附件的形式附在通知之后，可参考以下范文。

范文 3-51

国务院批转国家发展改革委
《关于20××年深化经济体制改革重点工作的意见》的通知

各省、自治区、直辖市人民政府，国务院各部委、各直属机构：

国务院同意国家发展改革委《关于20××年深化经济体制改革重点工作的意

见》，现转发给你们，请认真贯彻执行。

附件：关于20××年深化经济体制改革重点工作的意见

国务院
20××年4月13日

范文 3-52

关于转发《关于规范党员干部网络行为的意见》的通知

机关各科室、局属各单位：

近日，中共中央宣传部、中共中央组织部、中央网信办联合印发了《关于规范党员干部网络行为的意见》（中宣发〔20××〕20号），为进一步规范我局党员干部网络行为，营造健康向上、风清气正的网络环境，推动人社事业健康发展，现对该意见进行全文转发（详见附件），请认真组织学习并严格遵照执行。

附件：关于规范党员干部网络行为的意见

××市人力资源和社会保障局
20××年7月13日

3.10 决定

3.10.1 决定的概念、分类和特点

《党政机关公文处理工作条例》中对"决定"的适用范围做了明确的规定，发文机关"对重要事项做出决策和部署、奖惩有关单位和人员、变更或者撤销下级机关不适当的决定事项"时，一般会使用"决定"。

与"通知"不同的是，"决定"针对的是重要、重大事项，而且具有部署性和原则性，会形成明确而又重要的决定。布置一般性、常规性工作一般不用"决定"的形式发文，只能用"通知"。

"通报"与"决定"都可以用于表彰先进、批评过失，但是，用"决定"表彰或批评时，所表彰或批评的组织和个人的事迹非常典型、突出，影响范围广且影响力大，它具有更大的普遍教育作用，比如《中共中央　国务院关于表彰改革开放杰出贡献人员的决定》。

决定具有全局性、典型性和更高的权威性。按照内容的不同，决定可以分为奖惩性决定、指挥性决定、变更性决定三大类。例如，修改法律法规、变更人事和机构安排，以及撤销下级机关的决定事项，属于变更性决定；对某项工作、问题做出决策和指挥部署，属于指挥性决定；表彰或处罚有关单位或个人，属于奖惩性决定。

3.10.2　决定的写作要点和范文

决定的标题由发文机关+事由+文种组成，比如《中共中央关于全面推进依法治国若干重大问题的决定》。如果一个决定是由会议通过的，还应该在标题下方居中标明通过该决定的日期、会议名称，比如，《中共中央关于全面推进依法治国若干重大问题的决定》中就得写明"2014年10月23日中国共产党第十八届中央委员会第四次全体会议通过"的字样，并用括号括起来。决定也有主送机关，但普适性的、周知范围广泛的决定可以不写主送机关。

决定的正文一般由依据、事项和要求三部分内容组成。决定的依据部分，要写得简短明确。决定的事项部分，不同的决定有不同的写法。比如，指挥性决定需要写清楚具体的任务、措施、要求，等等；奖惩性决定需要写清楚表彰或处分的具体方法（处分最好能援引处分依据）；变更性决定要准确具体，不可以模棱两可。决定的要求部分要写清楚具体的举措要求，这些举措要有可能操作性，方便收文机关贯彻、执行、落到实处。决定的落款部分需要标明发文机关和成文日期。

国务院关于取消一批行政许可等事项的决定

国发〔20××〕28号

各省、自治区、直辖市人民政府，国务院各部委、各直属机构：

　　经研究论证，国务院决定取消11项行政许可等事项，现予公布。另有6项依据有关法律设定的行政许可事项，国务院将依照法定程序提请全国人民代表大会常务委员会修订相关法律规定。对取消的行政许可等事项，相关部门要制定完善事中事后监管细则，自本决定发布之日起20个工作日内按规定向社会公布，并加强宣传解读、确保落实到位。

附件：国务院决定取消的行政许可等事项目录（共计11项）

国务院
20××年7月28日

解析：这是一份变更性决定，发文要素非常完整。若在正文部分挨个写明取消的行政许可事项，则会显得整份公文看起来比较啰唆，故而将事项目录以附件形式附上。奖惩性决定中，如果涉及的单位和人员比较多，名单一般也以附件的形式展现。

关于给予××开除处分的决定

李××，男，19××年××月××日生，××族，江苏××人，本科文化，2004年××月加入中国共产党，2006年1月至今任××市商务局××处副主任科员。20××年××月××日，××区法院以李××犯危险驾驶罪判处其拘役三个月十五天，并处罚金人民币三千元。

20××年××月××日22时××分左右，李××醉酒后驾驶苏A××号小型轿车沿××市A区B路由西向东行驶至B路××号附近路口时，因疏忽观察，操作不当，追尾撞击前方由王××驾驶的正在路口等待信号灯的苏A××号小型轿车尾部，造成两车不同程度受损的交通事故。经××市公安局交通管理局第×大队认定，李××负此事故全部责任。经××市公安局物证鉴定所鉴定：送检的李××血样中检出乙醇成分，其乙醇含量为221.8mg/100ml。

李××身为行政机关公务员，在道路上醉酒驾驶机动车，其行为构成危险驾驶罪，已被法院依法判处刑罚。根据《行政机关公务员处分条例》第十七条第二款之规定，经工委研究，决定给予李峰开除处分。

本决定自20××年××月××日起生效，如不服本决定，可自收到本决定书之日起三十日内向本局申请复核，也可直接向本级公务员主管部门提出申诉。复核、申诉期间不停止本决定的执行。

××市商务局
20××年××月××日

解析：该范文的决定属于奖惩性决定，标题明确了决定的内容。以上处分决定详细介绍了被处分人李××的基本情况，并简要介绍了他"犯事"的过程，以及对他做出处分决定的依据（《行政机关公务员处分条例》第十七条第二款）。此外，还注明了决定生效日期，以及复核和申诉渠道，清晰明了。

需要注意，处分一般也要发给个人，载入个人档案之中，成为个人的荣誉或污点。而批评性通报则只是作为一种公文，它更多是对他人起到警示作用，由单位存档管理即可。

3.10.3 决定写作的常见问题

"决定"可能会与"命令"这种文种相混淆，"命令"的强制性、重要性更强，写作之前要注意区分。一般来说，"决定"不能写得长篇累牍，而是要简短有力，让受众尽快掌握有效信息。"决定"的内容，也一定要明确，不可有建议性、意见性的语言。

病文 3-6

中共××县委 ××县人民政府
关于向××同志学习的决定

20××年××月××日下午三时左右，共产党员、××大学党政办主任高××同志来到××市××公交车站，发现一名20多岁的男子手持长刀劫持了一名15岁的高中女生。高××上前劝说："你有什么想不开的嘛。你要是伤了她，你自己也得坐牢！"，没想到歹徒恶狠狠地说："不关你的事！你识相些，否则别怪我不客气。"高××劝说不成，假意离开，并慢慢绕到了歹徒身后。歹徒劫持着女孩往

第3章 常见公文的写作实战技巧和案例分析

喷泉的方向走,说时迟,那时快,高××一个箭步冲到男子身后试图抢刀,但歹徒机敏地向右一闪,躲开了他的抢夺,锋利的长刀还划伤了他的左臂……眼看歹徒越来越激动,几次作势要割女孩的喉咙,高××觉得事不宜迟,他再次冲上去抢刀,却被歹徒捅了一刀,肚子上鲜血直流。他顺势紧紧地握着刀刃,不让歹徒再有把长刀抽回去的机会,女孩也得以顺利逃脱。围观群众见状,迅速上前把歹徒制服,按倒在地。几分钟后,警察赶到现场,将歹徒拷走。被劫持女孩和围观群众马上把他送进医院,医院立即组成抢救小组抢救,所幸有惊无险。

为此,县委、县人民政府决定,在全县开展向高××同志学习的活动。县委和县人民政府号召,全县广大党员、干部、职工,要以高××同志为榜样,见义勇为,敢于同坏人坏事做斗争,为争取党风、社会风气的进一步好转、为夺取物质文明和精神文明建设的新成就而努力奋斗。

中共××县委　××县人民政府
20××年××月××日

病文解析:本文的错误主要有三处:一是缺乏主送机关;二是概括事实部分写得太文学化,太多细节描述,却没有凸显事件的意义;三是缺乏对被表彰者的评价,整体读起来非常突兀。

对于上述病文,我们可以做如下改动。

范文 3-55

中共××县委　××县人民政府
关于向高××同志学习的决定

各乡、镇人民政府,县政府各局机关、直属机构:

20××年××月××日下午3时左右,共产党员、××大学党政办主任高××同志来到××市××公交车站,发现一名20多岁的男子手持长刀劫持了一名15岁的高中女生。高××上前劝阻无效后假意离开,再绕到了歹徒身后试图抢刀,却被长刀划伤左臂。为避免歹徒做出过激举动,高××再次冒着生命危险上前夺刀,却被歹徒捅伤了脾脏，但他忍着剧痛，顺势紧紧地握着刀刃，不让歹徒再有把长刀抽回去伤人的机会，女生也得以顺利逃脱。围观群众迅速上前将歹徒制服，随后警察赶到现场带走了歹徒。被劫持女生和围观群众马上把他送进医院抢救，所幸没有生命危险，入院治疗七天后康复出院。

高××同志智斗歹徒、见义勇为，充分表现了一名共产党员和国家干部的优秀品质。为此，县委、县人民政府决定，在全县开展向高××同志学习的活动。县委和县人民政府号召，全县广大党员、干部、职工，要以高××同志为榜样，见义勇为，敢于同坏人坏事做斗争，为社会风气的进一步好转做出贡献。

中共××县委　××县人民政府
20××年××月××日

议案

3.11.1　议案的概念、分类和特点

议案，是按法律程序向国家议事机关（比如立法机关或国家权力机关）提出，并且由有权机关审议、讨论并通过会议表决的议事原案。在我国，议案这种公文文种一般适用于有关机构、组织和个人根据法定程序、针对某些具体事项，向人大（人民代表大会）及其常委会提请审议的情形。例如，人大主席团、各级人民政府、人大代表按照法律程序向同级人大或人大常务委员会提请审议事项。主送机关只有一个，不能向其他部门单位行文。

议案只能由有提案权的机构或个人（比如人大代表）提出，所提内容必须要在收文机关的职权范围内，并且要经过提出、初审、辩论、修正、表决、通过和公布等流程。超过期限提交的议案一般会被改作"建议"处理，或移交下次人大会议处理。

议案反映的事项必须是重要、重大事项，要最大限度地符合人民群众的意愿和要求，不能反映个别单位、个人的问题，而且，议案中提出的办法、措施和方案必须切实可行。

综上所述，我们可以得知议案的特点：对制发机关、时效性，以及反映事项的内容、必要性和可行性都有严格的要求。

按照提请主体的不同，议案可以分为人大议案和行政事项。前者适用范围更广泛，后者的行文主体则主要是政府。按照内容和性质划分，议案一般分为法律类议案（以下简称法案）、人事任免和机构变动类议案、决策类议案（比如预算案、决算案、国民经济和社会发展计划案及有关全国性与地方性的重大事项的议案等）、建议类议案，等等。

除了议案之外，我们在生活中还经常听到"提案"这个字眼。议案和提案虽然都属于提交审议的方案，但二者是有区别的，如表3.6所示。

表3.6　议案和提案的区别

类别	主体	内容范围	程序	法律效力	提出时间
议案	根据地方组织法第十八条规定，县级以上人大代表要10人以上联名，乡镇的人大代表要5人以上联名才有提"议案"权	内容相对较窄，但涉及的问题重大，只能提出收文对象职权范围内的议案。议案应当有案由、案据和方案	只有通过初步审议、辩论、修正，由大会主席团或人民代表大会表决通过才能成为大会议案进行表决	经人民代表大会审议通过，便具有了法律约束力，必须执行	一般在大会期间提出
提案	由政协委员提出，可用个人名义提，也可联名提，人数不限	内容比较宽泛，可以针对国家大事、统一战线、地方事务和人民群众普遍关心的问题等	只要经过提案委员会审查，符合规定的，便予以立案	只是民主监督的一种形式，无法律约束力	开会期间和休会期间都可以提出

3.11.2　议案的写作要点和范文

常规公文由标题、主送机关、正文和落款四部分组成。标题一般由发文机关＋事由＋文种组成，也可以只写"关于……议案"，但不能只写"议案"两个字。

议案的主送机关只能有一个，要写明审定议案的人大、人大常委会的名称，有的要写明人大或人大常委会的届次。正文部分一般由案据、方案和结尾三部分组成。案据写在第一部分，需要写明审议事项的大概内容，并说明写这个议案的缘由、目的、意义，必要时还可以写一下议案的形成过程。方案部分，需要我们阐述清楚所提请问题的解决办法，不能只提问题、不给方法。所提的议案如果事关制定法律、法规和条例的话，需要提交草案作为附件。结尾可使用一些祈使句，比如"现提请审议""请审议""请予审议""请审议决定"等字样,不能省略。特别要强调的一点是,议案的落款部分有点特别,不仅要有发文机关署名,还要有行政首长的签名,并写清楚提请审议的日期。

范文 3-56

关于积极推进医疗资源整合的议案

省人民代表大会:

近年来,随着党和政府对民生问题的重视,不断增加对农村卫生的投入,乡镇卫生院的基础设施和设备条件普遍得到了改善,各地乡镇卫生院外貌焕然一新。但是,乡镇卫生院技术力量薄弱,服务能力差的问题仍然很突出,一些已经建好的乡镇卫生院由于缺乏卫生技术人员和必要设备,无法开诊,造成资源闲置与浪费,发挥其功能更是一句空话。例如,××省××市75家乡镇卫生院近三年内全部得到了整改扩建,有效解决了农民看病难的问题,当地卫生主管部门采取了多项措施提高乡镇卫生院业务能力,但是,仍然有19家乡镇卫生院由于缺乏技术人员无法正常开诊,其功能无法正常发挥。即使是已经正常运行的乡镇卫生院,也存在医疗技术水平低,诊治手段落后等问题,一些急重症患者不能得到及时有效的救治。

为此,建议加速推进医疗资源整合,通过调整医疗机构总体结构及布局,实现医疗卫生资源重新组合和均衡配置,引导优良资源向基层延伸,让有限的医疗资源发挥最大功效,实现共同提升,共同发展。

一、整合城乡医疗资源,组建区域医疗集团或医疗联合体

积极推进医疗资源的整合,整合城市大医院和基层医疗机构医疗资源,组建市、县、乡三级医疗机构构成的医疗集团。即以三级医院为龙头,以县(市)医院为支撑,以乡镇卫生院为基础,通过人才、技术的紧密合作,管理体制相对松散型的联合,组建医疗集团。集团内成员单位不依靠产权关系联结,医院性质、名称、隶属关系、产权所属、人事关系均不变,保留独立法人地位,独立核算,自主经营,自负盈亏,独立承担民事责任。通过组建市、县、乡级医疗集团,借助上级医院技术上的扶持,整体提高集团内各级医院的诊疗水平,重点扶持县、乡两级医院,加强内部内涵建设,切实提高其常见病,多发病及一般急危重症的抢救和诊疗水平,提高广大农村居民的就近就医率。

二、整合网络资源，建立区域医疗信息共享平台

整合新型农村合作医疗、医疗机构信息化管理、社区卫生服务网络、疾病预防控制系统等现有资源，建设通达本地区的医疗卫生行业包括社区卫生服务中心和乡镇卫生院的一体化医疗卫生信息系统。主要包括：医疗信息共享平台、基本临床和管理信息的中心数据库，通用的就医卡，以及医疗服务对外门户网站。通过医疗信息共享平台，实现全市各医疗机构包括社区卫生服务机构、乡镇卫生院、村卫生室联网，实现居民健康档案信息调阅共享，诊疗信息与居民健康档案直接填充，以及财务审计和医院安全的实时监控。

三、整合城乡急救资源，建立城乡一体的紧急救援体系

整合市级紧急救援中心、城区和各县（市）、乡镇卫生机构急救资源，建立以紧急医疗救援中心为核心、分中心为枢纽、乡镇卫生院为依托，覆盖城乡的三级急救网络体系，力争使市区急救半径控制在3～5公里，平均急救反应时间8～10分钟，城市郊区和农村等地区平均服务半径8～10公里，平均急救反应时间15～20分钟的目标。边远地区由卫生行政部门确定。逐步实现统一指挥、科学顺畅、运转协调、覆盖城乡、功能完善、优质高效、专业化救治、可持续发展的紧急救援系统。

完善市级紧急救援中心建设，建立具有GPS车载定位的医疗急救通信网络指挥系统。建立紧急救援中心、急救站（紧急救援分中心）信息化联络系统。并逐步实现与110、119、112指挥系统的对接联网。同时针对县（市）救治能力薄弱的情况，建立急救能力强，速度快，设备先进的机动性紧急救援医疗队。县（市）出现重症抢救患者，紧急机动医疗队第一时间赶到县（市）在就近医院实施抢救。实行急救力量和专家的下沉前移。切实解决县（市）急救力量薄弱，偏远县、镇、村急症患者生命抢救不及时的问题，实现市、县、乡急救资源共享。

以上，请予审议。

省长 ×××
20××年××月××日

解析：一个议案是否能被通过，主要是看提审的议题是否具备被通过的条件。如果不符合，议案写得再完美也无济于事。

范文 3-57

××市人民政府关于提请撤销有关文件的议案

市人大常委会：

根据《关于进一步强化政府性债务监督的通知》（×人大常办〔2017〕46号）有关要求，为确保按规定纠正到位，现提请撤销下列批复文件：

1.《关于同意××市人民政府提请批准市财政安排××区域管网工程项目代建资金并列入年度财政预算的批复》（×人大〔2009〕6号）；

2.《关于同意××市人民政府对××市交通投资有限公司12亿元银团贷款有关问题的批复》（×人大〔2009〕11号）；

3.《关于同意××市人民政府对××市交通投资有限公司还贷资金有关问题的批复》（×人大〔2009〕12号）；

4.《关于同意××市人民政府提请批准市财政安排×××区路桥工程项目代建资金列入年度财政预算的批复》（×人大〔2010〕5号）；

5.《关于同意××××湖现代农业综合开发公司国家农业土地综合整治项目（一期）收储资金列入年度财政预算的批复》（×人大〔2014〕10号）；

6.《关于同意×××铁路（××段）项目借款本息列入市财政预算的批复》（××人大〔2016〕8号）。

××市人民政府

（市长签名）

20××年××月××日

解析：这是一份关于提请撤销有关文件的议案，因为它已经有了撤销依据《关于进一步强化政府性债务监督的通知》，故而议案中不再对案据进行阐述和说明。由此可见，议案有约定俗成的写法，但也要结合实际工作和需求，具体情况具体处理。

3.11.3 议案写作的常见问题

议案一般只反映一个问题，只就某个事项提出案由、案据和方案，不能将多个事项合并到一个议案里提出。撰拟议案要符合国家的法律、政策，符合现实，也不可以只关注本单位甚至本人的问题，缺乏大局观。写议案时，要尽量援引法律和政策依据，提出的方案不能超脱现实或不具备可行性。这就需要我们平时要做好调查研究，找出重要性、普遍性、紧迫性的问题，再针对这些问题提出问题、点出援引、给出对策，同时要善用实例、数据做支撑，既有分析又有方法。写议案时，撰拟者可以根据实际情况确定案据和方案部分的篇幅。比如，如果你在议案中提出要建设耗资巨大的工程，就要占用大量篇幅论证建设工程的迫切性、必要性，具体的实施方案可以在议案获得通过后再撰写。

3.12 决议

3.12.1 决议的概念、分类和特点

决议是2012年出台的《党政机关公文处理工作条例》中新增的公文文种。会议上经过讨论、表决后通过的决策，需要下发给下级机关周知和执行，一般会以决议的形式下发。决议具有指导性、权威性，事关决策事项，需要下级知悉或遵照执行。

按照内容和性质，决议可分为批准性决议、公布性决议和阐释性决议。批准性决议主要用于通过或否决会议议案，公布性决议主要是为了公布某种法规、提案而写作的，阐释性决议主要是对会议的重要结论进行阐释。

决议和决定都是决议性的公文，但二者是存在区别的，具体如表3.7所示。

表3.7 决议和决定的区别

类别	表达方式	表达层次	内容
决议	一部分用书面形式，另一部分可以口头表达，但必须以会议名义发布	是对某些重大事项或问题，通过会议讨论及经法定人数表决后形成的结论，必须按照一定程序表决通过后才能形成文件	全局性、原则性的重要问题、重大事件或活动，具有战略性、宏观性、指导性
决定	必须是书面的，用机关名义发布	可以是会议上通过的决策，也可以临时对某些行动或问题做出安排，可以由机关领导者直接下发	多数涉及某一领域、某一方面的重要事项和重大活动的决策和安排，具有较强的针对性、具体性、处置性

3.12.2 决议的写作要点和范文

决议在写作时，主要包括首部和正文两部分。

首部包括标题和成文时间，标题的写法一般是"发文机关（或会议名称）+事由+文种"或"事由+文种"。一般来说，写决议时要在标题下面注明会议名称及决议的通过时间，再用小括号括起来。由于在标题之下注明了以上元素，决议正文之后可以不再写落款和日期。

正文部分，由决议根据+决议事项+结语组成。首先，我们需要陈述做出决议的原因、根据、背景、目的和意义，等等，接着再写明会议通过的相关事项和决策，如果需要阐述问题则需要对相关事项做出评价，结尾要有针对性地提出号召和要求。

范文 3-58

关于中华人民共和国国庆日的决议

（1949年12月2日中央人民政府委员会第四次会议通过）

中国人民政治协商会议第一届全国委员会在一九四九年十月九日的第一次会议中，通过《请政府明定十月一日为中华人民共和国国庆日，以代替十月十日的旧国庆日》的建议案，送请中央人民政府采择施行。

中央人民政府委员会认为中国人民政治协商会议第一届全国委员会的这个建议是符合历史实际和代表人民意志的，决定加以采纳。

中央人民政府委员会兹宣告：自一九五〇年起，即以每年的十月一日，即中华人民共和国宣告成立的伟大的日子，为中华人民共和国的国庆日。

中央人民政府

解析：此决议简单明了地阐释清楚了定每年十月一日为国庆日的理由。

范文 3-59

××市第×届人民代表大会第五次会议
关于政府工作报告的决议

（20××年5月23日××市第××届人民代表大会第五次会议通过）

××市第××届人民代表大会第五次会议听取和审查了市长李××同志代表市人民政府所做的《政府工作报告》。会议充分肯定全市新冠肺炎疫情防控取得的成效和市人民政府20××年的工作，同意报告提出的20××年主要目标任务和重点工作安排建议，决定批准这个报告。

会议认为，20××年我市打好疫情防控人民战争、总体战、阻击战，疫情防控取得阶段性胜利。当前，疫情尚未结束，任务异常艰巨。要全面落实"外防输入、内防反弹"总体防控策略，努力把疫情造成的损失降到最低，努力完成今年经济社会发展目标任务。

会议指出，20××年，市人民政府全面落实省委、市政府和区委决策部署，心无旁骛开展"九项工作大比武"，较好地完成了市×届人大四次会议确定的目标任务，全区地区生产总值增长7.3%，主要经济社会发展指标居全省前列，全面建成小康社会取得决定性重大进展。

会议强调，20××年要坚持稳中求进工作总基调，坚持新发展理念，坚持以供给侧结构性改革为主线，坚持以改革开放为动力，统筹抓好新冠肺炎疫情防控和经济社会发展。

会议要求，要聚力巩固脱贫摘帽成果，与全国同步全面建成小康社会。要聚力重大项目建设，做强经济增长"稳压器"。要聚力打造百亿级家居产业城，推动工业加速转型升级。要聚力现代农业园区建设，全面实施乡村振兴战略。要聚力旅游名县创建，做大做强文化旅游产业。要聚力重点领域改革，持续激发经济发展活力。要聚力做大民生蛋糕，让人民群众共享发展红利。要聚力政府自身建设，着力打造人民满意政府。

会议号召，全市上下要不忘初心、牢记使命，决战决胜脱贫攻坚，夺取疫情防控和经济社会发展双胜利。

解析：此决定中用"会议认为""会议指出""会议强调""会议要求"来表达决定的内容，清晰明了。决议常用的习惯用语有"会议认为""会议决定""会议同意""大会宣告""大会要求""大会指出"等，这相当于表达的决议内容是与会者集体讨论、决策形成的结果。

3.12.3 决议写作的注意事项

写批准性的决议，可在结尾强调意义，提出号召。如果是安排工作的决议，要写明工作的内容、措施和要求。如果是阐述性的决议，主体部分需要写比较多的议论，以"夹叙夹议"的方法把道理说清讲透。

范文 3-60

××集团公司一届二次职工代表大会
关于20××年预算执行情况和20××年预算安排的决议

（20××年1月21日××集团公司一届二次职工代表大会通过）

××集团公司一届二次职工代表大会审议并一致通过《关于20××年预算执行情况和20××年预算安排的报告》。

大会认为，20××年，公司系统紧紧围绕"保A级、稳增长"的目标，强化预算管控，突出考核引导，资本预算执行平稳有序，经营预算执行总体良好，资本运营预算超额完成年度目标，经营成果创历史新高，国资委考核目标和稳增长任务圆满完成。20××年预算安排充分考虑了公司经营面临的形势，编制思路符合国资委和集团公司要求，预算目标合理可行，工作要求思路清晰，可操作性强。

大会要求，各单位要秉承五大发展理念，按照"三个中心"的新机制，始终坚持以提高发展质量和效益为中心，确保全面完成年度预算目标，为获得国资委业绩考核A级奠定基础。

解析：以上决议若是只写第一段话，内容就过于单薄，若将整个执行情况和预算安排都写清楚，又过于啰唆，因此，撰写者总结了预算的执行情况，并评价了下一年的预算安排，最后提出号召和要求，使得整份决议有头有尾、有点有面。

3.13 公告

3.13.1 公告的概念、分类和特点

公告适用于向国内外宣布重要事项或法定事项。比如，国家进行军事演习，或是宣布重要的法规、规章，宣布领导人选举结果，可以适用公告。但是，在实践工作中，各机关、企事业单位甚至社会团体也经常使用公告公布各类重要事项，公告也逐渐演变为"广而告之"的公文，但这样做，其实是没有严格遵守《国家行政机关公文处理办法》的规定的。

一般来说，公告发布的机关是有限定性的。例如，国家最高权力机关（人大及其常委会），国家最高行政机关（国务院）及其所属部门，各省市、自治区、直辖市行政领导机关，某些法定机关，如税务局、海关、铁路局、人民银行、检察院、法院等，才有制发公告的权力。

公告的范围一般比较广泛，它不会设置密级和发布渠道，因为知道的人越多越好。我国发布的公告，信息传达范围可以是全国甚至是全世界，具有全国性和国际性。公告的事项一般是在国际国内可以产生重大影响或是依法应当向社会公布的。

按照内容的不同，公告可以分为法定事项公告、重要事项公告。例如，全国人大常务委员会委员长、副委员长、秘书长及主席等选举结果的公告、公务员招考公告等，为法定事项公告。公布国家领导人选举结果、公布军事演习行动等，为重要事项公告。招标公告、法院的相关公告等属于专业性公告，但它已经不属于《国家行政机关公文处理办法》中规定的行政公文类型。

公告和通告都属于需要"广而告知"的公文，但通告的告知范围相对窄一些，二者的区别如表3.8所示。

表3.8 通告和公告的区别

类别	内容重要程度	发布范围	发布方式
公告	国家特定机关发布重要事项和法定事项时使用的，涉及国家大事和省市级的行政大事，或必须履行法律规定向外界公告的内容	国内外，社会各界，知道的人越多越好	一般不用红头文件的方式下发，多数是在新闻媒体上刊登
通告	一定范围内需要大家遵守和周知的，内容重要程度比公告要小。行政机关、社会团体、企事业单位在自己的职权范围之内都可以制发	指向一个特定的人群，要求某一类特定人群遵守或周知	形式多样，可在新闻媒体上刊登，可用红头文件的形式下发，还可以公开张贴

3.13.2 公告的写作要点和范文

公告的写作格式分为通用格式和专用格式两种。通用格式一般由标题、正文、署名、日期四部分组成，必要时落款可加盖印章，有的公告还会标明发文字号（连续性的公告一般标明"第 × 号"）。某些法定事项公告会采用专用格式，遵从一定的格式规范，比如，拍卖公告。

公告的内容由公告依据 + 公告内容 + 公告结语等组成。如果公告事宜比较简单，可用一个自然段写清楚；若是情况特殊，需要公告的内容比较多，可采取分条列举的行文格式。

写公告要符合公文语言的基本要求，但因为公告的范围更广，我们平时尤其要注意正确援引相关的法律法规，要字斟句酌使用最恰当的词语，表达要平实，尽量不使用太过晦涩和专业的字词，**慎写"行话"，少写"官话"**，要尽量将公告内容写得简明扼要。

由于有些公告具有很强的时效性，因此必须在公告中明确规定公告事项的时限。尤其是对于一些时效性超强的公告必须及时发布，不可拖延。公告可以利用报纸、杂志、广播、电视、网络、张贴等多种形式发布，因此，要恰当选用发布渠道，尽量让公告信息快速准确地传递出去。

范文 3-61

国务院关于坚决制止冲击铁路确保铁路运输安全畅通的公告

　　最近,一些城市和地区相继发生冲击铁路、拦截列车、破坏铁路设施等严重威胁铁路运输安全畅通的恶性事件,给国民经济、人民生活和社会秩序带来重大损失和影响。为确保铁路运输安全畅通,促进经济发展,便利人民生活,维护社会安定,特公告如下。

　　一、各级人民政府和公安、铁路部门,要把保障铁路运输安全畅通作为一项重要任务,由领导同志亲自负责,组织足够力量,确保铁路运输畅通无阻。

　　二、任何人不得以任何借口冲击铁路车站、破坏铁路设施、在铁路上设置障碍,以及卧轨强行拦截列车等。一旦发生上述中断铁路运输或威胁铁路运输安全的违法犯罪情况,各级人民政府、公安部门和武警部队,可采取一切必要手段予以排除,并依法惩处。

　　三、各地武警部队要抽调适当警力,加强铁路重点部位的保卫工作,帮助铁路部门维护好车站治安秩序。对带头闹事和进行破坏的,要坚决予以打击,绝不手软。

　　四、铁路运输部门的职工要坚守岗位,尽职尽责,严格纪律,坚决制止无票乘车,确保铁路运输安全畅通。

　　以上各点,各地要迅速广为宣传,坚决贯彻执行。

中华人民共和国国务院(印)
20××年××月××日

解析:此公告针对的是"冲击铁路、拦截列车、破坏铁路设施"等恶性事件,国务院发出公告要求各级政府和公安、铁路部门重视这个问题并按照要求贯彻执行。公告第一部分写清楚了发文缘由,第二部分提出要求和分工,结语要求各地贯彻落实,整体清晰明了。

范文 3-62

国家公祭日公告

今年12月13日是南京大屠杀死难者首个国家公祭日。为了悼念南京大屠杀死难者和所有在日本帝国主义侵华战争期间惨遭日本侵略者杀戮的死难者,牢记侵略战争给中国人民乃至世界人民造成的深重灾难,表达全市人民对南京大屠杀遇难同胞的深切哀悼,12月13日上午举行国家公祭仪式活动。为确保国家公祭仪式活动安全顺利,现将有关事项公告如下。

一、20××年12月13日10:00南京大屠杀死难者国家公祭仪式开始。在现场奏唱《中华人民共和国国歌》之后(约10:01),全市主城区范围内道路上行驶的机动车应当停驶鸣笛致哀1分钟(执行紧急任务的特种车辆除外,火车、船舶同时鸣笛致哀),道路上的行人和公共场所的所有人员也同时就地默哀1分钟,致哀1分钟后恢复正常(正在从事特种生产作业的人员除外)。

二、国家公祭仪式期间(20××年12月10日零时至12月13日24时),本市行政区域内禁止使用轻型和超轻型固定翼飞机、轻型直升机、滑翔机、三角翼、滑翔伞、动力伞、热气球、飞艇、无人机、航空(天)模型、空飘气球、系留气球等小型航空器和空飘物的飞行活动。经政府批准用于国家公祭仪式活动、航拍、电视转播及警务、应急救援、引航、气象探测和人工影响天气作业等飞行活动的,不受本规定限制。公安机关可以对小型航空器和空飘物及其起降场采取临时封存、封闭措施,或要求相关单位对其管理的小型航空器和空飘物采取临时封存措施。

三、国家公祭仪式期间,市民发现违规升空的小型航空器和空飘物,可以拨打"110"报警;对违反本公告规定的,依照有关法律、法规予以处罚;构成犯罪的,依法追究刑事责任。

特此公告。

××市人民政府
20××年××月××日

解析： 此公告是为了保障国家公祭仪式活动安全顺利地举行而发布的。第一部分先简要介绍了发文目的，接着公布了公祭仪式的安排、需要市民配合的事项，以及违规行为的举报和处罚方式，最后以"特此公告"作为结尾。公告将时限问题、航空器和空飘物的类型都写得清晰明白，可最大限度减少市民在落实公告过程中产生的共性疑惑。

范文 3-63

国家税务总局
关于纳税人权利与义务的公告

（公告20××年第1号）

为便于您全面了解纳税过程中所享有的权利和应尽的义务，帮助您及时、准确地完成纳税事宜，促进您与我们在税收征纳过程中的合作（"您"指纳税人或扣缴义务人，"我们"指税务机关或税务人员。下同），根据《中华人民共和国税收征收管理法》及其实施细则和相关税收法律、行政法规的规定，现就您的权利和义务告知如下。

您的权利

您在履行纳税义务过程中，依法享有下列权利。

一、知情权

您有权向我们了解国家税收法律、行政法规的规定及与纳税程序有关的情况，包括：现行税收法律、行政法规和税收政策规定；办理税收事项的时间、方式、步骤及需要提交的资料；应纳税额核定及其他税务行政处理决定的法律依据、事实依据和计算方法；与我们在纳税、处罚和采取强制执行措施时发生争议或纠纷时，您可以采取的法律救济途径及需要满足的条件。

二、保密权

您有权要求我们为您的情况保密。我们将依法为您的商业秘密和个人隐私保密，主要包括您的技术信息、经营信息和您、主要投资人及经营者不愿公开的个人事项。上述事项，如无法律、行政法规明确规定或者您的许可，我们将不会对外部门、社会公众和其他个人提供。但根据法律规定，税收违法行为信息不属于保密范围。

三、税收监督权

（略）

四、纳税申报方式选择权

（略）

……

十四、索取有关税收凭证的权利

（略）

您的义务

依照宪法、税收法律和行政法规的规定，您在纳税过程中负有以下义务：

一、依法进行税务登记的义务

您应当自领取营业执照之日起30日内，持有关证件，向我们申报办理税务登记。税务登记主要包括领取营业执照后的设立登记、税务登记内容发生变化后的变更登记、依法申请停业、复业登记、依法终止纳税义务的注销登记等。

在各类税务登记管理中，您应该根据我们的规定分别提交相关资料，及时办理。同时，您应当按照我们的规定使用税务登记证件。税务登记证件不得转借、涂改、损毁、买卖或者伪造。

二、依法设置账簿、保管账簿和有关资料及依法开具、使用、取得和保管发票的义务

（略）

三、财务会计制度和会计核算软件备案的义务

（略）

……

十、报告其他涉税信息的义务（略）

特此公告。

国家税务总局
20××年××月××日

解析：国家税务总局在这份公告中，不但告知纳税人在纳税过程中享有"知情权""保密权""索取有关税收凭证"等14项权利，还告知纳税人负有"依法进行税务登记的义务""报告其他涉税信息"等10项义务。通篇使用"您"这样的敬称和

"我们"这样的称呼，显得亲切，又容易让看公告的人产生身份代入感。公告第一段明确界定了"您"指纳税人或扣缴义务人、"我们"指税务机关或税务人员，不容易引发错误的理解。

3.13.3 公告写作的常见问题

近年来，公告被滥用的情况越演越烈。很多发文机关，不管是否有权限、是否有必要，总是习惯性发布公告。严格来说，不是所有的机关、机构、部门、组织都有权限发布公告的。一般来说，只有以下单位可以针对相应的事项发布公告（如表3.9所示）。

表3.9 公告的发文机关和针对事项

发文机关	针对事项
国家及省级的党委、人大、政府、政协、军队和人民法院、人民检察院及工会、团委、妇联等人民团体	针对涉及面广的重要或法定事项做出决策和安排
市级、县级的党委、人大、政府、政协和人民法院、人民检察院	针对某些特殊事项，比如，市、县政府可以划定"暴雨洪涝灾害危险区"的范围并对外公告，市、县级人民法院裁定债务人破产并发企业破产公告
县以上政府部门，如财政、交通、农业、科技、公安部（厅、局）等	就职权范围内的法定事项发公告
特定的企事业单位	大多无权发公告，不过也有法律、法规规定和发文机关授权的特例，比如，股份公司的股东大会公告、拍卖行的公告、人民币汇率中间价公告，等等

在现实生活中，校庆、停电、降价、暂停营业、出租甚至迁址、迁坟都使用"公告"，这是非常不严谨的。事实上，这些内容完全可以用"通知"、"通告"或是"启事"这样的日常应用文来呈现。滥用公告，是公文知识不扎实、文风不正的表现。

3.14 公报

3.14.1 公报的概念、分类和特点

公报一般指党政机关和人民团体所发布的关于重大事项或经过会议决策的报道性的公文。与其他公文文种不同的是，公报具有报道性和新闻性，是党政机关和人民团体公布正式文件的一种形式。

公报按照用途划分，可以分为会议公报、事项公报和联合公报。报道重要会议和会谈的公报，是会议公报。公布重大决策、事项，用事项公报。国家、政党、团体达成某项协议或合作，使用联合公报。

公报和公告都属于对外公布的公文，但二者之间也存在差别，如表3.10所示。

表3.10 公告和公报的区别

类别	用途	发文机关	性质
公告	党政机关、人民团体对重大事件当众正式公布或者公开宣告、宣布	发文机关级别相对较高，发文的权力被限制在高层行政机关及其职能部门的范围之内	发布的事宜相对更重大、涉及面更广，告知范围包含国内外。周知性、约束力更强。发布的方式一般不张贴，而是通过通讯社、电台、报纸、杂志、网络媒体等渠道发布
公报	公开国家、政府、政党、团体或其领导人所发表的关于重大事件，或会议经过和决议等的正式文件	党政机关和人民团体公开发布重大事件或重要决定事项所使用	具有权威性、指导性和新闻性，约束力相对弱一些，只是侧重于将国内外人士所关注的事件广而告之。可以刊登在新闻载体上，也可以通过特定渠道、特定形式传播、传阅

3.14.2 公报的写作要点和范文

公报包含首部、正文和落款三部分。公报的首部，一般由标题和公报发布的日期组成。

不同的公报的正文，写法不同。事项公报的标题可以写明主体＋事项＋文种，比如《金砖国家外长会晤新闻公报》；前言部分要像写新闻报道的导语一样，用精练的语言写清楚事件的核心内容，接着再写新闻的具体内容。

会议公报的标题，可以写会议名称、日期和文种，比如《中国共产党第十四届

中央委员会第三次全体会议公报（1993年11月14日）》；前言部分需要写清楚会议的时间、地点、参加人员、会议主体等，接着再写具体的会议内容。

联合公报的标题，由发表公报的双方或多方国家、政党、团体的简称＋事由＋文种（公报）组成，比如《中华人民共和国和美利坚合众国关于建立外交关系的联合公报》；前言部分需要概述联合公报的来由，即何时、何地、双方或对方举行了什么会谈，就什么事项达成了一致。

事项公报和会议公报一般不落款，联合公报则需要在正文之后写明双方或多方签署人的身份、姓名，一般要写明签署地点和日期。

范文 3-64

澜湄合作第七次外长会联合新闻公报

（2022年7月4日，缅甸蒲甘）

一、2022年7月4日，澜沧江—湄公河合作（以下简称"澜湄合作"）第七次外长会在缅甸联邦共和国蒲甘举行。中华人民共和国国务委员兼外交部长王毅、缅甸联邦共和国外交部长温纳貌伦共同主持了会议。柬埔寨王国副首相兼外交与国际合作部大臣布拉索昆、老挝人民民主共和国副总理兼外交部长沙伦赛·贡马西、泰王国副总理兼外交部长敦·帕马威奈、越南社会主义共和国外交部长裴青山出席会议。

二、外长们认识到，当前新冠肺炎疫情起伏反复，世界经济复苏乏力，发展合作动能减弱。各种传统和非传统安全威胁层出不穷，和平赤字、安全赤字、信任赤字、治理赤字有增无减，全球性系统性风险不断积聚，全球治理体系面临空前挑战。澜湄国家应该团结合作，携手应对，帮助彼此更好度过这一困难时期，应对共同挑战，共同维护区域粮食安全、能源安全、金融安全、生态安全、公共卫生安全和供应链产业链安全。

三、外长们强调，将继续坚持共同、综合、合作、可持续安全观，鼓励澜湄合作同中方提出的"一带一路"倡议、全球发展倡议、全球安全倡议互补互促，并与《东盟共同体愿景2025》《东盟互联互通总体规划2025》（MPAC）及其后续文件和《东盟一体化倡议（IAI）工作计划》《东盟全面复苏框架》（ACRF）以及其他湄公河次区域合作机制战略相辅相成。部长们呼吁加快南南合作和落实2030年可持续发展议程，努力促进澜湄地区和平与可持续发展，朝着构建更为紧密的面向和平与繁荣的澜湄国家命运共同体迈出新步伐。

四、外长们高度评价澜湄合作启动6年来取得的显著进展。面对新冠肺炎疫情和世界经济复苏乏力，六国保持各层级密切交往，携手促进经济增长，加强人文交流，应对共同挑战，为促进各国经济复苏和区域繁荣振兴作出了积极贡献。

五、部长们重申，在澜湄合作框架下，各国将本着友好和团结的精神，尊重《联合国宪章》和国际法，共同致力于维护和促进澜湄地区的和平、稳定和可持续发展。各方一致同意增进互信，对接国家发展战略，深化务实合作，共同应对挑战。

六、外长们重申澜湄合作将秉持协商一致、平等相待、相互协商和协调、自愿参与、共建、共享的原则，尊重《联合国宪章》和国际法，并在合作中遵守各成员国法律和规程。

七、外长们就澜湄合作第三次领导人会议指示和第六次外长会会议成果的落实情况交换意见，对未来优先合作领域和合作方向取得广泛共识。

八、外长们对《澜湄合作五年行动计划（2018—2022）》的落实进展表示满意，原则同意将《澜湄合作五年行动计划（2023—2027）》提交即将举行的第四次领导人会议通过。考虑到新冠肺炎疫情和经济动荡等因素，外长们认识到要加快制定产能、互联互通、跨境经济合作及其他领域的行动计划或合作规划，并敦促六国有关部门加快制定上述文件。

九、湄公河国家外长欢迎中方发布《2022年度澜湄合作专项基金支持项目清单》，感谢中国支持湄公河国家实现可持续和包容发展。外长们期待合作项目进一步向地方倾斜，呼吁提高项目执行效率、效果和质量，并进一步提高澜湄合作的公众知名度。

十、外长们同意保持成员国间定期高层交往和政策交流，加深政治互信。在尊重各成员国主权基础上，外长们鼓励加强非传统安全合作，应对区域共同挑战，包括但不限于毒品贩运、恐怖主义、网络犯罪、贩卖人口、走私贩运枪支弹药、有害垃圾和电子垃圾贩运、跨境赌博和电信诈骗等跨国犯罪。

十一、湄公河国家外长们感谢中国向湄公河国家多次提供疫苗、医疗物资、技术转让等援助，帮助其抗击新冠肺炎疫情。外长们呼吁加强流感、疟疾、登革热等其他重大传染性和非传染性疾病防控合作，鼓励深化包括传统医药从业者在内的医务人员的能力建设合作。

十二、外长们同意在增加经济韧性、促进疫后经济复苏的关键要素等方面开展合作，包括但不限于互联互通、贸易、数字经济、金融、发展筹资、产能、供应链韧性、跨境经济、区域内投资、绿色金融、跨境贸易便利化、规章制度对接等领域合作，鼓励加快共建创新走廊，共同建设澜湄流域经济发展带。部长们支持探索扩大经济外交对话的可能性，以此作为澜湄公共和私营部门进一步交流意见和信息的平台。

十三、外长们赞扬澜湄水资源合作取得的务实成果。中方成功举办第二届澜湄水资源合作论坛，六国共同通过了《第二届澜湄水资源合作论坛北京倡议》，进一步凝聚了流域合作共识。澜湄水资源合作信息共享平台网站平稳运行，持续分享澜沧江全年水文数据，帮助成员国进一步提高应对洪旱灾害能力。

十四、外长们强调水资源合作在建立气候韧性、洪旱灾害防控、粮食安全、能源安全、供水安全、生态保护、支撑经济社会可持续发展、服务民生福祉等方面的关键基础性作用，鼓励六国继续推进澜湄水资源合作信息共享平台建设，进一步加强流域水资源管理合作，透明、连续、及时分享水文信息，包括水文气象数据。

外长们强调要开展有效、具有实质内容的政策对话、能力建设、技术交流、联合研究、惠民项目，深化澜湄水资源合作中心和湄委会秘书处合作关系，推动区域绿色、包容、有韧性、可持续、高质量发展。外长们欢迎越南在2022年举办第二届澜湄水资源合作部长级会议，期待尽快制定《澜湄水资源合作五年行动计划（2023—2027）》。

十五、外长们高度评价《澜沧江—湄公河农业合作三年行动计划（2020—2022）》和"丰收澜湄"项目集群的稳步实施，为提高成员国农业生产和加工能力做出重要贡献。鼓励相关部门加强澜湄合作农业联合工作组机制作用，探索建设澜湄农业农资经贸技术综合信息平台可能性。支持包括中小微企业在内农业企业的能力建设，以推动其更好参与农业价值链，促进青年参与并在农业领域就业。

十六、外长们赞赏《澜沧江—湄公河环境合作战略（2018—2022）》和"绿色澜湄计划"成果，欢迎制定《澜沧江—湄公河环境合作战略与行动框架（2023—2027）》，强调要加强跨部门和部门内环境政策交流，共建澜湄绿色、低碳与可持续基础设施知识共享平台，加强应对气候变化、生物多样性保护、清洁能源转型和可持续基础设施能力建设。外长们还同意加强共建生物循环绿色经济模式，推广技术和创新解决方案，加强同利益相关方伙伴关系，促进澜湄区域向碳中和和零排放的长期目标转型。

十七、外长们强调要加强森林资源保护、濒危野生动物保护、林产品合法贸易、森林生态修复、边境地区植树造林和森林火灾联防等方面的交流合作，打击非法采伐和野生动植物非法贸易，提高澜湄国家林业治理能力。

十八、外长们同意加强旅游和民航领域合作，对已举办的"澜湄旅游城市合作联盟大会暨澜湄市长文化旅游论坛"表示满意，鼓励各成员国支持和参与联盟相关活动。此外，他们鼓励各国旅游部门加快发展澜湄地区跨境旅游。他们敦促六国的航空企业在疫情得到有效控制后，根据市场需求，在互惠的基础上按照相关政策要求，有序恢复直飞和联运。他们一致认为，从长远来看，成员国应在澜湄区域推广国际认可的可持续旅游标准，进一步加强优质旅游合作。

十九、外长们同意加强教育和人力资源开发合作，推进大学在线课程平台建设，探索职业教育和技能发展新渠道、新模式，提高各国技术人才培养能力。

二十、外长们鼓励增进人文交流合作，开展文化、媒体、体育和其他社会活动。积极评价六国每年举办"澜湄周"活动，有效提高了各成员国民众的澜湄合作意识和相互了解。

二十一、外长们讨论了建立澜湄灾害管理合作机制的可能性，推动举行部长级会议、论坛和对话，促进灾害管理政策和规划交流，提升区域灾害监控、早期预警和治理能力，同中国—东盟灾害管理合作相互补充。

二十二、外长们重申支持多边主义，维护以国际法为基础的国际秩序、以联合国为核心的国际体系、和以世界贸易组织规则为核心的多边贸易体制。外长们承诺秉持开放包容，推动澜湄合作同东盟、三河流域机制、大湄公河次区域经济合作、湄公河委员会等区域、次区域合作机制以及世界银行、亚洲基础设施投资银行、亚洲开发银行等国际组织和机构协同发展，欢迎澜湄合作在促进东盟共同体建设和区域经济一体化进程方面发挥互补作用。

二十三、外长们强调六国国家秘书处/协调机构为推动澜湄合作取得显著进展发挥的重要作用，建议进一步探讨在新合作领域成立更多联合工作组的可能性，强化机制建设，增强协调作用。

二十四、鉴于澜湄合作工作量日益上升，为提高澜湄合作特别是澜湄合作专项基金项目效能，外长们鼓励加强澜湄合作国家秘书处/协调机构之间的沟通和协调，加强工作人员能力建设，并积极认真研究在共识基础上设立澜湄合作国际秘书处的可能性。

二十五、外长们感谢缅方盛情款待和为此次蒲甘外长会所做周到安排,愿共同努力,确保将于2022年在缅甸举办的第四次领导人会议取得圆满成功。

解析:新闻公报稿不等同于新闻,公报具有新闻性,但它属于公文,是文件,是需要双方盖章(签字)认可并归档保存的。上述新闻联合公报,兼具新闻公报和联合公报的特点,前言部分与新闻稿"导语"的写法一致,都是交代清楚何时、何人、何事等新闻要素,正文部分则写清楚了国事访问的成果,最后再写明公布公报的时间、地点。

范文 3-65

中华人民共和国和尼加拉瓜共和国关于恢复外交关系的联合公报

中华人民共和国和尼加拉瓜共和国,根据两国人民的利益和愿望,兹决定自公报签署之日起相互承认并恢复大使级外交关系。

两国政府同意在互相尊重主权和领土完整、互不侵犯、互不干涉内政、平等互利、和平共处的原则基础上发展两国友好关系。

尼加拉瓜共和国政府承认世界上只有一个中国,中华人民共和国政府是代表全中国的唯一合法政府,台湾是中国领土不可分割的一部分。尼加拉瓜共和国政府即日断绝同台湾的"外交关系",并承诺不再同台湾发生任何官方关系,不进行任何官方往来。中华人民共和国政府对尼加拉瓜共和国政府的上述立场表示赞赏。

中华人民共和国政府和尼加拉瓜共和国政府商定,将根据1961年《维也纳外交关系公约》规定和国际惯例,尽早互派大使,并在对等基础上在各自首都为对方设立使馆和履行职务提供一切必要的协助。

双方代表受各自政府授权,于2021年12月10日在天津签署公报中文、西班牙文文本一式两份,两种文本同等作准。

中华人民共和国代表(签名) 尼加拉瓜共和国代表(签名)

解析:国家之间的联合公报是公布给全世界看的,带有宣告和协议的性质,需要分别用两国的官方语言撰写和签署。

中国共产党××省第十一届委员会第十次全体会议公报

（20××年12月2日中国共产党××省第十一届委员会第十次全体会议通过）

中国共产党××省第十一届委员会第十次全体会议，于20××年12月1日至2日在××举行。出席全会的有，省委委员83人，候补省委委员4人。省纪委常委、省监委委员和有关方面负责同志列席会议。省第十一次党代会代表中部分基层同志、专家学者和有关方面代表也列席会议。全会由省委常委会主持。省委书记彭××做了讲话。

全会坚定以新时代中国特色社会主义思想为指导，深入学习贯彻党的十九届六中全会精神……听取和讨论了彭××代表省委常委会做的工作报告，审议通过了《中共××省委关于深入学习贯彻党的十九届六中全会精神巩固党史学习教育成果的决定》和《中共××省委关于以实现碳达峰碳中和目标为引领推动绿色低碳优势产业高质量发展的决定》，审议通过了《关于召开中国共产党××省第十二次代表大会的决议》。彭××就两个《决定（讨论稿）》向全会做了说明。

全会认为……

全会充分肯定省委十一届八次全会以来省委常委会的工作……

全会指出……

全会强调……

全会决定，中国共产党××省第十二次代表大会于20××年5月在××召开。

全会认为……

全会根据《中国共产党章程》和《中国共产党地方委员会工作条例》等有关规定，批准刘××、李××、肖××同志因工作调动或退休辞去省委委员职务。

全会号召……勿忘昨天的苦难辉煌，无愧今天的使命担当，不负明天的伟大梦想，以史为鉴、开创未来，埋头苦干、勇毅前行，奋力推动新时代治蜀兴川再上新台阶，为实现第二个百年奋斗目标、实现中华民族伟大复兴的中国梦而不懈奋斗！

解析：会议公报正文部分的写作手法与会议纪要有点类似，但因为发布级别高、要对国内外发布，所以对写作水平要求更高。在标题的下方，一定要注明通过的会议名称、会议时间，并用括号括起来、居中。

3.14.3 公报写作注意事项

不同公报有不同的写法，甚至同一类公报在不同时期都有不同的写法。例如，十八届五中全会闭幕后发布的会议公报，就和往年非常不同，它不是逐一阐释目标，而是围绕"创新、协调、绿色、开放、共享"五大原则展开，整体思路更清晰、更系统。撰写公报时，还可适当加入图表、注释等内容，以求公布的内容更通俗易懂。下面这个公报属于人口普查系列公报的一部分，主要反映的是"全国人口情况"，提到全国人口和平均增长率时就采用了图表的形式进行说明，并对相应的概念进行了明确的界定和注释。

范文 3-67

第七次全国人口普查[1]公报（第二号）
——全国人口情况

国家统计局　国务院　第七次全国人口普查领导小组办公室
2021 年 5 月 11 日

根据第七次全国人口普查结果，现将 2020 年 11 月 1 日零时我国人口的基本情况公布如下：

一、总人口

全国总人口[2]为 1 443 497 378 人，其中：

普查登记的大陆 31 个省、自治区、直辖市和现役军人的人口共 1 411 778 724 人；

香港特别行政区人口[3]为 7 474 200 人；

澳门特别行政区人口[4]为 683 218 人；

台湾地区人口[5]为 23 561 236 人。

二、人口增长

全国人口[6]与 2010 年第六次全国人口普查的 1 339 724 852 人相比，增加

72 053 872人，增长5.38%，年平均增长率为0.53%。

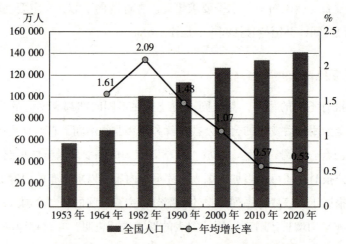

图3-2 历次人口普查全国人口及年均增长率

三、户别人口

全国共有家庭户[7]494 157 423户，集体户28 531 842户，家庭户人口为1 292 809 300人，集体户人口为118 969 424人。平均每个家庭户的人口为2.62人，比2010年第六次全国人口普查的3.10人减少0.48人。

四、民族人口

全国人口中，汉族人口为1 286 311 334人，占91.11%；各少数民族人口为125 467 390人，占8.89%。与2010年第六次全国人口普查相比，汉族人口增加60 378 693人，增长4.93%；各少数民族人口增加11 675 179人，增长10.26%。

注释：

［1］本公报数据均为初步汇总数据。

［2］全国总人口包括大陆31个省、自治区、直辖市和现役军人的人口、香港特别行政区人口、澳门特别行政区人口和台湾地区人口。

［3］香港特别行政区的人口数为香港特别行政区政府提供的2020年年底的数据。

［4］澳门特别行政区的人口数为澳门特别行政区政府提供的2020年年底的数据。

［5］台湾地区的人口数为台湾地区有关主管部门公布的2020年年底的户籍登记

人口数据。

[6] 全国人口是指大陆31个省、自治区、直辖市和现役军人的人口，不包括居住在31个省、自治区、直辖市的港澳台居民和外籍人员。

[7] 家庭户是指以家庭成员关系为主、居住一处共同生活的人组成的户。

3.15 命令（令）

3.15.1 命令（令）的概念、分类和特点

命令（令），是法定的领导机关或领导人对下级发布的一种指挥性、命令性公文。它是一种极其特殊的公文，带有强制执行的效力。命令这种文种的使用场合是非常严肃、审慎的，因此不要滥用、错用。例如，国务院、全国人民代表大会常务委员会委员长、中华人民共和国主席、国务院总理、各部部长、各委员会主任等机关和领导人可以发布命令。

命令一般是在"依照有关法律规定发布行政法规和规章，宣布施行重大强制性行政措施，奖惩有关人员或撤销下级机关不适当的决定"时使用。乍一看，它跟"决定"的适用范围有点类似，但二者存在以下差别，如表3.11所示。

表3.11 命令和决定的区别

类别	制发范围	内容	强制力
命令	范围小，一般只有国家领导机关和领导人及县级以上人民政府在职权范围内可以制发命令。其他任何单位和个人不能发布命令，党组织一般不使用命令这种公文	命令内容很重要。如果不是重大的政策法规、重大的问题与决策、重大的任务与嘉奖，一般不用命令	一经发布，有关下级机关和人员必须无条件地服从与贯彻执行，绝不允许延误、怠慢，甚至违抗
决定	范围广，上至国家最高行政机关下至地方基层部门都可以使用决定	针对比较重要的事项，或对重大行动与活动做出安排部署时使用	有关组织、单位和人员要认真贯彻、落实、执行。可以提出意见，但在决定被撤销之前，不能对抗、拒绝执行

按照不同用途划分，命令可以分为行政令、公布令、奖惩令、撤销令、任免令、

通缉令、赦免令，等等。

3.15.2 命令的写作要点和范文

命令一般有专用版头，比如"中华人民共和国主席令"，并在版头下方列明文号，比如"第×号"。命令的标题一般由发文机关＋事由＋文种组成，比如《国务院中央军委关于授予××同志武警警衔的命令》。

一般来说，命令大有"**号令天下，一体周知**"的效用，可以不必在正文前面标明主送机关。但任免令、嘉奖令等少数情况，可以写明主送机关。

命令的篇幅一般非常简短，不同命令的写法不同。落款可以署发文机关名称或领导人职务和姓名。以领导人名义发出的命令，只需要署领导人姓名即可，最后要写明发令日期。

范文 3-68

××省人民政府对中国××集团公司的嘉奖令

各市、州、县人民政府，省政府各部门：

20××年1月9日12时11分，由中国××集团公司研制的快舟一号甲固体运载火箭在中国酒泉卫星发射中心，以一箭三星的方式将吉林一号灵巧视频卫星03星、行云试验一号卫星、凯盾一号卫星准确送入预定轨道，圆满完成了首次商业发射任务。此次任务突破我国传统发射模式，首次采用商业发射合同组织形式，开创了中国商业航天发展的新篇章，在我国商业航天发展史上具有里程碑意义，是××省军民深度融合发展的又一重大成果。

航天产业是国家重点布局和支持的战略性新兴产业，商业航天已成为我国航天事业发展的新动力。目前，我省正在积极打造武汉国家航天产业基地，加快发展我省商业航天产业，对推动全省产业结构转型升级具有十分重要的意义。中国××集团公司作为××市国家航天产业基地建设的主体单位之一，坚持技术创新、商业模式创新和管理创新，克难攻坚，勇于探索，努力提升运载火箭的可靠性和性价比，实现了从签订发射服务合同到完成发射任务仅用8个半月的"快舟"速度，开创了互联网时代商业航天发射服务的"快舟"模式。为表彰中国××集团公司在推动

××商业航天产业发展上做出的突出贡献，省人民政府决定予以通令嘉奖。

希望中国××集团公司继续深入贯彻落实国家军民深度融合发展战略，牢固树立新发展理念，积极投身国家航天产业基地建设，加大"快舟"系列型号火箭的研制及商业发射业务承接工作力度，着力培育壮大以商业航天为代表的战略性新兴产业，为我省加快推进"建成支点、走在前列"进程再立新功！

20××年××月××日

解析： 此类嘉奖令一般要写清楚优秀事迹，并对这些事迹的性质和意义做出评价，同时要写清楚嘉奖决定（即什么机关或什么会议决定给予什么奖励）、号召和希望等内容。

范文3-69

关于对第三十五批××籍涉电诈犯罪嫌疑人的惩戒令

（第35号）

为深入贯彻落实国务院、省、市、县关于打击治理电信网络新型违法犯罪工作部署要求，结合全县失信联合惩戒制度，依法对涉电诈犯罪嫌疑人员开展全方位惩戒。经县协调小组办公室研究决定，即日起对第三十五批××籍涉电诈犯罪嫌疑人谭××（名单附后）实施惩戒，暂停名下所有银行卡、电话卡等业务，五年内不得开办新银行卡、电话卡，并对银行卡、微信等第三方支付平台一律冻结。（注：银行卡包括个人银行卡、非银行支付账户微信、支付宝等第三方支付平台账号，电话卡包括电信、移动、联通、虚拟运营商的电话卡、物联网卡。）

如有问题，告知当事人可向宜章县打击治理电信网络诈骗犯罪和跨境突出犯罪工作协调小组办公室申诉。

附件：第三十五批××籍涉电诈犯罪嫌疑人员惩戒名单

××县打击治理电信网络诈骗犯罪和跨境突出犯罪工作协调小组办公室
20××年××月××日

解析：惩戒令的写法与嘉奖令类似，要写清楚错误事实、后果、性质和评价，以及惩戒依据、惩戒决定、希望和要求，等等。

3.15.3　命令的常见错误

2011 年，"淘宝体"通缉令横空出世。华东某市某区公安局在网上发布了一组"卖萌通缉令"，内容为："亲，被通缉的逃犯们，××公安'清网行动'大优惠开始啦！亲，现在拨打 24 小时客服热线××××××或 110，就可预订'包运输、包食宿、包就医'优惠套餐，在××自首还可获赠夏季冰饮、编号制服……"此通缉令一经发布，就遭受了公文学界的批评。通缉令属命令类公文、司法文书，不应该带有娱乐性，因为这样会破坏法律的严肃性、公文的庄重性。

第 4 章

党政公文的写作技巧和常见错误

4.1 党政公文的写作步骤　　/ 148

4.2 党政公文的常用用语　　/ 151

4.3 常用的公文写作实用金句　　/ 153

4.4 公文写作常见的细节问题　　/ 157

决定党政公文书写水平的不是范式，而是领会领导意图的能力、知识水平、调查研究作风、逻辑水平、词语表达能力，等等。仅仅靠文笔通顺、了解公文写作范式，只能起草一般的简易文件，登不上大雅之堂。说到底，公文写作也需要"积学以储宝，酌理以富才，研阅以穷照，驯致以绎辞"（出自刘勰《文心雕龙·神思》）。公文写作作为一门实践性很强的学科，还是有套路可遵循，有技巧可掌握，尤其要注意不要犯错误。本章介绍一下党政公文的通用写作技巧和常见错误。

党政公文的写作步骤

4.1.1 写作准备

写公文之前，我们需要做足思想准备和材料准备。

在思想方面，需要我们摆正心态，切不可有"不就写份公文嘛，随便糊弄一下就行了""反正有人会帮我核稿，我不需要太认真"的想法。每写一份公文，我们都应当先弄清楚领导的意图，因为领导意图是我们写公文的立意根据和思维原点，若是领导让你写一份请示，你却以写意见的行文逻辑和口吻来写，恐怕就会"南辕北辙"了。平日里，我们要努力提高思维水平，多站在领导的角度去考虑全局，找准自己的角色定位，同时要加强基本功训练，这样，我们写公文的时候才不至于临时抱佛脚、越抱越慌乱。

在具体写某一篇公文的时候，我们需要明确发文的目的和主题。具体来说，就是要先弄清楚我们的发文想采取什么方式、给谁发、讲什么问题、要达到什么目的等内容，具体包括以下几个方面。

（1）使用什么文种。如果是上行文，是写一份报告还是请示？如果是下行文，是写通知还是写通报？

（2）明确发文对象和范围。是向上级单位汇报还是向下属机构阅办？如果是发给下属机构，这份公文的阅知范围是哪些？

（3）公文的主要内容写什么。如果是报告，需清楚主要汇报什么工作或反映什么情况；如果是请示，需清楚上级机构审批什么事项、指示什么问题或解决什么困难；如果是通知、通报类的下行文，应清楚主要针对什么问题、具体工作安排怎么样，等等。

（4）对受文对象有什么具体要求。是要求收文单位了解还是答复？要求贯彻执行还是征求意见？

明确以上问题后，我们开始下意识地收集写这份公文需要用到的资料和素材，需要其他同事和部门提供相关资料的，要提前备好这些资料。

4.1.2 拟定提纲后开始起草

对于篇幅不长的公文，我们大致安排一下结构即可，明确先写什么、后写什么；如果要写的公文篇幅较长且比较重要，就需要拟出较详细的提纲，略拟出标题和各层次的要点，也可细致拟出大小标题和各层次主要内容及段落分布。在这个环节，我们需要初步明确整篇公文共分几个部分，每部分又分几个问题，各个问题的题目、内容概要等均要有大概的脉络。

写公文时收集到的所有素材，都像是散落的"糖葫芦"，我们需要找到一根"竹签儿"把这些散落的"糖葫芦"串联起来。没有这根"竹签儿"，写出来的公文可能缺乏逻辑、没有层次。好的公文脉络是清晰的，结构应当完整齐全、详略得当，各分述部分要齐备，不能无故残缺，总述与分述要互相对应。

接下来，我们可以落笔起草。起草公文的过程中，要注意观点鲜明、用材得当，切记要"**用观点统帅材料**"，要将收集到的素材为公文的中心思想服务。同时，一定要交代清楚事项，详略得当，避免语焉不详，同时要注意简洁通顺，正确使用标点符号。

4.1.3 反复检查、锤炼文字

公文成稿之后，我们要通读全文，最好能对文字内容和标点进行逐字逐句的修改、斟酌。我们可以对照其他类似的公文内容，看看自己写的这篇公文的结构是否合理、内容是否清晰、要求是否明确。没有陈述清楚的地方，要补充说明；可有可无的段落、语句，能删则删。在确保结构完整、意思明确的前提下，能精简就精简；发现错别字，马上改正。

有的时候，一篇写得精彩绝伦、洋洋洒洒的公文可能会毁在错别字上，这就是典型的"因小失大"。自己写的文章，自己确实很难察觉到错误，因此，最好将公文打印出来校对；若是无打印条件，则可以通过改变全文字体的颜色、大小等方式，让整篇公文看起来比较"新鲜"，这样更容易发现错漏。有条件的单位和人员可实施

"交叉校对"制度,甲写好公文后,由乙来帮忙"捉虫",方便查缺补漏。

请分析下面这份公文的问题。

病文 4-1

我单位全力以赴做好风险防控工作

本单位通过一系列扎实有效措施,使重点岗位的防控措施落到了实处,取得了明显成效,现将工作开展情况总结如下。

(一)统一思想,高度重视

风险防控工作对于本单位全年工作目标的达成有着非常重要的意义。对此,总部高度重视,各相关职能部门、各基层业务单位,有高度的紧迫感,高度重视风险防控工作,从上到下统一全员思想,精心组织,紧密追踪,实现了风险防控工作的全覆盖。

(二)精心策划,加强宣传

结合本单位的宣传方案策略,各职能部门、各基层业务单位结合自身实际,做好宣传发动工作。同时,要注重树立典范、推广经验、激励士气,全力营造风险防控的氛围。

(三)重视培训,加强考核

各基层业务单位高度重视对员工的培训教育,最大限度地提升全员的风险意识。为了保证工作效果,总部及时将风险化解和防控的任务落实到各个基层业务单位,各基层业务单位也对目标做了进一步明确,做到人人有目标,个个有压力,并强化考核、突出奖惩,真正拉开分配档次,确保了风险防控工作正常有序开展,凸显了考核的激励效果。

病文解析: 整份公文看起来像是一份向上级说明本单位案件防控工作开展情况的报告,但全文就是典型的"八股文",几乎没有给到读者任何有效的信息,完全是空话、套话、虚话的堆垒。全文貌似在说风险防控工作,但它列明的三点,拿来阐述其他任何工作(比如人力资源建设、反腐倡廉等)似乎都可以,这是写公文的大忌。我们在写公文时,一定要做好调查研究、做足材料准备,注意"言之有物",要尽量说"干货",给到受众有效信息,而不是敷衍了事。

4.2 党政公文的常用用语

公文语言具有一定的规范性，在某些表述方面有一系列约定俗成、便于理解、庄重得体、能与其他文体区分开的"专用语"。有些专用语，甚至已经形成了固定的用法。想要写好公文，如果能学习、积累和掌握好这些"专用语"的用法，并将其运用到公文中，会显得更专业，下面介绍几种常用的用语。

1. 起首用语

起首用语一般是用在公文开头的，引出我们行文的依据、目的或是背景。常用起首用语有"按照""根据""依据""奉""为了""为""由于""兹定于""兹介绍""兹因""遵照"等。例如，"根据市政府第 27 次常务会议精神""遵照集团领导的指示意见""奉上级指示""为了加强干部队伍建设，完善干部考核机制""为便于紧急救助洪灾""由于受持续高温天气的影响""兹因道路改造"等常用起首用语的行文。

2. 称谓用语

称谓用语一般代单位、事物等名称。

称呼本单位时使用第一人称，如"我局""我县""本院""我（银）行""本部""我部""本厂"等。

称呼对方时，一般使用第二人称。如果对方属于下级单位，我们可以称"你省""你行""你局""你院""你部"等；如对方跟我们相比，属平行单位，我们一般使用"贵公司""贵单位""贵局""贵所""贵院"等。

称呼其他单位、人员、物件时，我们采用第三人称，比如"该院""该单位""该馆""该同志""该文""该产品""该批设备"等。

3. 引叙用语

引叙用语一般是引叙来文时使用的词语，比如，我们在公函、批复等公文时常会用到引叙用语。

引叙用语一般有"收悉""获悉""惊悉""前接""顷接""近接""欣悉""敬悉"，等等。例如，"前接你单位来电""你局的 138 号来文已收悉""欣悉贵集团将举行成立 20 周年庆典""顷接来函，现就所询之事函告如下"等均用到了引叙用语。

4. 经办用语

经办用语这类用语主要用于表明处理事件和问题的经过，一般用于过去时态。例如，常用"经""通过""经过""业经""已经""前经""迭经"等。将其用到行文中，如"《××办法》业经总部办公会议批准""经召集有关专家研究""兹经调查"等。

5. 商洽用语

商洽用语是在征询意见和商洽事项时常用的词语，比如"当否""可否""是否可行""能否办理""意见如何""是否同意"等。一般在上行文（请示）和平行文（公函）中使用比较多。

6. 期请用语

期请用语这类用语一般用来表示期望和请求，用在结尾处，表达礼貌、谦卑之意。常用期请用语有"特请""恳请""恭请""拟请""务请""即请""诚请""希即""敬望""企盼""希望"等。例如，"恳请大力支持""希请对该单位予以表彰""即请协助办理""诚请参会""恭请莅临""拟请批准""企盼协助""敬请出席"等。

7. 表态用语

表态用语一般用于在办理某项工作、解决某个事情、处理某份文件和人员，来表明我们的态度，比如"同意""原则同意""不同意""准予""照办""可行""不可行"等。

8. 时限用语

时限用语这类用语，一般用来表明承办时限。常用的时限用语有"当即""届时""准时""即刻""迅即""从速"等。例如，"届时诚邀您光临""当即召集居民代表召开会议""情况紧急，务必从速处理""迅即展开调查"等为在行文中使用。恰当使用时限用语，可增加收文对象的紧迫感，督促其尽快办理公文。

9. 过渡用语

过渡用语这类词语一般用来表明转折、过渡，起到承上启下的作用。常用的过渡用语有"有鉴于此""为此""据此""经研究批复如下""特制定以下规定"等。这类词的恰当使用，有助于公文过渡自然，连接紧密。

10. 谦敬用语

谦敬用语这类词语，一般用来表达感谢、敬重之意。常用的谦敬用语有"承蒙慨允，不胜感激""承蒙惠允""承蒙贵单位通力协助"等，一般在承受支持和恩惠后使用。

11. 结尾用语

结尾用语为在一些公文结束时常用的词语，比如"特此通知""专此报告""特此报告，请审阅""现予公告""特此批复""请认真贯彻执行"等。

公文写作人员如果能恰当并熟练使用这些公文术语，我们的公文语言会更加规范得体。

4.3 常用的公文写作实用金句

撰写公文，无须太过"炫技"，但如果要写综合性报告、总结和计划报告、统筹性意见等篇幅比较长、内容比较多的公文时，就需要写一些"行话"。这些"行话"，就是适合公文语境的话。想要把"行话"说得漂亮，就得使用比喻、拟人、排比等修辞手法来给公文"化妆"。同样的意思用不同的修辞写法来写，给人的感觉是完全不一样的，如表4.1所示为同样的意思用不同的修辞手法写的效果。

表4.1 同样的意思用不同的修辞手法写的效果

原　话	比喻的修辞手法	排比的修辞手法
提高思想认识	常鸣警醒之钟，擦亮思想之镜	打好"思想牌"，增强思想认识水平
加强制度和机制建设	构筑制度之基，夯实机制之墙	打好"制度牌"，夯实机制建设基础
强化监督检查，提高风险防范能力	高悬风险之剑，破除不正之风	打好"监督牌"，提升风险防范能力

想让自己写的总结、计划、讲话稿公文有亮点、易出彩，就需要加一些让人过目不忘的金句，切忌落入俗套，把公文写得平淡无奇。下面罗列一些工整对称、言简意赅、特色鲜明、易读好记、朗朗上口的金词、金句，供大家在写公文时参考。

套话模式：

以……为基础，以……为核心，以……为根本，以……为重点，以……为手段，以……为载体，以……为保障，以……为后盾，以……为契机，以……为支撑，以……为导向，以……为驱动，以……为主体，以……为补充，以……为标准，以……为主线，以……主题。

以……为立足点（落脚点），以……为出发点（切入点、突破口），以……为闪光点（结合点、根本点、关键点），以……为增长点、着力点、动力点。

四个字的常用词语：
花拳绣腿、铲除病灶、打准靶子、点准穴位、抓住要害、表面文章、加减乘除、撸起袖子、扑下身子、埋头拉车、抬头看路、靶向意识、扎紧篱笆、筑牢堤坝、重要战略、重要源泉、重要支撑、重要前提、重要因素、重要阶段、重要力量、重点途径、重要保障、突出地位、指导思想、基本方略、基本路线、基本纲领、基本经验、根本方向、根本出路、添砖加瓦、保驾护航、主攻方向、重要手段、现实之需、根本之策、应有之义、必由之路、治本之道、本质属性、战略任务、内在要求、积极因素、长效机制、制度保障等。

三个字的常用比喻词：
新引擎、主打歌、总开关、领头雁、下山虎、千里马、孺子牛、拓荒牛、领头羊、及时雨、同心圆、硬骨头、绊脚石、主旋律、平衡点、节奏点、堵塞点、定心丸、试金石、必须课、教科书、营养剂、正能量、风向标、主心骨、手术刀、组合拳、基本功、多面手、笔杆子、好参谋、活档案、撒手锏、运算符、指南针、定盘星、压舱石、路线图、任务书、直通车、预警器、显示屏、千斤顶、顶梁柱、大熔炉、练兵场、实践课、锦囊计、助推器、孵化器、检测仪、高压线、导航仪、催化剂、先手棋、指挥棒、启明星、保护伞、护旗手、守门员、安全网、牛鼻子、方向盘、金钥匙、责任田、晴雨表、突破战、阵地战、升级战、攻坚战、持久战、控制力、影响力、创造力、凝聚力、战斗力、亲和力、执行力、感召力、紧箍咒、组合拳、防火墙、排头兵、枢纽港、加油站、大舞台等。

两个字的常用词语：
引擎、阳光、果实、钥匙、摇篮、特色、差距、渠道、纽带、格局、准则、阵

第4章 党政公文的写作技巧和常见错误

地、要点、重点、焦点、难点、热点、亮点、利剑、探头、触角、位子、路子、乱子、面子、准绳、尺子、密网、打虎、拍蝇、猎狐、弘扬、借鉴、倡导、培育、打牢、加固、量尺、沃土、磁场、闭门、开门、出门、上门、大山、峡谷、枷锁、激流、险滩、瓶颈、短板、干将、闯将、猛将、绅士、鸵鸟、逃兵、勇气、韧劲、胆识、忠诚、勇气、作风、找准、学会、打好、引导、着眼、吸引、塑造、摘掉、捧上、栽下、检验、保护、鼓励、完善、增强、凝聚、汇集、筑牢、提升、增强、淬炼、积累、规划、整合、理顺、推行、纠正、遏制、保护、健全、丰富、夯实、树立、适应、发扬、拓宽、拓展、规范、改进、贯彻、实施、深化、保证、鼓励、引导、坚持、深化、强化、监督、管理、开展等。

对仗金句：
把住"路线关"，堵住"歪门邪道"的人；
把住"话筒关"，堵住"好念歪经"的人；
把住"网络关"，堵住"造谣生事"的人；
把住"理论关"，堵住"精神恍惚"的人。

勇做……上的"攀登者"，不做……上的"糊涂人"。

拧紧思想认识的"螺丝"，练好……人的"心力"，筑牢拒腐防变的"堤坝"。

切忌"一曝十寒"，而要稳扎稳打；
拒绝"一成不变"，而要锐意创新；
不能"一知半解"，而要深入实践。

做好"老树新枝"的文章，加快提升……
做好"插柳成荫"的文章，积极培育……
做好"育种蹲苗"的文章，大力推进……

上下齐心，用好……的"指挥棒"；
突出重点，做对……的"运算符"；

融合优化，用足……的"工具箱"；
精确谋划，出准……的"杀手锏"。

聚焦主业，细耕"责任田"；
提升能力，牵住"牛鼻子"；
把握规律，把好"方向盘"；
明确责任，激活"一池水"。

在"×"字上下功夫，
在"×"字上做文章，
在"×"字上求突破，
在"×"字上见实效。

壮大产业"摘穷帽"，生态建设"保家园"；
产业扶贫"拔穷根"，村企联姻"造新血"；
易地搬迁"挪穷窝"，医疗救助"除病魔"；
教育就业"绝穷思"，政策兜底"全保障"。

下好规划"指导棋"，打造"××格局"；
下好责任"先手棋"，作出"××贡献"；
下好转型"动力棋"，提升"××实力"；
下好绿色"导向棋"，增进"××福祉"。

开展××××的"大升级"活动，增长××的"强能级"；
开展××××的"大培育"活动，激发××的"竞争力"；
开展××××的"大突破"活动，增强××的"新动力"；
开展××××的"大攻坚"活动，打造××的"集聚地"；
开展××××的"大提升"活动，升级××的"新品质"；
开展××××的"大振兴"活动，展示××的"新面貌"；
开展××××的"大创建"活动，改善××的"优环境"；

开展××××的"大改善"活动,提升××的"幸福感";
开展××××的"大护航"活动,筑牢××的"安全感"。

"严"字当头,作风建设是永恒课题;
"实"字为要,取得实效是衡量标准;
"学"字为先,持续学习是成事之基;
"廉"字为荣,清正为官是基本操守;
"贤"字为尺,用人唯贤是重要职责;
"干"字为重,干事创业是人生追求。

夯实"根子",举旗铸魂不迷航;
建强"班子",坚强有力站排头;
搭好"台子",勇立潮头显身手;
盘活"棋子",持续借力放光彩。

坚持"主动体检",瞄准问题症结放权,促进××××的蓬勃发展;
拒当"甩手掌柜",加强事中事后监管,促进××××的健康发展;
补齐"服务短板",优化配套服务供给,促进××××的安全发展。

上述对仗类金句可以强化文章的形式美、气势美,但是我们写公文不一定非得采取这种形式。不管是否使用对仗句子,都要讲究逻辑严密、用词准确、是非分明、不存歧义,而不是为了追求形式美而滥用对仗金句,不然就是舍本逐末了。

4.4 公文写作常见的细节问题

4.4.1 确保不出错

公文一般具有约束力、权威性,写公文容不得马虎大意,而汉字常常是"差之毫厘,谬以千里",很有可能造成严重的后果。据说,当年太平军北伐时,驻扎到了江苏仪征城外,先行官向主将请示行军路线时,正与人交谈的主将给他写了个"烧"

字，于是，先行官执行军令放火烧了仪征城。主将查找原因，才发现自己将"绕"字写成了"烧"字。

现在，我们大多使用电脑书写公文，手写错误的发生率降低。但近年来，公文出错的问题也时有发生。2021年7月，江苏××市一则名为《关于做好湖北省张家界市来宁人员信息核查和健康管理的通知》中，误将"湖南省张家界市"写成"湖北省张家界市"。吉林××市一则公告上曾多次提到了"四川省重庆市江津区"，但现在重庆市已被划为直辖市已经很久了，早就不归四川省管辖。两份公文都犯了常识性的错误，在社会上引起轩然大波，网友批评"这是拿政府的公信力开玩笑"。

公文写好之后，一定要再三核实、校对。使用数据、图表、引文，一定要核实出处、内容，图表应清晰完整。校对时，尤其要注意人名、地名、单位等名称不要出现错误。公文中若提及多个领导的头衔、姓名，要注意将更高职位的领导放在前面。要书写正确文章的结构层次序数：第一层为"一、"，第二层为"（一）"，第三层为"1."，第四层为"（1）"。需要用到简称的话，第一次使用时应注明全称，并在全称后的括号内注明"以下简称×××"等字样。

人名、地名、数字、时间、代码等是最容易出现错误的地方，尤其是领导的姓名及公文中提及的人名、地名、数据、数字、时间、时限、代码，等等，一定要再三检查。

公文对字符的要求也是非常严格的，我们应当避免字符使用错误。例如，不能用大于、小于号合在一起形成"<>"来代替单书名号"〈〉"；不能用小数点"."代替分隔符"·"；不能用英文大写字母"X"代替指代"某"的"×"符号；不能用阿拉伯数字"0"或大小写英文字母"O"代替汉字"〇"（读"零"）；不能用中括号"【】"或小括号"（）"代替发文字号中常用的六角括号"〔〕"，等等。公文中的这些字符，都可以在文档"插入"功能的"特殊符号"中查找。

4.4.2 数字、数值的用法要规范

关于出版物中涉及数字的汉字和阿拉伯数字用法，我国曾于2011年7月29日出台了一个国家标准——《出版物上数字用法》（GB/T 15835—2011），标准于2011年11月1日起实施。我们写公文时，在使用数字、数值时也应该按照这个标准来执行。

例如，百分之三到百分之七，不应该用"3~7%"表示，而是用"3%~7%"表

示。零点三到零点八，不可以写成"0.3~8"，规范的写法应该是"0.3~0.8"。"2万~8万人"不能写成"2~8万人"，"18岁至20岁"不能写成"18至20岁"；我们可以使用"2000~2007年""3~8月"，但不能用"2000~2007年度""3~8月份"；"四五天"不能写成"四、五天"，"八九十年代"不能写成"八、九十年代"；"工程投资约300万元左右"是错误的用法，"约"和"左右"只能留一个；"至少需要资金50万元以上"的表述也是错误的，"至少"和"以上"要删除一个；"30几人"应改为"三十几人"；"费用概算约235 979 644.46元"应改为"工程概算约2.36亿元"。同时要注意，行文中遇数字、"%"、字符和英文人名在转行时应做技术处理，不得分开。

4.4.3　正确使用标点符号

在公文写作实践中，很多人还是分不清楚标点符号的用法，在书名号、引号、括号、句号等标点符号的使用上存在错误，这种基础错误应当避免。对标点符号的用法，可参考最新版的国家标准《标点符号用法》。

公文标题中除了法规、规章加书名号之外，一般不用标点符号。例如，《××省人民政府关于加强民主法制维护安定团结保障改革和建设顺利进行的决定》，在"加强民主法制""维护安定团结""保障改革与建设顺利进行"中间并没有用顿号和逗号。

但是，在实践中，标题中的规划、计划、纲要的名称一般也会加上书名号，这样可以避免理解上的歧义。例如，国务院关于下达《十年规划和"八五"计划分地区人口指标》的通知，这里可以在标题中使用书名号，因为《十年规划和"八五"计划分地区人口指标》是国家计委、计生委编制的一个文件。如果公文标题中有特殊含义或需要补充说明的词汇，也可以用引号标明，比如《商业部关于商业部门开展"文明礼貌月"活动的通知》。有必须要注释的词语或补充说明的词语，可以用括号标明，比如《××县人民政府关于增加退（离）休职工生活补贴的通知》。

公文正文中，书名号的使用方法要依照国家标准，比如书名、报纸名（包括板块、栏目名）、篇名、刊物名（包括栏目名），以及其他文化精神产品（如电影、绘画、雕塑、工艺品、邮票、戏剧、乐曲、舞蹈、摄影、相声、小品等）的题目可以使用书名号，但是，物质产品、商品、组织、奖项、活动、展览、集会、商标、课程、证件、单位、称号等非文化精神产品，则不使用书名号。另外，报社名称不用书名号，比如新华日报社、光明日报社、中国青年报社。

以下为一些常见的标点符号使用错误的例子和解析，供大家参考。

例：
现将《××工作实施方案》(征求意见稿)呈上，请提出修改意见。
方案的征求意见稿，属于方案的一部分，因此，这里应该改为——现将《××工作实施方案(征求意见稿)》呈上，请提出修改意见。

例：
要切实加强我单位"警务室"、"护学岗"、"安全网"的建设，落实安全管理制度。
引号中间不用顿号隔开，此处应改为——要切实加强我单位"警务室""护学岗""安全网"的建设，落实安全管理制度。

例：
一是制定一个文件。审议通过了《规范性文件备案审查办法》；二是探索一条路径。对于涉及人民群众重大利益或者社会影响较大的规范性文件，采取提前介入机制；三是集中一次审查。每季度对规范性文件开展一次集中审查，以确保审查结果的精准性和实效性；四是开展一次检查。每年对规范性文件开展一次专项检查，推进各单位规范性文件备案审查工作；五是建好一个平台。依托公文系统，建成规范性文件备案审查平台，确保规范性文件备案审查工作信息化全覆盖。
以上段落中，分号使用错误，上文中的分号应该全部改为句号。

例：
（责任单位：各镇（街道））
圆括号外再加圆括号是不对的，圆括号外的括号应该改为中括号：［责任单位：各镇（街道）］。

例：
要加快工程进度，确保办公大楼于2—4年内建成。
这里的"2—4"年，应该改为："2~4"年。请注意：一般来说，标示地域和时间的起止，我们常使用一字线（占一个字符位置），而标示数值范围起止一般用浪纹线。

例:
1、加强与主办方的沟通协调。

以上,序号后的标点使用错误。"1、"应该改为"1."或"(1)"。

例:
注:以上各项数据统计截止时间为2018年12月31日;资产总额包括资产负债表中负债+所有者权益的总计金额;不良贷款余额统计为新口径。

这里的"注"一般是写在某个图表下面的,但这种注释的文末一般不加标点,因此,我们应当把"新口径"后的句号删除。

例:
这一工作已经部署完毕(由办公室、工会等部门牵头落实)。

工作既已部署完毕,这个句子就已表述完整,后面的只是补充说明,因此,这里应该改为"这一工作已经部署完毕。(由办公室、工会等部门牵头落实)"。

例:
根据《××省物价局、××省财政厅关于××市建制镇城市基础设施配套费征收标准的批复》(××规〔2012〕59号)文件要求,特制定本管理办法。

一般发文机关和文件内容为并列词语时,不用顿号来表示并列词语之间的停顿,而是用空格等方法来表示停顿,因此,上述句子中,"××省物价局"和"××省财政厅"之间不加顿号,而是用空格(占用一个字符)来隔开。

例:
附件:1.××银行电子银行创新工作领导小组成员名单;

附件的文件名后面是不加标点符号的,因此,这里应该删除"名单"后的分号。多个附件的标识方法如图4.1所示。

```
附件：1. ××××××××××××××××××××
         ×××××××××
      2. ××××××××××××××××××××
         ×××××××××
```

图4.1　公文附件标识方法

例：

抄送单位：人民银行××市中心支行，××银保监分局，××市银行业协会

在列出的抄送单位后面，一般要加句号。

例：

易××省长在9月28日召开的全省职业教育大会上提出："要坚持立德树人、德技并修，大力弘扬工匠精神，加大制度创新、政策供给、投入力度，奋力推动全省职业教育高质量发展。"

在公文语境中，在领导"提出""强调""认为""指出""号召"等词语后面跟着的句子，一般不用冒号、引号，因此，此处可以改为：易××省长在9月28日召开的全省职业教育大会上提出，要坚持立德树人、德技并修，大力弘扬工匠精神，加大制度创新、政策供给、投入力度，奋力推动全省职业教育高质量发展。

4.4.4　使用字词需要字斟句酌

公文表达，最讲究严谨、精当，这就要求我们要有咬文嚼字的精神，每使用一个字词都要字斟句酌，力求表达准确。可是，有的人虽然在机关工作多年，深谙公文写作的套路，但汉语功底打得不扎实，存在混用、乱用、错用字词的现象。下面列举几个可能会使用混淆的字词，以供参考，避免犯错。

"做"与"作"，"做"涉及的对象一般是具体的，比如"做+作业"；"作"涉及的对象一般会抽象一点或书面色彩重一点，比如"作业"。

"必须"与"必需"："必须"表示主观上一定要怎么样，态度比较强硬；"必需"则表述客观上需要，应该具备。

"制定"和"制订"：前者强调的是"确定下来""成为定案"，比如，制定了方

针、政策、法律、法规、制度、章程；后者则侧重于创制、拟定的行为和过程，比如，制订措施、计划等。

"截止"与"截至"：前者强调"止"，描述的是某个时间节点之前、某个时间区间内的事态；后者强调的不是时间区间，而是时间点上的事态。

"记取"与"汲取"：前者强调记录、记载然后取用，而后者则多了一个加工、吸收、去伪存真、去粗取精的过程。自己的经验教训，我们多用"记取"；别人的经验教训和方法，我们多用"汲取"。

"急待"与"亟待"：前者强调时间上的紧急，多指"刻不容缓"；后者强调情势上的紧迫，多指"事情严重""意义重大"。

"期间"与"其间"的用法也是不同的，"其间"是指"在某一段时间里"，一般不需要再在"其间"前面加"这""那"等词，否则就犯了重复表述的错误。"期间"前面则可以加"这""那""国庆""开会"等词，因为它表达的是一个时间段。"其间"可以单用，但"期间"不能单用。例如，"其间，该单位多次征询该员工的意见"。

"下工夫"，是指为了达成某个目标和任务而花费很多时间、精力，但很多人在表达这层意思时，却使用"下功夫"一词，这是不严谨的。

"涉及到人力资源建设的这个问题……"，这里的"涉及"，本身就已经有了牵连到、关联到的意思，若是再使用"涉及到"，字面意思就变成了"关联到到"了。同样的错误还有"截至到"，"至"本身就已经有"到"的意思，表述重复。另外，"凯旋归来"和"凯旋"，"凯旋"本身就已经有"胜利归来"之意，再写"凯旋归来"就没必要了。

"考核只是一种手段，即使全县各级各部门和广大干部群众的工作热情和干劲得以被调动起来"，这里的"即使"表达的不是"纵然"的意思，而是"即，使（得）……"，为避免歧义，此处应该改写为"考核只是一种手段，目的是调动全县各级各部门和广大干部群众的工作热情和干劲"。

第二篇

行政事务文书的写作技巧和案例分析

行政事务文书，指的是党政机关、企事业单位、社会团体等在处理日常事务过程中，用来沟通工作、安排任务、总结经验和教训、研究和探析问题而形成的一种通用文书。

　　党政公文和行政事务类文书都属于应用文的范畴，但党政公文是法定公文，是法律明确规定的包括通知、请示、报告、命令等在内的15种正式公文，具有法定性、规范性、政治性、程序性、权威性和法律效力；而行政事务文书是机关、企事业单位和社会团体在日常的办公、工作过程中自发形成的、有约定俗成的规范和样式的文书。

　　行政事务类文书一般没有统一的文本格式，也不能单独作为红头文件发文（必要时可作为党政公文的附件），但它在日常工作中应用广泛，是文秘人员在实践工作中应用得比较多的一种文书。

　　行政事务文书按照性质可以分为以下几类：一是决策类，比如工作简报、总结和计划、调研报告、策论式文书等；二是会务类，比如会议讲话、致辞、记录、提案等；三是礼仪类，包括书信类、慰问类、倡导类文书；四是经贸类，比如合同、标书、分析报告、调查报告、项目可行性报告等；五是考核类，比如述职报告、组织鉴定、考察材料、个人总结等；六是制度类，比如制度、章程、办法、规定等。

第 5 章

决策类文书

5.1	简报	/ 167
5.2	总结和计划	/ 172
5.3	调研报告	/ 176
5.4	策论式文书	/ 179

决策类事务文书是党政机关、企事业单位、社会团体和组织等为了处理日常重大事务所使用的文书，它包括简报、总结、计划等，具有咨议性的作用。决策类文书通过总结经验教训，以及对工作中存在的难点、重点问题进行总结和研究，便于改进工作方法，提高工作效率。

简报

5.1.1 简报的概念和分类

简报是党政机关、企事业单位、社会团体内部用于汇报工作、沟通情况、反映问题、指导工作、交流经验、传递信息的具有新闻性质的文书材料。简报，以"简"为特征，篇幅相对简短，内容相对简明。它虽然不是正式的公文，但在日常工作中使用得比较频繁。

简报作为机关内部一种新闻类信息载体，能迅速、准确地反映工作动态，可以为上级了解情况、做出决策提供参考，也方便下级了解上级的工作动向和意图，还有利于加强与平级机关的联系和合作。

按照内容不同，简报可以分为工作简报、会议简报、专题简报三类。工作简报，顾名思义，主要是反映各方面的工作情况，比如工作动态及工作中出现的问题、教训、经验，等等。会议简报，主要是报道某些重要会议和活动的情况。专题简报，是反映某一方面、某一领域的某一个专门问题并对它进行专题研究而形成的简报。

5.1.2 简报的写作要点和范文

简报一般有约定俗成的格式供大家遵循。例如，简报有报头，报头在简报首页上方，约占三分一的版面，用间隔红线与正文部分隔开。有的单位会将单位名称写在报头顶端的位置，有的则不写单位名称，只在红线上方的左侧注明是"××××（单位）××（部门）编发"。简报的名称一般以较大的红色字置于上端醒目的位置，比如"工作简报""工作动态""××简报""××动态""××信息"等。简报一般会标明期数，期数放在简报名称下方，用圆括号括起来，比如"（2020年第20期）"。报头红线上方左侧位置一般写简报的编发部门，右侧写编发日期。某些单位还会注明简报的密级和编号。保密级别一般写在报头左上方,注明"秘密""机密""内部刊物,注意保存"等字样。简报编号一般写在报头的右上方,比如"015""078""156",等等。

简报的正文又叫报核,在红色间隔线以下,包含按语、目录、标题、主体、正文署名等几部分的内容。如果简报包含一系列的文章,则需要写明按语、目录,若简报只有一篇文章且不需要交代来源、出处或引导受众阅读,则不需要写按语、目录。

所谓按语,一般指"编者按""编者的话",主要是用于阐述编发简报的目的、意义、原因,交代简报文章的来源和出处,或是对简报内容做出倾向性的评价,引导读者分清是非。目录写在按语下方,"目录"二字居中,目录标题一般不做居中处理。

每篇简报都有标题,标题一般要概括简报的整体内容,类似于政治新闻的标题。标题可以单行,也可以双行,还可以加副标题。

简报主体部分的写法与新闻的写法比较类似,开头需要先写导语,对主要内容进行概括、归纳,力求在导语部分写清楚简报所要反映的大体情况。接下来,具体叙述文章所反映的情况和内容。简报一般反映的是新闻性的内容,因此,一有新情况发生就要快写、快审、快编、快印、快发,反映的情况要新颖、典型,内容要真实可靠、提炼要简明扼要,以有限的篇幅传达更多、更有价值的信息。

简报可以写明供稿部门、供稿者的名称,一般放在正文右下方,用圆括号括起来。

简报的报尾在最后一页的下方三分之一处,一般用间隔线隔开。报尾可以注明"报、送、发"的单位名称。"报",主要是发给上级主管部门的单位;"送",主要是发给同级的应该知晓或者可以知晓简报内容的单位;"发",主要是发给主要收件人。有的单位会把简报的印发份数、印发时间写在发送范围的右侧或是右下角,如图 5.1 所示为简报格式范文。

```
××××农商银行
工 作 简 报
2014年第14期
××××办公室编发        2014年3月7日

        稳中提质推进改革，多方联动促良好开局

  ××单位自2013年以来全面规范各项业务操作流程和内
控制度……稳中提质、多方联动推进改革工作，使得改革工
作稳中有进，实现了良好开局。

                              （信贷部 供稿）

报：省联社。
送：市金融工作局、人行××中支、××银保监分局。
发：总行领导、各部门、总行营业部、各一级支行。

                            2014年3月7日印发
```

图5.1　简报格式范文

范文 5-1

传承井冈精神　不忘初心　继续前进
——××集团公司党性教育培训班圆满结束

　　根据20××年党建工作要点和"两学一做"学习教育实施方案的相关工作安排，20××年××月××日到××日，××集团公司党委在红色革命圣地——井冈山举办两期党性教育培训班，86名先进基层党组织书记、优秀共产党员及优秀党务工作者参加了培训。

　　本次培训采取"重走红军路、实地学传统"现场式教育、体验式教育、专题讲座与革命先辈后人互动教学的方式。××学院院长助理××做了《井冈山斗争与井冈山精神》专题讲座，使广大学员对井冈山的革命历史和井冈山精神有了更深刻的理解。××省委党校×××教授做了《坚定信仰、坚定信念、坚持自信》的专题讲座，学员进一步深化理解了党建工作的重要意义。现场教学阶段，学员们先后到井冈山革命烈士陵园、井冈山革命博物馆、黄洋界哨口、大井朱毛旧居参观学习。

在井冈山革命烈士陵园，全体学员向革命烈士敬献了花圈。互动教学环节，学员通过访谈老红军后代、新一代井冈山建设者，进一步树立了正确的人生观、价值观和业绩观。在红色拓展训练中，学员强化竞争意识，营造团队精神，激发了团队凝聚力。

此次培训主题鲜明、形式新颖、时间紧凑、纪律严明。学员都表示，这次培训既是一次深刻的党性教育，又是一次心灵的洗礼，收获很大、触动很深，以后会把"坚定执着追理想、实事求是闯新路、艰苦奋斗攻难关、依靠群众求胜利"的井冈山精神应用到实际工作中去。

解析： 这是一份活动简报，主要反映了××集团公司党性教育培训班的情况。简报简要介绍了培训时间、地点、内容、意义、效果，等等，有助于领导和有关部门了解动向，掌握情况。

范文 5-2

××商业银行上下联动，齐心协力抗台风

今年第22号台风"××"于10月4日14时10分前后以强台风级在××市沿海登陆（15级，50米/秒），××市不可避免成为本次台风的重灾区。为了最大限度降低台风危害和损失，防止各类事件风险的蔓延，××商业银行全体干部员工共同奋战，积极防御抗击台风"××"并做好灾后复产工作。

一、加强领导，落实责任，做好前期台风防御工作

10月2日，××商业银行收到台风快讯后，立即组织全辖区各经营单位对110报警设备系统、小型业务库UPS备用电源系统等进行了测试，并要求各单位负责人对本单位的发电机进行检查及加油，确保各安防、应急设施正常运行。10月3日，为切实做好本次强台风的防范工作，该银行领导班子带头取消假期，积极投入防御台风的工作当中，落实了各项防范台风工作。10月4日，该行所有网点暂停营业，全体员工进入紧急戒备状态，以便迅速、有序、高效地处理台风安全事故，尽最大努力减少人员伤亡及财产损失。

二、全程跟踪，做好实时掌握台风动态工作

10月4日，台风"××"来袭，××商业银行同时启动多种应急措施，积极备战"××"。一是通过发送实时短信，让全体员工了解台风"××"的最新动态、移动路径、影响范围和强度。在台风登陆前后，该行通过信息发布平台发送台风预警短信共×条，总发送短信×××条，接收人数共计×××人次。此外，该行还通过微信群发送台风最新快讯链接，让全体职工及时掌握台风的最新动态，提高防范意识，避免发生损失。二是启动灾害应急预案措施。该行同时启动了网络监控平台、柜员机监控平台、远程监控中心三大监控平台的24小时值班制，一旦发现异常情况，立即启动报告制度，及时进行抢险工作。三是组织离行式自助设备（ATM、CRS）加钞员和金融护卫中队护卫员对辖区所有离行式自助设备（ATM、CRS）进行清钞，暂停对外服务，避免台风袭击而造成损失。四是加强巡查工作。该行监控中心应急组人员每30分钟对××商业银行办公大楼各部位进行巡查1次，防止次生、衍生事件发生；同时要求各经营单位组织人员加强对办公区域、营业场所和金库等地的巡查和固防工作。

三、落实措施，履行职责，积极投入救灾复产工作

10月4日晚，××市解除台风警报，但经过一天的台风袭击，××市满目疮痍。为应对灾后百姓办理业务所需，10月5日，××商业银行各营业网点充分利用发电机，各营业网点迅速恢复营业。10月5日至6日，该行领导班子成员分成三队进入各个镇街了解灾害情况，辖内各机构主动摸排信贷客户受灾情况，统计涉及银行客户受灾户数及金额，并根据受灾客户损失状况、现实困难、现金流量等情况，分类安排帮扶措施。此外，该行还根据灾情需要开通金融服务绿色通道，派出金融救灾小分队，积极服务灾区群众。10月7日，该行组织员工走上街头，加入对被台风肆虐后的这座城市的清扫队伍，对各街道被台风造成的残枝断木、淤泥、垃圾进行了全面的扫除保洁工作，为台风过后的街道换上了新颜。

因准备充分、措施有力，台风灾害期间，该行未发生安全责任事故和重大突发事件，各营业网点总体运行正常、平稳、有序。为支持灾后重建、快速恢复生产，该行目前已开通绿色服务通道，单列信贷投放计划，组织开展阳光扶贫走访活动，加快推进普惠金融网络化建档活动，全面摸排"三农"资金需求，全力支持受灾经济主体复工复产，帮助受灾地区百姓尽快恢复生产生活秩序，为灾后经济恢复发展注入满满的金融力量。

解析：这是一篇反映××商业银行在台风来袭时，如何防御、抗击台风及做好灾后复产工作的简报。在主干内容部分，作者按照"事前""事中""事后"的顺序和逻辑详细介绍了该银行抗击台风的相关工作情况，既写到了"人"，又写到了"事"，还提到了"果"。简报行文干脆利落，结构合理，文笔流畅。

5.2 总结和计划

5.2.1 总结和计划的概念和分类

总结，是对过去一定时期内的情况进行记录、回顾、分析、评价的书面材料。计划是对将要进行的某一个阶段的工作或具体任务拟定的关于目标、措施、要求等内容的文书。

总结和计划按内容分，可以分为工作总结和计划、学习总结和计划、思想总结和计划、生产总结和计划、科研总结和计划，等等。按时间分，可以分为年度总结和计划、季度总结和计划、月份总结和计划、一周小结和下周计划等。按照性质分，可分为综合性总结和计划、专题总结和计划，等等。

一般来说，我们写总结的目的，主要是提供信息、总结经验、分析教训、提高认识，方便上级对我们进行监督、考核，方便平级单位借鉴经验或用于指导下一阶段的实践活动。写计划，主要是为了明确奋斗目标、完成目标的时间，以及为实现目标而采取相应的方法、步骤和措施，它具有部署性和安排性。

鉴于在实践工作中，总结和计划往往是合并在一起写的，故而笔者将总结和计划的写法放在一起集中讲解。

5.2.2 总结和计划的写作要点和范文

总结和计划一般没有特定的写作格式供遵循，一般都以文档的形式提交，特殊情况甚至可以用列表式的写法来写。按照写作主体的不同，总结和计划又分单位的和个人的两种形式。

单位的总结和计划的标题一般分为三种形式，即综合性总结标题、专题性总结标题、正副题结合式标题。综合性总结标题如《××集团2021年工作总结和2022年工作计划》。专题性总结标题又分为主题式标题和问题式标题两种形式，比如《加强党建工作是加强和改进企业思想政治工作的必由之路》是主题式标题,《我们是怎样坚持和贯彻党管干部的原则的》是问题式标题。正副题结合式标题又称双标题,一般正标题概括内容或点明观点,副标题点明单位、时限、性质和总结种类,比如《用激励来改善企业绩效——2021年××集团公司人力资源部工作总结和计划》。无论哪种标题形式,都应该把握住一点,标题要体现总结和计划的范围。

单位总结的前言部分,力求简洁,开宗明义。一般我们需要在前言部分简要介绍一下前一时段的工作背景和基本概况等情况,当然也可以简要地交代一下工作根据、指导思想、工作主旨并做出基本评价。例如,"在过去一年里,××部在集团党委的正确领导下,紧紧围绕年初工作会议确定的工作总思路和总目标,坚持业务发展与风险管理并重的原则,以解放思想、提升服务为主线,锐意进取,开拓创新,扎实推进各项工作稳步有序开展,已基本实现规划确定的各项目标任务"。

总结的主体部分一般包括主要工作情况、工作业绩及评价、经验和心得、问题或教训等。这些内容是总结的核心部分,也是需要我们花大力气去写的部分。专题性的总结一般按照纵式结构展开,比如按工作概况、工作方法、工作业绩、工作经验、得到的教训等逐层展开。综合性的总结可以按照横式结构来写,比如将所有的工作内容按照逻辑关系分成若干条线、部分,再标序加题,逐一写来。无论总结哪个方面的工作,我们都要抓住有亮点、有特色、出成绩、出典型、有借鉴意义的内容来写,日常化、一般化的工作内容点到即止。总结经验、体会时,要真实可靠,实事求是。分析问题和教训时,文字不宜过长,关键是要抓住"牛鼻子",厘清主次矛盾。总结的结尾可以归纳呼应一下主题、提出改进意见或是对未来的工作表态,这部分要求语言简短精练,切忌铺展啰唆。

写下一步计划时,我们最好能针对总结中点明的问题去写相应的计划。写计划一般要写清楚四个"W",即WHAT——做什么,HOW——怎么做,WHO——谁去落实,WHEN——何时完成。图5.2所示为计划的四个"W"。

图5.2 计划的四个"W"

总结和计划一般都要写表态结语。比如"回顾总结上一年的工作，我单位清醒地认识到我们目前面临的严峻形势和在各项管理工作上存在的问题，这些问题事关我单位的发展大局，责任重大，容不得我们有丝毫的退缩和懈怠。因此，我们要把握机遇，面对现实，迎难而上，发奋图强，把智慧融入工作，用行动开拓未来，为促进转型升级取得大发展，改革创新取得大突破，为全面实现××规划的各项目标而努力奋斗"。

5-3

××集团改革五年工作总结

自20××年深化体制改革工作以来，在省、市改革领导小组的正确领导下，××集团沿着"完善法人治理、明确产权关系、增强服务功能、强化内部控制、建立现代企业"的改革方向，上下同心，步调一致，以敢为人先的亮剑精神和破釜沉舟的顽强毅力，狠抓体制机制改革，引入源头活水，以改革促发展、以改革促和谐，在改革中求发展、在发展中促改革，实现了改革与发展的双丰收。

一、五年改革成果

按照"明晰产权关系，强化约束机制，增强服务功能，国家适当扶持，地方政府负责"的改革总体要求，××集团统筹兼顾，科学规划，循序渐进，取得了改革重大成果。

1.产权关系进一步明晰。（略）

2.管理体制逐步理顺。（略）

3.服务功能显著增强。（略）

4.各项业务取得长足进步。（略）

5. 改革扶持政策有效落实。（略）

6. 人事制度改革取得显著成效。（略）

二、五年改革工作体会

1. 省、市深化体制改革试点领导小组的正确指引是改革取得成效的重要前提。（略）

2. 紧紧依靠当地政府是改革取得成效的政治保障。（略）

3. 精心组织是改革试点工作顺利开展并取得阶段性成果的有效手段。主要体现在高度统一思想、深刻领会精神、精心组织实施等方面，切实做到"不等、不靠、不观望"，充分发挥××集团作为改革主体的作用。

4. 密切联系群众是改革取得成效的关键所在。（略）

5. 法人治理机构的不断完善和经营机制的转换是改革不断推向深入的长效保证。（略）

三、五年改革发展中存在的主要问题

改革的根本目的，就是……但从实际看，以明晰产权、完善股权结构、提升管制治理为核心的改革之路依然崎岖。第一轮改革后，××集团暴露出的许多问题亟待解决。

1. 产权制度改革并没有达到预期的效果。（略）

2. 法人治理有形无神，内部人控制依然严重。（略）

3. 风险管控问题没有得到根本解决。（略）

4. 业务拓展存在诸多制约。（略）

四、下一个五年的工作计划

（一）目标

下一个五年，××集团拟在上级党委的正确领导下，以改革为主线，以发展为主题，以效益为目标，进一步深化改革提升层次，完善和优化法人治理结构；同时，以人为本，强化管理，规范操作，防范风险，实现各项工作的稳步可持续发展。

我们拟在下一个五年，达成以下经营指标：（略）

（二）主要措施

1. 全力以赴做好第二轮改革的各项准备工作。

2. 将……作为实现联社可持续发展的突破口。（略）

3. 开源节流，提升增盈创利能力。（略）

4.继续强化内部控制,防范操作风险。(略)

(三)造××品牌,树立良好的社会形象。(略)

经过五年的励精图治和艰苦奋斗,××集团已成为××市××行业的佼佼者,在促进县域经济发展等方面发挥了无法替代的作用。站在新的历史起点,××集团将继续深化改革,不断探索最有利于××集团各项业务发展的改革模式,为将××集团尽快建设成为上市企业而不懈努力。

解析:写单位的工作总结和计划,条理一定要清晰。一般按照成绩、体会、问题、计划等脉络层层展开。写这类总结和计划,一定要先弄清楚领导的需求和要求,要明确领导让我们写总结和计划的目的,以及重点想总结或了解的内容是哪方面。开写之前,我们需要先收集材料,这些材料中有主有次,这就需要我们去芜存菁,重点部分要详细,次要部分可以一笔带过。如有必要,可以用图示、表格等方式表达相关内容。

5.3 调研报告

5.3.1 调研报告的概念和分类

调研报告是在充分调查的基础上,实事求是地反映、分析客观事实,并得出研究结论的一种文书。写作这类文书的目的,是将调查结果、对策建议及研究结果传递给决策部门和人员。调研报告与调查报告是不同的,区别如表5.1所示。

表5.1 调查报告和调研报告的区别

类别	写作节点	反映的内容	写作方法	侧重点
调查报告	以调查为前提,一般是在事件发生后撰写	对某一情况、某一事件进行调查,内容简单,一般只涉及一个问题或某个领域的问题	掌握真实、全面、客观的事实,对基本情况有系统的了解	侧重"查",只调查和分析,一般不研究
调研报告	以研究为目的,可以在事前、事中、事后撰写	反映具有普遍意义、关键意义的问题,内容比较复杂,有深度和广度	对已有材料进行分析,探索事物的本质和规律	侧重"研",调查是基础,研究是关键

调研报告按内容可以分为市场调研报告、社会调研报告等。按调研范围划分，可分为全国性、区域性、国际性的调研报告等。

5.3.2 调研报告的写作要点和范文

调研报告的标题可以用公文式标题，也可以用文章式、提问式标题，比如《关于我省环境情况的调研报告》《我市失地农民经济生活状况不富裕但温饱有余》《"政府债务"何时了》，等等。

调研报告一般分前言、主体和结尾三部分。前言一般论述调研的目的、背景、范围、对象、意义，等等。主体要写明调查的主要内容，比如涉及的人物和事件、存在的问题、具体的做法、遇到的困难及相关的原因。结尾一般得出调研结论、总结主要观点、提出解决对策或努力方向，一般要求简洁有力。

范文 5-4

关于我省环境状况的调研报告

为配合省人大常委会听取和审议省政府关于全省20××年度环境状况和环境保护目标完成情况的报告，4月中旬，省人大常委会副主任×××带领我委及部分省人大常委会委员、省人大代表赴A市、B市和C市，就生态环境保护工作情况开展调研。在各地召开座谈会，听取当地人大、政府及有关部门、企业等方面的意见建议，并察看了饮用水水源地保护、城市黑臭水体整治、农村垃圾处理、土壤污染治理等现场。5月上旬，我委召开座谈会，听取省发改、经信、环保等8部门关于环境保护工作情况汇报。中央媒体对我省有关环境污染事件曝光后，我委派员赴E、F等地实地了解情况。现将调研情况和意见建议报告如下。

一、主要环境状况与特点

……

从调查情况看，国家下达我省环境保护前一阶段考核目标总体完成。2017年我省各地生态环境保护工作取得积极进展，但工作开展仍不平衡。全省环境状况总体稳定趋好，但局部还有反弹。

——空气环境质量总体平稳，部分城市出现波动。（略）

——水环境质量稳定趋好，近岸海域水质下降。（略）

——土壤环境质量总体稳定，仍在组织详查。（略）

——20××年，共接报突发环境事件信息53起，无较大及以上突发环境事件。

去年我省的环境保护工作主要有以下几个特点。

（1）绿色转型步伐加快。（略）

（2）"两减六治三提升"专项行动成效明显。（略）

（3）污染防治攻坚战全面推进。（略）

（4）生态环境保护监管机制不断完善。（略）

二、存在的主要问题

20××年我省环境保护工作虽然取得新的成效，但全省经济社会快速发展与资源环境承载能力之间的矛盾日益凸显，能源结构单一、产业结构偏重，结构性、区域性环境污染积重难返，环境安全隐患多。一些地区对环境保护工作重视程度和工作力度与中央要求和群众期盼仍有较大差距。生态环境问题已经成为制约我省高水平全面建成小康社会的突出短板。

一是治污攻坚的合力尚未形成。（略）

二是对攻坚战的难度估计不足。（略）

三是环境风险依然较高。（略）

三、主要建议

……

（1）强化法治观念，落实攻坚克难责任。（略）

（2）推进绿色发展，向过剩污染产能"开刀"。（略）

（3）突出工作重点，实行环境污染综合整治。（略）

（4）强化执法力度，推进环保法治建设。（略）

各级政府及有关职能部门要认真执行新环保法等法律法规，把各项污染防治制度和措施落到实处，坚决依法惩处破坏生态环境的行为。加快完善地方环保规划和标准体系，依法依规依标治理环境污染，建议政府有关部门研究经济发展与环保投入同步增长的机制，不断提高环境治理水平。各级人大要加快推进生态环境保护立法工作，提高立法质量；要盯准生态文明建设的制度短板，进行创制立法。要加强生态文明宣传教育和科学普及，加大突出环境问题的公开曝光力度，强化社会监督。地方人大要完善监督机制，综合运用执法检查、审议、询问、质询等多种监督形式，切实提高人大监督实效，支持政府依法解决环境突出问题。建议在生态环境保护工作基础较好的沿江和G地区，试行乡镇人大主席团听取同级政府环境报告的制度，提升基层政权组织推进生态文明建设的能力和水平。

解析：写调研报告时，如果材料不充分，写出来的报告就没有说服力。如果材料充分但我们在阐述问题时，没能从材料中得出观点，缺乏实证分析和研究，调研报告就很难出彩。写调研报告，文辞要尽量通俗、朴实、生动，少用专业、晦涩的词汇。该范文基本做到了以上要求，避开了相关的"雷区"，是一篇比较优秀的调研报告范文。

5.4 策论式文书

5.4.1 策论式文书的概念

所谓策论式文书，是以新政策、新情况、新问题、新措施等为写作内容的一种议论文。策论式文书属于议论文中的一种，要求有论点、论据与论证过程，但它偏重于对一个论点进行立论，论证后还要提供解决问题的具体办法。公务员考试中的申论科目，一般都要求写策论文，也有一部分是政论文。与策论文不同的是，政论文一般是提出主张、见解和理由，以说服别人接纳作者的观点，一般无须提供解决问题的具体办法。

策论文重在"策"，"论"只是基础，它主要是为了提出科学合理、具有可行性和操作性的应对措施和解决办法。在实践中，文秘人员经常需要写到策论式文书。

5.4.2 策论式文书的写作要点和范文

策论文的开头，一般需要开宗明义地表达自己的观点。我们可以先对拟要研究和解决的问题做一个概括，对它引起的后果和影响进行描述，再提出自己的观点。正文部分，一般遵循"提出问题、分析问题、解决问题"的套路，先论述具体的问题及所产生的负面影响，接着再对产生问题的原因进行一番分析，最后再提出解决对策。提出和分析问题部分要详略得当、抓住重点，解决问题部分要讲求针对性、可行性、可操作性，最好能对落实对策的主体、对象、方式、内容、步骤、预期效果等进行详细的说明。文章末尾，可以对未来工作进行一下展望或重申"问题被解决"后的重要性和意义。当然，以上结构和框架并不是固定的，我们可以根据具体的写作需求和问题随机应变。

范文 5-5

经济新常态下
××商业银行网点转型迫在眉睫

一边是网点运营成本节节攀升，一边是网点综合竞争力滞后，××商业银行传统网点难以适应经济新常态。旧疾固患丛生的网点该何去何从？这些网点究竟是该转型还是该撤离？

一、经济降温，传统网点过冬难

当前，中国经济增长放缓，或继续呈现 L 型发展新形态。2010 年第一季度 GDP 增速达到 35 年来的峰值 12% 后，一直下滑到 2015 年第三季度的 6.9%。中国经济进入新的发展状态，给以贷款利息为主收入的银行带来巨大的财务压力。今年 7 月份，在北京举行的"2016 中国银行业发展论坛"透露，全国银行业金融机构 5 月末不良率突破 2%，达到 2.15%。××银行行长××则指出，该银行的总体利润从 2011 年的 36.34% 锐减到 2015 年的 2.43%……短短四年，银行业总体利润增速断崖式下跌。

经济增长放缓大大压缩传统银行的运营空间。这对于收入更为单一的××商业银行来讲，经济降温给网点管理带来更尖锐的问题。一是经营利润收窄同成本高企的网点形成新矛盾。对于网点众多分散、精细化管理薄弱的××商业银行，网点及 ATM 等自助设备的高成本与低收益的反差明显，无疑加剧了××商业银行特别是偏远地区网点的经营压力。二是经济发展的金融新需求与网点落后形成新矛盾。当前，随着经济结构的持续调整，各行各业在适应经济降温的过程中，经营压力巨大，实惠、便捷的金融服务是其过冬的主要选择。同专业化更高的大型商业银行比较，××商业银行网点局限于存取汇兑结算，业务单一，难以满足客户多样化、个性化的需求，市场竞争力也随之下降。

种种迹象表明，当前支撑××商业银行发展的经济环境已发生变化，传统网点管理所带来的成本高、收益低、竞争力弱的问题，已难以适应经济降温的新挑战。

二、"老根据点"之伤，转型或撤离

目前，××商业银行存量网点基本为20世纪的"老根据点"。尽管与大型商业银行对比，××商业银行在网点数量上具有明显优势，但由于受原有经济体制及经营模式的影响，"老根据点"的布局存在很大的重复性和盲目性，网点的比较优势难以转化为竞争优势。更关键的是，一些××商业银行对网点转型认识不足，满足于传统网点的粗放式管理，对于特色化、多元化网点运营模式缺乏研究探索，转型未能跟上经济发展步伐。有的则忽视市场规律的作用，缺乏统筹规划，致使网点冗余、效率低下，难以满足市场的个性化需求，导致旧伤累累。

网点"旧伤"一：多而不精。

在20世纪计划经济体制下，××商业银行自身经营粗放，缺乏盈利渠道，一定程度上网点的竞争便是存款的竞争。因此，许多××商业银行采取在县域行政村大规模铺设网点的策略，吸收农村闲置资金，并以存贷利差获得生存筹码，从而也促使网点数量和密度迅速增加。以A商业银行为例，其辖属×××个营业网点，但精品网点少；且该行所处县域城区网点十分集中，该市主要城区约××平方公里，而该行设立营业网点××个，平均每个网点对应×平方公里地区。

网点"旧伤"二：设备落后。

设备的落后，急需更新换代，装修改造成本大，产生的财务费用不可小觑。以A商业银行为例，某一偏远网点，仅基础装修的改造成本约为50万元。若考虑到面门招牌、营业厅硬装修、自助设备机具、安防设施等的布设，费用高达100多万元，改造成本较高。

网点"旧伤"三：选址不科学。

选址不科学表现在机构自身网点服务半径重复，服务资源浪费；网点处于偏僻地段或处于商圈消亡地段，而位于新经济圈的网点密度则较低；个别网点在市区或重点镇区同他行形成较大竞争，地缘优势被严重削弱，等等。

网点"旧伤"四：效益低下。

作为自负盈亏的特殊企业，××商业银行也应考虑效益原则。但由于网点多、落后、选址不科学，往往影响到其网点服务能力，制约到市场竞争力的提升，其网点综合效益也往往较低。

网点"旧伤"五：缺乏特色。

在长期的城乡二元经济金融结构中，××商业银行数量众多的网点造就了得天独厚的人缘地缘优势。借助这种结构，××商业银行县域存贷款市场占比高，总体的市场竞争压力较城区金融机构小，网点管理简单、粗放，转型意识薄弱，具体表现在网点服务功能性较少、服务特色不鲜明。

可以预见，随着积累多年网点红利的逐渐消亡，××商业银行积聚的网点问题将越来越多。在经济降温周期中，受城镇化改革、互联网时代冲击，××商业银行网点问题也必将成为经营问题，网点转型迫在眉睫。那么，能不能撤离？虽然转型迫在眉睫，但网点撤离不符合当下国家普惠金融政策和行业监管意见，撤离难度较大。因此，转型才是必经之路。

三、旧疾固患，如何纾解"网点转型"之迫

"旧伤"的产生病因复杂、症结繁多。但不管如何，旧疾固患，急需医治。如何纾解转型之迫呢？

（一）统筹优化——强化"一盘棋"布局意识，应对经济新常态所带来的新挑战

网点优化布局必须遵循经济发展规律。经济新常态下，新产业的兴起，旧产业的淡出；新城区的崛起，旧城区的衰退；商贸中心的设立、集聚，工业园区的转移、撤离，等等。这些社会经济环境的改变，要求××商业银行科学布局网点，动态地对网点布局做出规划和调整，积极应对经济新变化。一是强化"一盘棋"的布局意识。"一盘棋"的意识要求用整体的思想统筹、布局，为权衡全局走好每一步棋。网点布局如同下棋，需处理好局部和全局的关系，统筹好每一次的布局，而不是随意选址、重复设点，缺乏全局的思考。二是画出网点转型蓝图。网点转型首先应明确转型的目标，量化总体市场规模，确定市场的潜力增长区域，建立市场和区域的进入和退出标准，并根据不同社会经济周期对网点进行升级，而不能抱陈守旧，将网点管理"一刀切"。如实施营销型网点转型战略时，采取先城区后城郊、乡镇的顺序，或采取先重要网点后一般网点等顺序分步实施，最终形成不同分层的营销网点体系。三是活用网点选址方法。根据网点选址的一般理论，结合银行的自身特点及转型目标确定选址方法，了解详细的有关人口、企业和交通等区位条件，深入调查同业竞争对手、潜在客户等市场因素，再采取AHP方法等确定综合条件好的网点地址。

（二）营销制胜——建设富有营销力的网点，缓解运营成本

解决网点成本高、市场竞争力低下的思路之一，要求××商业银行挣脱旧有的

网点管理观念,将网点改造为高营销力的站点。一是配备营销团队。在机构扁平化、管理流程再造的基础上,精简管理层级,分流出行政管理人员。对于分流出的人员将重点引流至营销岗位,组建起专业营销队伍。二是拓展营销新模式。离开专业的营销队伍,单靠柜面营销的时代已经过去。在金融严重同质化的今天,必须将营销这把牌打好。在大型商业银行力推"大堂致胜""团队致胜""零售为王"营销理念的时候,××商业银行更应主动打破网点业务化的旧格局,扭转传统网点沦为存取款站点的颓势。应建立"客户经理+大堂经理+柜台推介"的营销基础团队,建立集团客户营销团队,增强团队公关能力。针对网点所处的不同区域和产业特点,还应果断试水公司金融部、零售金融部模式,将金融产品服务推广出去。三是配套激励机制。营销团队需要激励机制与之配套。只有建立科学的绩效考核和激励机制,才能调动营销人员的工作积极性,激发内在潜能,也能奖勤罚懒、奖优罚劣,促使营销任务高效率地完成。同时可考虑研究网点营销的提升项目,在控制业务风险的前提下,减少不必要的交易过渡环节,优化营销组织,力求以最快速度反应和满足客户不断变化的需求。

(三)铸造"标杆"——建设××商业银行特有的精品网点,提升市场竞争力

为持续建设精品网点,提升市场综合竞争力,××商业银行还加快"标杆"网点的树立。一是应打破传统网点的条条框框,向创新转型。如A银行网点转型坚持创新发展,突破"朝九晚五"的营业时限,开设了省内首家早市银行、夜市银行,为全省网点转型树立了新标杆。二是打破传统的同时,开设特色鲜明的主题银行也是新的尝试。如B银行超越传统的金融服务,在首家美味特色银行开业后,相继推出首家咖啡银行网点,为客户提供全新的金融服务体验。三是借他山之石,行创新之道。如同便利店或超市合作,推行"店中行"模式,将银行自助设备放入便利店或超市,让银行服务转化为"普通商品"。以C银行的网点转型为例,可发现转型"标杆"的重要性。早在2003年,C银行斥资数千万元,购置"××"24小时便利连锁店中的一台多功能ATM机,在C市区建立近百家"如意24小时金融便利站",迈出转型第一步。2010年5月,C银行继续打破传统网点的局限,开设了首家金融便利店,打造了全国首创、实行延时服务的网点转型标本。该行的金融便利店在提供传统存贷业务的基础上,还针对社区居民风险偏好设计销售专属理财产品。随着网点转型步伐加快,2012年,以"你下班、我营业"为特色的C银行金融便利店突破100家。目前,该行已在社区银行建设方面形成小微企业专营网点、财富管理中

心、金融便利店三大服务平台，网点转型成效更加明显。可见，"标杆"网点的探索在网点转型中起着突破性的作用。

经济学家许小年曾指出，"一家好的企业，并不是上升期扩张得有多快，而是看下行期能不能撑得足够长"。经济有周期波动，上上下下很正常。我们现在担心的不是经济增长放缓，而是在经济增长放缓的时候，××商业银行面对盈利空间被压缩、资产质量被下降的窘境，能不能顶住经济降温压力，继续前行。若想前行，或许应提速推进网点转型。

解析：这是一篇优秀的策论式文书。作者通过列数据、摆事实、讲道理、辨是非等方法，来树立或否定某种主张。本文第一部分为"引论"，作者开门见山提出问题，并用数据、事实等论证了问题确实存在；第二部分、第三部分对问题进行了分析，并给出了对策，是为"本论"；最后一段提出结论"应提速推进网点转型"，回应开头，深化论点。全文观点明确、语言精练、论据充分、论证合理、有严密的逻辑性和一定的可看性。

第 6 章

会务类文书

- **6.1** 会议讲话 / 186
- **6.2** 会议致辞 / 189
- **6.3** 会议议程 / 191
- **6.4** 会议提案 / 193

会务类事务文书包括各种会议中所使用的公务文章。只要是各种会议、仪式、活动上所使用的文件材料，都可以归为会务类文书。会务文书大体可分为两类：一类是发言类文书，比如，会议讲话、会议报告、经验介绍、会议致辞，等等；另一类是材料类文书，主要是为各种会议撰写的书面材料，比如，会议议程、会议提案，等等。

6.1 会议讲话

6.1.1 会议讲话的概念和分类

会议讲话是各级领导、参会代表在各种会议上所发表的讲话。在讲话中，领导人或参会代表可以表达自己对会议相关问题的看法、见解，或是对会议讨论的工作提出要求、指示。一般来说，会议讲话具有指导性、总结性和号召性的特点。

根据内容的不同，会议讲话可以分为指导性讲话、庆祝性讲话、总结性讲话，等等。领导的讲话一般可以体现领导机关的意志，与会者可以通过领导讲话了解到上一阶段工作的总体情况，以及下一阶段工作的目标、方向和具体措施。

好的会议讲话稿一般拥有旗帜鲜明的观点，有比较强的针对性、鼓动性、吸引力，不说陈词滥调，语言风格相对比较通俗和口语化，能"上口入耳"，不仅让持稿人"好讲"，还要让听讲人觉得"好听易懂"。

6.1.2 会议讲话的写作要点和范文

会议讲话的标题一般要契合会议主题，通俗有特色，但不能过长。一般，标题有简式标题和复式标题，比如《×××董事长在××会议上的讲话》和《抓住新机遇，实现新发展——××同志在××会议上的讲话》。

正文部分，分开场白、主体和结尾三部分。开场白是暖场用的，要用简洁有力的语言吸引听众的注意。开头先根据与会者的身份来确定称谓，比如"同志们""同学们""各位参会代表""女士们，先生们"，等等。开场白的写法有多种，比如，开门见山提出观点，提出问题引人思考，以案例或个人经历开头，与观众互动开场，设置悬念但暂时不给答案，交代讲话背景，等等。

讲话稿的主体部分，要视情况分点阐述。比如，总结性讲话可以总结前一阶段工作、部署下一阶段工作，指示性讲话可以对某项工作、某些问题提出看法和解决对策，庆祝性讲话可以先表明对某项工作的重视，再表达决心、态度、要求。总体来说，主体部分要观点鲜明、重点突出、条理清楚，同时要注意发言节奏。比如，在内容安排上要表现得张弛有度，适当加入典故、案例等内容，缓解听众的疲劳。与一般文章不同的是，发言稿要简洁明快，尽量使用短句，切忌使用深奥难懂、冗长啰唆的句子。

讲话稿的结尾一般要总结全文、照应开头、发出号召或是征询意见。演讲稿的结尾没有固定的格式，但最好能给听众留下讲话即将结束的预期，能给人留下深刻的印象。

范文 6-1

×××董事长在 2014 年高管人员领导力研修班开班典礼上的讲话

尊敬的×××书记、×××副主任，同志们：

大家上午好！

今天，我们在这里举办高管人员领导力研修班。这次培训得到了××大学的大力支持，刚才××大学××书记给我们介绍了学校、介绍了办学理念，表达了深化合作的诚意和满腔热情。在此，我谨代表××集团有限公司，对××大学及×××书记、×××副主任表示诚挚的感谢！

借此机会，我讲两点意见。

一、加强干部培训是××集团深化改革、转型升级的急迫需要

现代企业的竞争归根究底是人才的竞争。很多事实已告诉我们：弱势企业要实现凤凰涅槃，要实现科学发展，要实现转型升级，仅仅依靠"产品品牌"取胜的老路子是走不通的，必须走"组织品牌"取胜的新路子。组织品牌就是要建设一支以科学经营理念指导的强大的团队。当前，××集团正处于深化改革转型升级的关键阶段，有一段较长爬坡越坎的路要走，这对干部队伍的素质能力提出了新的更高的要求；新一届集团领导班子承前启后，把原来提出的转型升级主要思路打通了，方向明确了，工作的着力点明确了，改革的重点明确了，所有这些新内容，我们领头人必须尽早全面理解和掌握，不然我们无法带领我们的五千多名员工推进转型升级的工作。

二、要勤学习，学以致用

今天在座各位学员是班子中人，必须从思想上高度重视教育培训工作，支持教育培训工作，提高教育培训工作的实效。今天我们这个班要带个好头，身先士卒练练兵，练出一套经验来。在此，我对大家提出几点希望。第一，要树立正确的学习观。首先要从思想上高度重视，要正确处理好工作与学习的关系，克服重干轻学、以干代学等错误思想，牢记"磨刀不误砍柴工"；其次要掌握科学的学习方法，要克服事务主义、形式主义、本本主义和机会主义的影响和干扰，把学习作为一种持之以恒的工作方法和生活态度。最近我们到××单位考察学习，发现他们每周一晚上全系统进行视频学习，互动学习，并且经常有考试。人家把学习当成一种生活态度，不学习生活就崩了一角，不学习工作上没了方向，没有动力。所以，静下心来学习是一种福利，学校安排了七个讲座专题，我们要珍惜这次机会。第二，要学以致用。通过现代企业风险管理、现代公司法人治理及当前经济热点、行业重点知识，科学把握当前宏观经济发展趋势和本行业发展规律，将学习成果运用到集团转型升级，科学发展中，不断提高我们的管理和服务水平。

三、要不断提高履职水平

在座各位都是高管，肩负着管理和运营集团各分公司的重要职责。我们在调研中发现，有的高管思想顾虑较重，自认位虚权小，不敢动真碰硬，这对集团公司的健康发展都是很不利的。这次培训是2009年以来集团高管人员的首次集中培训，希望通过持续的培训，帮助大家更好地做好角色定位，拓宽视野，进一步增强政治意识、大局意识、责任意识、忧患意识和合规意识，提升履职能力，为集团改革发展保驾护航。

希望大家珍惜这次培训机会，加强学习交流，相互取长补短，促进共同提高，真正做到学有所获，学以致用。最后，祝愿大家身体健康，工作顺利，家庭幸福，生活愉快。

解析： 上述会议讲话，从开场白到最后的结尾，节奏掌握得很好。讲话内容紧密结合实际，层层递进、逻辑清晰、言辞恳切、情感真挚，堪称佳作。写发言稿时，可以用条例式的写法，即用一、二、三、四等一条条分别阐述，这样可以让听者有个思想准备，便于下面听讲更清楚。还有，切记不要将工作报告等直接作为发言稿，因为报告一般理论性比较强，听起来比较枯燥；也不要将发言稿写成工作总结，因为发言稿一般会有一个中心论点，不必像工作总结一般面面俱到。写发言稿时，少写"正确的废话"，多使用新提法、新材料、新案例，要注意理论与实践相结合，不要与实践工作太脱节，不然缺乏亲切感，也难以令人信服。

6.2 会议致辞

6.2.1 会议致辞的概念和分类

会议致辞是各级领导、参会代表在各种会议上所发表的，主要用于传递信息、交流感情、增进友谊、营造环境、活跃气氛的简短讲话。为领导出席会议、参加活动准备高质量的致辞文稿，已成为文秘工作者的必备素质之一。

常见的会议致辞有节日致辞、庆祝致辞、欢迎词、答谢词、文体活动致辞及开幕词、主持词等。会议致辞一般简短有力，富有号召性、鼓舞性，语言明快，有鼓舞人心的作用。

6.2.2 会议致辞的写作要点和范文

会议致辞一般由标题、称呼、正文、结尾四部分组成。

标题可以写成公文式标题，比如"在×××现场会上的致辞""×××同志在2018年全市×××联席会上的开幕词"等；也可以写文章式标题，比如"高举旗帜，奋力向前"，标题正下方可以写上会议或活动名称、发表致辞的时间，用圆括号括起来。如果标题中未写明致辞人的姓名、职务，则可以统一写在标题的下方。

致辞的称呼一定要讲究礼仪，若提及领导或重要嘉宾，则要将人名写全，要使用尊称，可在姓名后加上职务、职称等，比如"尊敬的×××部长"。一般致辞对象除了重要领导和嘉宾外，还有参加会议和活动的人员，那我们也要根据具体情况加称呼，比如"各位来宾""女士们，先生们""小朋友们"等。

正文的第一部分，可以简要说明一下会议或活动的背景、概况，并对来宾表示热烈欢迎，表达诚挚的问候或感谢。接下来，可以简要介绍一下会议或活动的主题，分步骤阐述相关情况和业绩。致辞的言辞一定要谦和，不可脱离实际，切忌旁征博引、长篇大论，一般将篇幅控制在2000字内为宜。

结尾部分一般就是一两句话收尾。比如，"谢谢大家，祝大家工作顺利"之类的。

范文 6-2

××机关公司××董事长在民营企业发展高端论坛上的致辞

尊敬的晏××教授、江××主任，尊敬的各位领导、各位嘉宾、各位客户朋友，尊敬的××大学博研班的老师、同学们及××集团公司的同人们：

大家下午好！

今天，我们在这里欢聚一堂，共同举办一场民营企业发展高端论坛，主要聆听晏××教授题为"用现代化产业链理念认识国有和民营经济"的演讲，与大家共同展望民营企业发展的未来，这对于还在成长、谋求转型、希望升级的××集团公司就是一场及时雨，就是一盆雪中碳。我的心情既充满急切和激动，也充满期待和喜悦。

首先，让我们用热烈的掌声感谢主讲嘉宾××大学晏××教授的亲临，并允许我代表××集团公司向晏教授鞠躬以表示衷心的感谢和崇高的敬意！同时，我代表××集团公司全体同人对各位领导、嘉宾、朋友们的光临、指导、帮助和支持表示热烈的欢迎及衷心的感谢！

这些年来，××集团公司一直在努力，努力探讨一条合作下海创业走技工贸之路的民营企业发展之路；我们一直在坚持，坚持用知识创造财富、用技术回报社会、用文化弘扬道德；我们一直在进步，进步在对技术创新的追求、对管理的提升、对团队的建立、对市场的拓展、对客户服务的追求，对企业文化的塑造。

××集团公司的努力、坚持与进步赢来了成千上万名客户的认可与支持，我们的产品伴随着广大客户的产品，走向五湖四海，可以说挥洒天地、扮美人间。我们的努力、坚持和进步也得到了社会的承认，得到政府主管部门、社会各界对千江的理解、关怀与鼓励。我们的努力、坚持和进步也凝聚了一批批精英，使××集团更具有吸引力、更有影响力、更富竞争力。

当下，尽管我们因人力成本、原材料成本的刚性上升，因为经营费用、融资费用的居高不下，还有通胀压力的一再加大，面临重重困难，但我坚信市场经济的前景会更灿烂，民营经济的未来会更美好。

感谢社会各界的关心和支持！站在新的起点，我们会继续努力、坚持和进步，为客户创造最大的客户价值，为社会实现更大的社会价值！谢谢大家！

解析： 与党政公文不同的是，会议致辞可以恰当使用比喻、排比等修辞手法，可以大胆抒情，以增加演讲的气势，让听众听得振奋。如果我们写的是主持词，还要注意通过控制主持词的长短来把控会议或活动的流程，给各个环节留够时间。在写致辞时，用词、口吻一定要注意场合。

6.3 会议议程

6.3.1 会议议程的概念和分类

会议议程是将整个会议议题性活动的顺序做一个总体安排的文件。会议议程一般跟会议通知一起发出或是写进"会议指南"供参会代表知晓，一般都用点列式的方式书写，把某次会议（论坛）将要讨论的事项罗列出来，方便与会者知晓或提前做准备。仪式性、辅助性、耗时短的活动，一般不需要写会议议程，但会期满一天以上的会议或活动，都应当制订会议议程表。

会议议程与会议日程是不一样的，后者是将各项会议活动（包括仪式性、辅助性活动）落实到具体的单位时间而形成的文书或表格，方便会务人员在执行会务时使用。

会议议程按照书写体例的不同，可分为文档式议程和表格式议程。在实践中，多使用表格式议程。

6.3.2 会议议程的写作要点和范文

会议议程中一般要写明会议名称、会议日期和时间、具体的会议地点、会议讨论和通过的事项、领导或嘉宾的讲话安排，等等，一般随会议通知、会议指南、会议资料等发给参会代表。若会议通知、会议指南中已有会议名称、日期和时间、具体的会议地点等信息，则议程中无须再重复注明。议程没有固定的格式可遵循，但大多需要将议事程序、列入会议的各项议题及时间安排写清楚。

范文 6-3

第十三届全国人民代表大会第三次会议议程
（2020年5月21日第十三届全国人民代表大会第三次会议预备会议通过）

一、审议政府工作报告

二、审查2019年国民经济和社会发展计划执行情况与2020年国民经济和社会发展计划草案的报告、2020年国民经济和社会发展计划草案

三、审查2019年中央和地方预算执行情况与2020年中央和地方预算草案的报告、2020年中央和地方预算草案

四、审议全国人民代表大会常务委员会关于提请审议《中华人民共和国民法典（草案）》的议案

五、审议全国人民代表大会常务委员会关于提请审议《全国人民代表大会关于建立健全香港特别行政区维护国家安全的法律制度和执行机制的决定（草案）》的议案

六、审议全国人民代表大会常务委员会工作报告

七、审议最高人民法院工作报告

八、审议最高人民检察院工作报告

九、其他

范文 6-4

20××年××局信息工作会议议程
（20××年9月24日）

时间		会议内容	主持人	地点
上午	9:30—10:45	1. 局长陈××讲话 2. 副局长高××做年度工作报告 3. 举行20××年度信息先进集体和个人颁奖仪式 4. 先进经验介绍：A、B、C分局局长	曾××	1号楼15楼大会议室
		茶歇，中场休息15分钟		

续表

时间		会议内容	主持人	地点
上午	11:00—11:30	××处李××处长做当前国际经济形势分析并做会议小结	王××	1号楼15楼小会议室
下午	14:30—18:00	××大学×××副教授对信息员进行写作培训	陈××	1号楼15楼小会议室

解析： 以上两份会议议程，一份为文档式，一份为表格式。会议议程的内容与主讲者的先后顺序，要反复确认，确保无误。当会议议程较多时，需要区分出轻重缓急，并在时间、人员上做出更合理的安排。

6.4 会议提案

6.4.1 会议提案的概念和分类

会议提案是指在召开重大会议时，与会人员以书面形式提交会议讨论和决定的建议类文书。这类文书一般是按照法律和章程的规定提交的，比如《第×届全国人民代表大会第××次会议第×号提案》《××股份有限公司八届一次股东大会暨董事会第××号提案》，等等。提案一般有人民代表大会提案、股东大会提案、党员代表大会提案、职工代表大会提案，等等。

6.4.2 会议提案的写作要点和范文

提案的标题一般不采用"事由+文种"的方式，而是由"单位名称+会议名称+提案号"组成，比如《××县政协十二届四次会议第××号提案》。

提案正文一般由案由、理由、对策、提案人等组成。案由部分一般需要简明地介绍所提的建议和意见，采用公文式标题的写法，比如"关于信用制度建设重在教育的提案"。

提案的正文还需要写清楚理由，即"为什么要写作这个提案"，通常需要说明问题的概况和性质，并指出解决该问题的紧迫性、必要性。接下来写对策，即对所提问题给出解决方案，并列出具体的解决措施、步骤。文末右下角需要注明提案人的名称和日期。如果是个人提案，要写清楚个人姓名；如果是集体或单位提案，要写清楚集体或单位的全称。

××县政协第十届委员会第三次会议第8号提案

案由：关于收回公交经营权由政府统一管理的提案

我县现有城市公交车22辆，全由私人出资购买，产权属于车主私人所有，分别挂靠在3家公司管理，其中A公交公司10辆，B公司10辆，C公司2辆，挂靠公司只收取管理费及其他代收税费。现在县城只有三条公交线路：1路从×山下—××大桥—火车站往返；2路从×山下—××大街—××大桥—火车站往返；3路从××村—××东路—××村往返。

随着我县城市规模的不断扩大，仅此三条公交线路已经不能完全满足人民群众出行的需要，原定2008年8月要开通公交环城路线，但至今仍未能开通。随着××大桥桥头、××苑、××医院等工程的竣工，开通环城公交线路已迫在眉睫。

我们在调研中发现，迟迟不能开通环城路线的真正原因是开通环城路线必定要增加公交数量，增加公交数量要影响私有化产权车主的利润最大化，他们就要减少利润空间，同时也影响着B公司开往××山口方向的客源。在现有利益的驱使下，一部分车主坚决反对环城线路的开通，他们到外上访，要求自己成立公交公司，以达到公交完全私有化的目的。

城市公交汽车是与人民群众生活息息相关的重要交通工具，它是最大民生问题之一。而我县道路狭窄、县城人口密集，私家车日益增多，县城交通严重堵塞，发展城市公交事业可以缓解交通压力，合理利用资源给老百姓带来真正的实惠。为此，我们建议：

一、请县政府利用公共财政，收回公交工具经营权，由政府统一管理。公交应作为政府行为为广大人民群众服务，真正体现公共财政取之于民、用之于民。

二、城市道路是公共资源，不能作为一部分人谋取利益的工具，改革现有的体制，由私有化转变为公有化，才能为老百姓谋取利益。

借鉴其他城市转变经营模式，如 X 市、Y 市等地方的成功经验。

政协委员：××

20××年3月×日

解析：以上会议提案，结合实际、直击痛点，理由陈述充分，体现出了解决问题的紧迫性和必要性，办法和措施切实可行，明确具体。我们写提案时要注意，不要胡编乱造、乱发牢骚，而是要本着"解决问题"的态度，提出科学合理的建设性意见。

第 7 章
礼仪类文书

- 7.1 书信类文书 / 197
- 7.2 慰问类文书 / 204
- 7.3 倡导类文书 / 212

礼仪类文书是指公务人员在处理公共关系和进行社会交往活动时所使用的文书，它主要用来表达礼节、交流沟通和处理相关社交事务。礼仪类文书大概可以分为两大类：一类是书信类文书，比如用来交流信息、商讨事宜、研究问题等的邀请函、申请书、感谢信等；另一类是慰问类文书，主要表达对好人好事的赞颂、祝贺或对丧事的慰藉，比如贺信、悼词等。

7.1 书信类文书

7.1.1 邀请函

邀请函是党政机关、企事业单位、社会团体或个人邀请其他单位或个人参加重大会议、重要活动或办理重要事项所使用的文书，又称邀请信。邀请函既有通知的性质，又有请柬的性质，但不具有通知的指令性，只要求被邀请对象知晓即可，被邀请对象可自行决定是否出席。

邀请函的标题可以为《邀请函》《邀请信》，也可以写明发函原因和文种，比如《关于出席×××活动的邀请函》。

邀请函的称谓，是指被邀请的单位名称或个人的姓名，一般要顶格书写和加尊称，以示尊敬。称呼后面加注冒号。邀请函的正文通常需要写明举办会议或活动的主题、内容、目的、时间、地点、方式、参加人员及被邀请对象需要配合做的工作等，行文要简洁明快，措辞要热情文雅。结尾处要求写上期请用语，比如"敬请光临""致以敬意"等。落款要署上邀请人的名称或姓名，署上发文日期。如果邀请人是单位，还应加盖公章，以示慎重。

××公司20××年客户答谢会邀请函

尊敬的××阁下：

过往的一年，您是我们一直关注和支持的财富主角。为了感谢您一年来的大力支持，我司特于20××年12月26日在××大酒店3楼举办20××年度客户答谢会，届时将有精彩的节目和丰厚的奖品等待着您。活动简易流程如下：

（略）

……期待您的光临！让我们同叙友谊，共话未来，迎接来年更多的财富，更多的快乐！

×× 公司（公章）

20×× 年 12 月 18 日

解析：该邀请函写明了活动主题、时间、地点，措辞热情，能使被邀请对象感觉到诚意和被重视。会议和活动的各种事宜应当在邀请函中写清楚、写周详，会议议程可以视邀请函的制作形式，以附件形式处理。出席会议或活动若需要票、证、券等物，也应同邀请函一并送给被邀请对象。若会议或活动地点对受邀嘉宾而言比较生僻，则应标明地图、交通路线及乘车方式等。差旅费、活动经费开销、被邀人应该提前准备的表演、材料、发言等也应在邀请函中交代清楚。总之，写邀请函时，我们要尽量站在被邀请对象的角度，尽量想得周全一些。

7.1.2 推荐信

推荐信又称为推荐书，一般指党政机关、社会团体和企事业单位向有关单位或部门举荐人才使用的介绍性文书。推荐信一般带有引荐性质，个人求职时用到的自荐信不属于推荐信。推荐信按照用人性质的不同，可以分为领导人选推荐和专业人才推荐；按照书写体例的不同，可以分为信函式推荐和表格式推荐两种。

推荐信的标题可以写"推荐书""推荐表"。受文对象的名称要顶格书写，加尊称，其后用冒号。信函式推荐信的正文需要先介绍推荐理由和根据，阐述清楚"为什么推荐"的原因，再以"兹将该同志的主要情况介绍如下"的过渡语，转入主体部分。推荐信的主体部分需要写清楚被推荐人员的简历、工作表现和业绩，最后要写出明确的推荐意见，结尾用"希望考察、任用"或"盼复"等用语。表格式推荐信一般由人事部门自行设计，一般包含被推荐人的基本情况、简历、工作表现、各级领导或部门（单位）的审查、审批意见，审查和审批意见一般需要签名、盖章。

范文 7-2

推荐信

××集团公司公开选拔党群干部领导组：

  近闻贵公司拟在全国范围内招聘一批中层干部，现推荐黄××赴你处待聘，望予以采纳任用为幸。

  被推荐人，黄××，男，现年34岁，现任××公司驻上海办事处负责人。该同志毕业于××大学，最高学历为硕士研究生，获得××××等级证书。该同志对××业务比较熟悉，有较高的管理水平和较强的业务能力，其所在办事处去年完成××总公司下达的拓展任务的300%，办事处销售额占比达总公司的40%以上，销售额和利润皆创近年来新高。因个人原因，他想寻求更好的发展平台和空间。他的资历、履历均符合贵单位的招聘要求，我相信他可以胜任贵公司××部门的管理工作。

  切盼尽快回复，祝一切顺利！

推荐人：张××
20××年5月9日

解析：该推荐信为信函式推荐信，写明了推荐的理由和依据。撰写推荐信的人员应该认真负责、出于公心、实事求是地介绍被推荐人的情况，不要加入个人好恶，更不能未经单位、组织的同意以单位、组织的名义制发推荐信。

7.1.3 申请书

  申请书是一种专用书信，是个体或单位向其他单位和组织表达申请愿望，或者下级单位向上级单位有所请求时使用的一种文书。一份申请书只能表达一个申请诉求，要写清楚申述要求，态度要郑重，不可出尔反尔。按照申请内容的不同，申请书可以分为加入组织申请书、出国留学申请书、转学申请书、求职申请书、开业申请书、项目申请书、取消处分申请书，等等。根据书写体例的不同，申请书可分为文档式和表格式两种。

申请书的标题可以只写"申请书"三个字,也可以写明具体的内容,如"入党申请书""入团申请书""开业申请书"等,但一般不写"关于……的申请书"。标题下方空一行顶格处写接受申请书的组织、单位、领导名称,称呼后加冒号,比如"××党支部:""×× 书记:""×× 会长:"等。正文一般先写提出申请的原因,再明确提出请求,最后再做一个表态。结语可以写上"请接受我的申请"、"请组织帮助我、考验我"或"此致敬礼"之类的话。落款要写明申请人姓名或申请单位名称。为表郑重,个人可以亲笔签名或加盖私章,单位可以加盖公章。署名下面要写明申请日期。

范文 7-3

入党申请书

敬爱的党组织:

我志愿加入中国共产党,愿意为共产主义事业奋斗终身。

中国共产党是中国工人阶级的先锋队,同时是中国人民和中华民族的先锋队,是中国特色社会主义事业的领导核心,代表中国先进生产力的发展要求,代表中国先进文化的前进方向,代表中国最广大人民的根本利益,党的理想和最终目标是实现共产主义。当中国陷入内忧外患、灾难深重之中的时候,无数志士仁人为寻求救国的出路而做出各种探索,为中国的独立和富强献出了生命。但无论是农民阶级、资产阶级还是小资产阶级及其政党都没有也不可能找到一条真正的出路。1921 年中国共产党诞生了!她的诞生立即使中国革命的面目焕然一新。在党的领导下,中国人民历经了千难万险,摧毁了三座大山,取得了新民主主义的伟大胜利,建立了社会主义新中国。

中国共产党从她成立之日起,一直忠实代表工人阶级和各族人民的根本利益,全心全意为人民服务;她具有远见卓识,能把握社会历史发展的客观规律;她具有严密的组织性和纪律性,能够坚韧不拔地团结奋斗;她具有实事求是、走群众路线、开展批评和自我批评等优良传统和作风;她善于总结和吸取经验教训,不断解放思想,勇于创新,开创社会主义现代化建设的新局面。

优秀共产党员也是中国人的典范。我清楚地记得,面对天灾的时候,面对危险的时候,到处都有中国共产党党员的身影,他们勇挑重担,永远冲在最前面,哪里最苦最累哪里最危险,哪里就有共产党员,他们用行动诠释了国家和人民对他们的要求，他们不负党和人民的信任，最终战胜了困难，取得了全面的胜利。这也更加坚定了我要成为一名共产党员的决心。

我曾简单地认为入党是一件自豪光荣的事情，现在看来，这种想法太过肤浅。成为一名党员固然是光荣的，但不仅仅意味着光荣，更意味着奉献与服务，同时还要经受住党组织的考验。许多共产党员的先进事迹更使我坚定了这一点。他们克己奉公，将个人利益置于国家和人民利益之后，以最大的热情最真挚的态度将有限的生命投入无限的为人民服务中去，他们无愧于党的好儿女。这让我深切明白正确的入党动机是正确行动的精神力量，只有端正入党动机才能使我们在未来的路途中经受住来自各方面的利诱与考验。

作为一名积极要求进步的大学生，我渴望加入这个光荣的组织，将自己的个人价值同国家和人民的利益更好地统一起来。

当然，我还有许多不足，即使这次没能获准入党，那我在今后的学习生活中也会不断地完善自我，认真学习理论知识，加强思想和世界观的改造，努力使自己在世界观上向党组织靠拢。要知道，一个人在组织上入党一生可能只有一次，但要真正在思想上入党却是一生一世的事。我一定会加强学习，提高自己的政治理论素养及党性修养，争取早日加入中国共产党！

申请人：××

20××年××月××日

解析：申请书一定要紧扣申请的主要内容，不要写冲淡主要内容的废话、空话及令人费解、误解的词汇。文字要朴实、精简、恳切，态度切忌高高在上，不可有任何命令性、威胁性的口吻。如果申请书需要用笔抄写，字迹一定要工整，书写要整洁，切忌龙飞凤舞或涂改太多。

7.1.4 感谢信

感谢信是受到对方的恩惠后，表达感谢之情的信函。例如，我们在受到邀请、接待、慰问及收到捐款、物资或得到帮助之后，可以向对方写感谢信。感谢信的主体，可以为单位，也可以为个人。

感谢信的标题，一般只写"感谢信"三字，也可以在标题中标明感谢对象，比如"致××(或××单位)的感谢信"。在标题下方写明感谢对象,顶格书写,加尊称,后面加冒号。正文可以只写两层意思,即**"为什么要感谢"**和**"直接表达感谢"**。结语可以写"此致敬礼"或"再次表达诚挚的感谢"之类的话,也可以自然结束,不写结语。

感 谢 信

社会各界爱心企业、人士及××镇疫情防控志愿者:

  面对严峻复杂的疫情防控形势,××镇党委、政府认真贯彻中央和省市县关于疫情防控工作的各项决策部署,严格落实属地主体责任,落实防控各项措施。全镇广大人民群众和社会各界闻令而动、挺身而出,勇挑重担、冲锋在前,义无反顾投身疫情防控保卫战,扎实做好排查摸底、卡口设置、消毒消杀等工作,严把责任关、输入关、舆论关口,织密织牢疫情防控安全网,科学精准做好常态化疫情防控工作,切实维护人民群众生命健康安全和社会和谐稳定。

  疫情无情,人间有爱。在全镇抗击新冠肺炎疫情的关键时期,社会各界爱心企业、人士守望相助、无私奉献、慷慨解囊,踊跃捐助消毒液、口罩等防疫物资及方便面、纯净水等生活物资。我们不会忘记每一份爱心带来的"硬核"支持,不会忘记每一声真挚问候饱含的深切关怀。是你们的鼎力相助,让全镇人民感受到了温暖和力量!我们将永远铭记这份守望相助、患难与共的人间真情!

  惟其艰难,更显勇毅。××镇广大志愿者奉献爱心、冲锋在前、传递真情,舍小家为大家,讲奉献勇担当,不分昼夜加班加点,开展人员排查、宣传引导、值守卡点等工作,用自己的实际行动践行初心和使命,为打赢疫情防控阻击战贡献力量。

  谨此,××镇党委、政府向所有关心、帮助、支持××镇疫情防控工作的社会各界爱心企业、人士和疫情防控一线的志愿者,致以最崇高的敬意和最诚挚的问候!让我们一起携手并肩、再接再厉,以更坚定的信念、更顽强的意志、更严密的措施,倍加珍惜来之不易的抗疫成果,共同守护人民群众的生命健康安全。

中共××镇委员会 ××镇人民政府
20××年11月××日

解析：该感谢信是以单位名义写的，写明了感谢对象，并写了事情经过，最后表达了感激之情。写感谢信，首先要准确、具体地叙述对方对自己的帮助，交代清楚时间、地点、人物、事迹、起因、经过、结果等。接着，可以适当评价和肯定对方的行为，然后再直接向对方表达谢意，也可以根据情况表达希望和号召。

7.1.5 表扬信

表扬信是党政机关、企事业单位、社会团体、公民个人对各条战线上的英雄、模范、先进集体和个人进行表彰的一种公开书信。相比感谢信，它的目的更多是树立文明新风，号召公众向这些先锋和模范学习。表7.1所示为感谢信和表扬信的区别。

表7.1 感谢信和表扬信的区别

类别	写作主体	发送对象	内容
感谢信	受益者写	可以直接发给施恩单位或个人	只表达感谢之意
表扬信	受益者、旁观者均可以写	可以发给施恩单位或个人，但同时也对外公布，达到公开表扬的目的	除表达感谢，还提出表扬，号召大家向被表扬者学习

表扬信一般分为两种形式：上级单位对下级单位和个人提出的表扬信，平级单位或组织对其他集体或个人提出的表扬信。前者多用于会议宣传、新闻宣传，后者可以张贴、广泛发送甚至利用新闻媒体进行宣传。下级单位一般不适宜给上级单位或个人写表扬信。

表扬信的标题可以直接写"表扬信"。称谓部分，若是表扬集体，可以写集体名称；若是表扬个人，可写"尊敬的××同志""敬爱的××老师"等；若是表扬某单位中的某个人，则应该写清楚单位名称和个人姓名，比如"××人民医院门诊部××同志"。若表扬信是拿来张贴的，也可以不写称谓。

表扬信正文一般包括事迹介绍、评价、表扬、希望、要求或号召等内容。事迹要典型、有说服力，重点要突出，写作脉络要清晰，对表扬对象的评价要到位，最后可以对表扬对象和单位群众提出希望和要求，号召大家向他们学习。此外，表扬信要署名和写清楚日期。

范文 7-5

表扬信

××市教育学院附属第×小学：

加强中小学生作业、睡眠、手机、读物、体质管理（以下简称"五项管理"），关系学生健康成长、全面发展，是深入推进立德树人的重大举措。为进一步落实教育部关于"五项管理"相关文件精神，切实做好全国中小学"五项管理"工作，根据《国务院教育督导委员会办公室关于开展"五项管理"实地督查工作的通知》（国教督办函〔2021〕37号），6月××日，国务院教育督导委员会办公室督查组赴你校进行了实地督查。

本次受检，时间紧、任务重，但你校作为受检学校，竭力克服困难，全校师生在方××校长的带领下，团结向上，锐意进取，勇于担当，"五项管理"工作的扎实做法和典型经验得到国家督导组同志的充分肯定和高度评价，为我市教育树立了标杆。

特此提出表扬！

××市教育局
20××年6月××日

解析：该表扬信写清楚了事情缘由，评价到位。表扬信要尽量介绍清楚来龙去脉，多写"实"，少写"虚"，不以大道理代替突出事迹。表达表扬时要恰如其分，不可扩大或缩小。文字风格要热情恳切，篇幅要短小。

7.2 慰问类文书

7.2.1 慰问信

慰问信是党政机关、企事业单位、社会组织和团体向有关方面和个人表达问候、鼓励、安慰的一种事务性文书。如果慰问信是以电讯的方式传达，就叫慰问电。慰问信主要是体现关怀、温暖和爱心，给人传达奋进的勇气、信心。

慰问信与感谢信虽然表达方式和书写格式类似，但两者也存在区别。表7.2为感谢信和慰问信的区别。

表7.2 感谢信和慰问信的区别

类　别	内容侧重点	受文对象
感谢信	重在表达感谢，多讲对方对自己的帮助和支持	可感谢单位，也可以感谢个人
慰问信	重在表达慰问，多讲自己对对方的鼓励和激励	多是对单位、集体和群众表达慰问，一般不针对个人

慰问信按照慰问原因和对象不同，可分为慰问先进、慰问受难者、节日慰问等。

由于慰问原因和对象不同，慰问信的写法不能千篇一律。例如，慰问先进时，要表扬、赞赏、激励；慰问受难者，要表达同情、安慰，鼓励他们克服困难；节日慰问，一般强调节日的意义，赞扬有关人员的成绩和贡献，并对今后的工作提出希望。

慰问信的标题可为"慰问信"或"×××致×××的慰问信"，称谓跟其他书信的写法一样。正文一般先写慰问原因、背景，然后叙述事实，最后再写结语，然后署名、署日期。

范文 7-6

××市司法局致转业、复员、退伍军人的慰问信

全局转业、复员、退伍军人：

你们好！值此中国人民解放军建军93周年纪念日来临之际，局党委谨向奋战在各个岗位上的你们及家属致以节日的祝贺和诚挚的慰问！

93年的光辉历史证明，党领导下的人民解放军始终是人民的忠诚卫士，是保卫国家安全的坚强柱石，是坚不可摧的钢铁长城。忆峥嵘，你们响应党和政府的号召，从祖国四面八方投身军营，用青春年华和满腔热血，为祖国安宁和人民幸福做出了卓越贡献；看今朝，你们转业不忘志、退伍不褪色，在不同岗位上传承红色基因，顾全大局、爱岗敬业，把人民军队的优良传统继续在深圳司法这方热土上不断发扬光大。

机遇蕴含精彩，实干成就伟业。当前，我局正在激活经济特区立法权、创建法

治政府示范城市、打造法律服务枢纽城市、建设合规示范区和法治先行示范区等领域"撸起袖子加油干"。有你们的参与，××市司法大家庭才更有力量。

今年以来，新冠肺炎疫情肆虐，你们听党指挥、闻令而动，勇挑重担、敢打硬仗。有的坐镇指挥，紧盯全局尤其是监所防疫安全；有的发挥专长，为依法有序防控疫情提供法律保障；有的率先垂范，首批参加监所封闭执勤备勤；有的克服困难，坚持对外提供公共法律服务；有的不惧风险，主动请缨奔赴社区一线；有的不计得失，为市民群众和企业免费提供法律咨询；有的甘当"老黄牛"，临退休仍不下火线……你们用实际行动当好了人民生命安全和身体健康的捍卫者、守护者。

监所是我局转业、复员、退伍军人工作的主战场，也是疫情防控的重中之重，你们发扬了模范带头作用，确保了监所在疫情最严重时"零感染"；常态化疫情防控期间，你们依旧当好榜样、做好表率，讲奉献、顾大局，步调一致，用实际行动诠释了军人的本色和担当。在此，谨向你们表示衷心的感谢和崇高的敬意！

今年，是深圳经济特区建立40周年，是实现中国特色社会主义先行示范区关键之年。我们司法行政人肩负法治城市示范新使命。衷心希望你们继续秉承军人本色，永远听党话、跟党走，牢固树立"四个意识"，坚定"四个自信"，坚决做到"两个维护"，胸怀发展大局，勇于担当作为；继续发扬军人的拼劲、韧劲、干劲和冲劲，以"首战用我，用我必胜"的军人作风，不忘初心、牢记使命，为我市司法行政事业的高质量发展再立新功，为我市"双区"建设做出新的更大贡献！

祝同志们节日快乐，身体健康，工作顺利，阖家幸福！

中共××市司法局委员会
20××年7月××日

解析：这封慰问信的收文对象是转业、复员、退伍军人。开头先借建军节与转业、复员、退伍军人产生"共情"，接着再评价他们在司法系统的贡献和在抗疫过程中的突出表现。全文感情真挚、深厚，行文质朴、流畅，语气诚恳，能让读者感受到莫大的关怀和鼓舞。慰问信一般允许适当抒情，不套用刻板的、缺乏温度的公文语言。

7.2.2 答谢词

答谢词是对主办方、东道主的热情接待和帮助表达感谢的事务性文书。答谢词的标题一般为《答谢词》《×××在××会议（或论坛、活动）上的答谢词》《在××会上的答谢词》。称谓一般把所有对象都囊括进去，比如"尊敬的女士们，先生们""同志们""朋友们"。正文一般先表达对对方的感谢和致敬，接着强调对方曾经给过自己的帮助和支持，最后再表达感谢、祝福及与对方缔结更深关系的愿望等。

范文 7-7

答 谢 词

尊敬的×××先生及来我校考察的诸位爱心人士，尊敬的各位领导：

首先，我代表受赠的××市第××中学的全体师生，对各位前来出席捐赠仪式表示热烈的欢迎和诚挚的谢意！

××市第××中学是一所九年一贯制学校。小学生占全校学生数的66%，主要为××市××区城市周边农村及外来务工子女服务。学校的发展离不开社会各界的支持，2007年台湾地区著名企业家×××先生就捐资155万元，为学校建设了一座2800平方米的小学教学楼，即将交付使用。这次××省××慈善基金会董事长、××有限公司董事会主席×××慷慨为学校捐赠15万元，也是优秀企业爱心浇注教育的体现。

×××先生捐赠的15万元，学校将用于购置装备小学科学实验室，让寻常百姓家的孩子有机会在科学的殿堂自由翱翔，培养对科学的兴趣。如果这一设想能够实现，未来这里许许多多的孩子，一定会成为像各位一样杰出的人才。

再一次感谢×××先生和诸位爱心人士的帮助，感谢各位领导长期以来对我校工作的支持。我们一定会努力办学和学习，积极回报社会，把爱心的接力棒传递下去。

最后，祝愿好人一生平安！谢谢！

×××

20××年××月××日

解析：答谢词一般是在东道主、主办方及主致辞人致辞后应答、回应，篇幅最好能与主致辞人一致或偏简短一些，切忌长篇大论，耽误与会者的时间。写答谢词最好要照顾主致辞人的致辞内容，表达尊重，同时要照顾当地的民情、风俗和语言习惯。

7.2.3 贺信

贺信是表示庆贺的书信。一般当单位、个人有喜事发生时，我们都可以用贺信的形式表达祝贺。如果贺信是以电报的形式发出的，一般被称为"贺电"。当然，贺信和贺电也存在着微小的差别。表7.3所示为贺信与贺电的区别。

表7.3 贺信与贺电的区别

类别	传递方式	篇幅	使用范围
贺信	书信形式，可以寄发，也可以送达，甚至可以张贴（用红色纸）	和普通书信一样。为了把意思表达得更清楚，可以写长一些	使用范围很广泛，可以祝贺单位、家庭、个人，可以祝贺会议或活动顺利举行，庆祝领导任职，等等
贺电	以电信手段传递，使用方便、快捷	文字凝练，内容高度概括，切勿啰唆	当集体或个人取得重大成绩或突出贡献时可使用。个人和集体有喜事时也可以发贺电，但实践中应用得比较少

贺电多是以政府部门、企事业单位或首脑人物、代表人物的名义发给有关单位、集体、个人，可以直接发给对方，也可以通过登报或广播发布。国家和政党之间可以就重大喜事，互相发贺电。

贺信（电）标题可以为"贺信""贺电"。称谓写尊称、加冒号，正文开头概括说明庆贺缘由。不同贺信（电）的主体部分写法不同，比如，会议贺信主要介绍会议召开的重大意义，荣誉贺信可以赞扬对方取得的成绩和成果，祝寿贺信肯定对方功绩和精神。结尾一般表达鼓励、祝愿和提出殷切希望，最后署名和署日期。

范文 7-8

贺信

中国奥委会转中国体育代表团：

欣悉我市运动员万××与队友一起，在东京奥运会××××比赛中，不畏强手、奋勇拼搏，为中国体育代表团夺得一枚宝贵铜牌；我市运动员吴××，在××××接力比赛中与队友一起闯进决赛，并创造新亚洲纪录，为祖国和家乡赢得了荣誉，××人民倍感鼓舞。在此，谨向中国体育代表团，向万××、吴××及其教练员致以最热烈的祝贺！

衷心感谢国家体育总局对我市运动员的教育培养，我市上下将以此为动力，进一步加快推动体育事业的高质量发展和加强优秀体育人才的培养，为我国体育强国建设做出新的更大贡献。衷心祝愿我国体育健儿再创佳绩、再铸辉煌，为祖国赢得更多荣誉！

中共××市委　××市人民政府

2021年7月29日

解析：以上贺信（电），主题明确、中心突出，真正表达出了热烈祝贺之意，能给人鼓舞。通常，我们写贺信时要注意，不要言过其实，胡吹乱捧。贺信的语言要精练，篇幅也要简短一些，不可长篇大论。

7.2.4　悼词

悼词，又称祭文、祭辞、吊唁文，是表达对逝者的敬仰、怀念及对逝者家属的慰问的一种事务性文书。悼词可以在追悼会上宣读，也可以公开发表。悼词和讣告都属于祭悼类文书，但二者存在较大区别，如表7.4所示。

表7.4　悼词和讣告的区别

类别	写作目的	内　　容	发　布　形　式
悼词	主要表达悼念和缅怀	主要以追述、评价逝者生平事迹，表达对逝者的哀悼和敬意	多在追悼会上宣读，也可以公开发表
讣告	主要是报丧	主要介绍逝者去世的有关情况和通知举行悼念的时间与地点	可以张贴、发送，也可以利用媒体传播，张贴时一般用白纸黑字。若配有逝者遗照，则遗照一般为黑白照

悼词按叙述形式可分为记叙性悼词、议论性悼词和抒情性悼词，按文体可分为诗词类悼词、散文类悼词，按发布形式可分为宣读类悼词和书面类悼词。宣读类悼

词一般不需要在文末写明宣读悼词的人的姓名和日期。

悼词的标题一般就写"悼词"、"在×××同志追悼会上的悼词"或是"×××先生沉痛悼念"等。悼词一般不写称谓，正文一开头就直接渲染追悼气氛，接着介绍追悼对象的有关情况，比如姓名、身份、职务、死亡原因、死亡时间、死亡地点、终年岁数等。接着，对逝者生平经历和业绩进行概括叙述和评价，文风要严肃、凝重，要突出逝者的成绩、品德。接着，表达逝者的辞世带来的遗憾，号召生者继承遗志，以实际行动纪念逝者。最后，以"×××同志永垂不朽""×××先生千古流芳""×××的精神长存"等作为结束。

范文 7-9

讣　　告

××中学党支部书记、校长×××同志因病医治无效，不幸于20××年7月6日××时××分在××市逝世，终年51岁。今定于20××年7月8日××时在××殡仪馆火化，并遵从×××校长的遗愿，追悼仪式一切从简。

特此讣告。

××中学
20××年7月7日

范文 7-10

悼　　词

各位嘉宾、各位亲朋：

今天，我们怀着无比沉痛的心情，深切悼念我们尊敬的老校长×××同志。在此，我谨代表××区教育系统的各位同仁，对×××校长的逝世表示沉痛哀悼，并向其家属致以诚挚问候。×××校长在教育战线工作三十余载，精心培育桃李无数，高风亮节有口皆碑。他的逝世，使我们又失去了一位好领导、好老师、好同事，对此，我深表惋叹！

×××校长生于1970年7月9日，1990年参加工作，1996年加入中国共产党。1990—2000年，在××小学先后任教师、副校长；2000—2010年，在××中学任副校长；2010—2020年在××中学任党支部书记、校长；202×年因病退休，202×年7月6日因肝癌去世，享年51岁。

×××校长一生情系师生、爱洒校园，无论在哪所学校、哪个岗位，他都以学校为家，以学生为伴，以教师为朋，甚至在患病期间，还一直牵挂着自己工作过的每一所学校，一起战斗过的每一位同事。记得2020年教师节我们去慰问×××校长，那时他的身体已经比较虚弱，讲话也很费力，但还是不停地向我们问长问短，对学校、对老师、对学生的关切之情溢于言表。回首往事，×××校长音容宛在、笑貌犹存，但魂灵已飘然西去，怎不令人垂泪伤怀。

×××校长一生甘于清贫，尽职尽责，鞠躬尽瘁，堪称榜样。他三十年如一日，丹心育桃李、热血写春秋，将全部的爱和精力都无私地奉献给了自己的学生和事业，为××区乃至××市教育事业的发展做出了不可磨灭的贡献。他的崇高人格魅力，将永远留在每一个与他相处过的人的心中。

斯人已逝，苍天鸣咽，哀乐低回，亲朋落泪。我们怎能忘记他的举手投足？怎能忘记他的一颦一笑？怎能忘记他的忙碌身影？又怎能忘记他的谆谆教导？而今，他带着一切美好愿望、美好憧憬和对教育事业的无比眷恋，永远离开了我们，将要融入他深深爱着的这片土地。就让他静静地去吧，请所有的亲朋好友节哀。

人奔西土，音容宛在。×××校长虽然离我们而去，但是他的宽厚美德将长留我们心中，他的敬业精神将成为我们永远的学习典范。那么，就让我们化悲痛为力量，化哀思为坚持，继承×××老校长的遗志，踏着他的足迹继续前行吧！我相信，这将是对他在天之灵的最好告慰。清风浩荡，哀思长存，请老校长的家人节哀！也请×××老校长一路走好！

解析：从上面两个案例，我们可以看出讣告和悼词的差别。讣告一般比较简短，只写清楚基本事实或对逝者进行简要介绍，而悼词则对逝者生平介绍得比较详细，含大量议论性和抒情性内容。悼词作为具有"盖棺定论"性质的文章，一般要写得实事求是。若是以单位名义拟写悼词，则要经组织讨论或领导批阅方可公开。一般悼词中不宜写逝者生前的错误和缺点，但褒扬逝者时也切勿夸张，可选取最有代表性的业绩和细节来强调，不要追求面面俱到，同时要避免使用具有消极甚至迷信色彩的词汇。

7.3 倡导类文书

7.3.1 倡议书和号召书

倡议书是带头发出提议，发动和鼓舞大家去实施某种行动、践行某种信仰的文书。它具有发动群众，调动大多数人群策群力、团结互助解决某个问题、达成某个目标的作用。

倡议书标题可以只写"倡议书"，也可以写"×××关于……的倡议书""致……的倡议书"。称呼可以在标题下方顶格书写，也可以写在正文第一句。正文需要先总述倡议的原因、目的和意义，接着再写倡议的具体内容，可以适当阐述一些具有说服力的理由。结尾表达决心、希望和建议。落款注明写倡议书的单位和个人的名称、姓名和发起倡议的日期。

号召书的写法与倡议书一致，但号召书多是党政机关、企事业单位和社会团体在重大会议、庆典、活动、节日等到来之际，号召群众一致行动的专用书信式文书。号召书一般明确提出"要怎么做"或"不怎么做"，一般只提要求、办法，不展开阐述。在实践工作中，倡议书使用得越来越多，号召书也往往写成了"关于号召……的倡议书"。

范文 7-11

关于号召全县人民自我居家隔离的倡议书

全县广大人民群众：

当前，我县新冠肺炎疫情形势非常复杂严峻，为切实减少人员流动，有效阻断病毒传播途径，快速控制疫情的蔓延，现倡议：爱护生命，保护自我，保护他人，尽最大可能减少外出，主动实施自我居家隔离，自觉服从村（社区）管理，以实际行动支持疫情防控。现将有关注意事项提醒如下。

一、尽量做到不出门。为了切断传染源、降低流动风险，请您不出门、不串门、不聚会、不聚餐，不在街头闲逛、不走亲访友、不参加任何聚集活动。

二、非必要少出门。确有疫情防控需要、生活需要，每户家庭每天可指派1名成员出门采购，但需采取佩戴口罩、消毒杀菌、体温检测、小区物管或楼栋登记等必要防护措施。

三、快递外卖不上门。确有需求要网上购物，请您到小区物管处或楼宇门口自行领取快递或外卖，并做好消毒和防护工作，避免外来病毒输入或交叉感染。

四、居家隔离重防护。自我居家隔离期间，每人每天都要进行上、下午2次体温测量，遇有发热情况，及时告知所在村委会（社区）或乡医。同时，每天对卧室、厨房、厕所进行消毒。广大群众保持良好心态，多喝水，多用酒精消毒湿巾擦手，勤洗手，室内勤通风，注意个人和家庭卫生。

五、志愿服务送上门。广大党员干部要发挥先锋模范作用，物业管理人员、网格员、志愿者要发扬中华民族传统美德，主动关爱他人、奉献爱心，在有关组织统筹下，有序为有需要的人送货上门、送餐上门，传递温暖，传播正能量。

"千人同心，则得千人之力。"我们坚信，在中央省市的坚强领导下，全县上下勠力同心、同舟共济、众志成城，就一定能够打赢这场疫情防控阻击战！

××县防控新冠肺炎疫情工作领导小组办公室
202×年××月××日

范文 7-12

关于××花苑F栋集资加装电梯的倡议书

××花苑F栋的各位友邻：

××花苑位于××大道××地铁口附近，交通十分方便，配套十分齐全，小区楼房密度低、花园绿化好，但是有一个问题始终困扰着小区的家家户户，那就是小区建设时的历史遗留问题——所有楼栋均未安装电梯。住在这栋楼里，我们都有搬运重物的需求，很多人家里都还有老人、孕妇、病人、小孩，但二十几年来，我们上上下下都爬楼梯，这也成了最影响我们居住品质的事情。

房价高企，购新房不易，而安装电梯既可以提升房价、房租，还可以改善居住品质。多少年来，为了改善大家共同生活的小区环境，为了加强小区的安全管理，为了使咱们小区成为一个和谐融洽并富有人文素养的大家庭，多少热心业主纷纷站出来筹备业委会、设立小区业主微信群，督促物业公司积极履责、与"底商"交涉要求其控制废水和污水排放。如今，市政府发布了《××市既有住宅增设电梯试行办法》（×府办〔2012〕××号）文件，使得老小区业主通过增设电梯来改善生活质量的方案有据可依。于是，小区热心业主们又行动了起来，目前A栋、C栋的电梯增设方案已获通过，下月即将开工建设。

F栋是我们共同居住的家园，加装电梯对所有业主来说都是"百利无一害"。为了改善居住品质，提升全楼栋房产的价值，我们特提出此倡议，现急需您的支持！

为商讨F栋增设电梯的方案，请各户派出代表于7月12日（周二）晚19:30在F栋一楼架空层"熊猫雕像"处集合，并在《征求意见书》上表态和签名。

也请友邻们善意对待热心业主们的行动。热心业主们做这些事情，占用的都是私人的时间、精力，争取的却是大家的利益。您的理解和支持会给人鼓舞，但您的冷漠和旁观则可能会让热心业主心寒并不再愿意奔走。

希望我们大家携起手来，争取本楼栋早日成功加装电梯！

××（501业主）　×××（802业主）

20××年6月6日

解析：以上两份倡议书言辞恳切，提出了要求和办法，具有号召力。注意倡议书要在深入调查实际的基础上拟写，不可将不确定的消息当成事实写在倡议书里，不然会影响倡议书的公信力。倡议的内容要有针对性，最好能直击大部分人的痛点。倡议的内容要有说服性、鼓动性。比如，上述关于加装电梯的倡议书就从搬运重物和老弱病残孕出行不便、加装电梯的房产可以保值增值等角度增强说服力，描述热心业主"花自己的时间和精力为大家争取利益"的行动，则可以唤醒倡议对象珍惜热心业主劳动的意识。

7.3.2　建议书

建议书也称为意见书，是个人或团队针对某一个现实问题，向有关部门、组织和领导提出解决对策和建议的文书。它的写法类似于策论式文书，但比策论式文书要简短。

建议书的标题多为"建议书""关于……的建议书"，也可采用灵活式标题，比如"国家应设立航空事故调查组""××市小学生体能连年下降的问题亟待解决"等。

建议书的称谓部分要写明主送单位或个人，正文一般写三层意思：为什么提出建议？建议怎么做？希望建议被采纳和执行。结语可写可不写，下级对上级提建议时，可表达对上级的敬意、恳求、祝颂。上级对下级、党政机关对公众提建议时，可提出希望和要求。文末签署建议者名称或姓名，并署上日期。

范文 7-13

关于做好电商社区配送服务的建议书

各电子商务社区配送企业：

当前正处于疫情防控的关键期。为切实做好我市疫情防控和物资保障工作，进一步发挥电子商务在保障市场供应方面"远程交易交流""无接触式配送""小区自提"的优势，现向全市的电子商务社区配送企业发出如下建议。

一、充分利用专业市场、超市和电商平台的供应链渠道资源，全力协调，挖掘潜能，确保米面、粮油、鸡蛋、蔬菜、水果、副食及母婴用品等生活物资供应不断档、不断供。要不断丰富商品种类，保持价格稳定，保证产品质量，确保市民吃到用到新鲜、健康、安全、合格的产品。

二、在依法依规开展经营活动的同时，要切实做好电商平台的运行维护，保证平台平稳运行，满足消费者网上下单需求。要加强大数据、物联网等技术推广应用，分析网销商品结构特点，科学掌握商品库存，精准开展商品的调配组织和营销推广，加强技术支撑，提升消费者体验度。

三、根据消费者需求，在人员、配送车辆等方面加大投入，加强与小区、社区的对接，增加自提点数量，扩大服务范围，使配送服务惠及更多市民。

四、严格落实疫情防控要求，加强疫情管控，保障公共卫生、室内卫生，定时开展仓库、配送车辆等物理空间的消杀工作，确保商品和供应链安全。

五、要进一步提高从业人员的防护意识，严格做好员工卫生防疫防护工作，坚持每日两次体温测量，在分拣、配送、服务等工作过程中一律佩戴口罩和手套，做到勤洗手、勤消毒、勤通风。

六、加强与有关部门沟通，提升风险防控意识，对可能出现的生活必需品断供等异常状况和消杀物资短缺等情况及时上报，保障疫情期间服务的连续性。

让我们同舟共济、众志成城、凝心聚力、共克时艰，全力以赴抗击疫情，坚决打赢这场防控疫情阻击战!

××市商务局
20××年3月15日

解析:该建议书是上级对下级提出的建议,同时表明了希望和要求。建议书一般要围绕一个现实问题来进行写作,不可将多个问题放在一篇建议书里分析和提议。在写作之前,要对问题产生的原因、背景进行简单地调查,不夸大问题的严重性。提建议时,办法要切实可行,这样比较容易被采纳。

7.3.3 保证书和决心书

保证书和决心书是个人、单位为了响应上级和其他单位的号召而表态一定会做好相关工作、达成相关业绩、完成有关任务的文书。一般来说,保证书多用于保证行动、措施,决心书多用来表达必胜的信心和决心。决心书和保证书,可分为单位的和个人的。

标题一般写"保证书"或"决心书"的字样,也可以写明事由,比如"完成不良贷款清收工作的保证书""参加抗洪抢险决心书"等。

标题下面空两行顶格书写接受保证书和决心书的单位、组织、集体、领导,可以加尊称,后加冒号。正文要写保证的具体内容,或是一条条表决心。结语可以写"请监督""请批准""此致敬礼"等。文末右下方签署写作主体的名称和姓名,并署上日期。

范文 7-14

假期外出安全保证书

_____(收文单位):

本人×××,现为××大学19级武警国防生。在放假期间,我会严格按照学校的规章制度和国防生的日常管理规定来要求自己,并坚决做到以下几点。

一、离校返乡时,不在外地逗留游玩,不组织、不参与、不围观任何形式的游行示威活动,不发表有不良倾向性的言论,不接受境外媒体的采访。

二、谨记国防生身份,遵守国家的法律法令,遵守社会公德,不酗酒、不赌博、不滋事。外出时，不涉足不健康的场所，不去危险地带，不做有危险性的事情，时刻注意保持良好的对外形象。

三、外出游玩不穿军装，与人交往遵守部队保密规定，不泄露部队秘密。

四、注意收听收看新闻，关注时事，响应国家号召，不去有传染病疫情或其他危险地区。

五、按时归队，提前做好返校准备。

六、遇有特殊情况，及时向学校和选培办报告。

七、遵守学校和选培办放假期间对国防生提出的其他要求和规定。

放假期间的外出活动，属于我个人行为。如发生人身伤害等意外情况，与学校和选培办无关，一切后果由我本人负责。

特此保证。

保证人：×××
20××年7月15日

范文 7-15

灾后重建决心书

_____（收文单位）：

7月×日，××地区遭受了百年一遇的洪涝灾害，给当地人民的生命财产造成巨大损失。市委、市政府于××日紧急派驻帮扶工作组进驻灾区开展灾后重建工作，工作组会同乡镇积极协调各部门，全力开展灾后重建工作，社会各界纷纷伸出援助之手，帮助灾区人民一起克服困难，重建家园。

洪灾可以吞噬人的生命，却摧不垮××人民重建家园的意志。进驻灾区后，我们不仅仅看到了××人民因洪灾失去亲人、失去家园、失去往日幸福的那份悲痛，更看到了他们重建家园百折不挠的毅力和决心。这些信念深深地感动了我们，给了我们"不完成任务不收兵"的信心与决心，更给了我们克服困难勇往直前的勇气与毅力。在此，我们决心做到以下几点。

一、坚决按照组织要求，服从抗洪救灾指挥部的领导和指挥，坚决按照抗洪救灾和灾后重建的要求，全力做好各项工作。

二、克服一切困难，安心蹲点帮建，俯下身、铁下心扎根乡镇，帮助受灾群众渡过难关重建家园。

三、严格落实抗洪救灾七项纪律，严格要求自己，坚决不做违反原则的事，树立市直单位的良好形象，为单位增光添彩。

四、积极动员协调各方力量，立足部门优势，有创造性地开展工作，努力为帮扶乡镇争取政策及资金支持。

五、工作中密切协同配合乡镇，团结当地干部群众，齐心协力，共同做好灾后重建工作。

我们坚信，在抗洪救灾指挥部的正确领导下，在市编委办全体同事的大力支持下，我们有能力、有信心、有勇气坚决完成好此次灾后重建任务，以实际行动践行"两学一做"，回报灾区人民的信任，向组织交一份圆满答卷。

××市编委办驻××乡帮扶工作组

20××年8月××日

解析： 上述两篇范文都写得简洁有力，实事求是。我们在写类似的决心书、保证书时，要切实可行，不说大话，不胡乱拍胸脯保证自己做不到的事情。措辞用语不要消极低沉，而是要传达必胜、必能完成的信心和积极向上的精神风貌。

7.3.4 志愿书

志愿书是个人或单位向上级、领导、其他单位或组织表达愿望和提出请求时使用的文书。申请者表达欲加入某一组织或行动的愿望，即可书写志愿书。

志愿书标题多为"志愿书""入党志愿书""支援边疆志愿书"等。标题下方空一行顶格处写接受志愿书的单位、负责人的名称或职务、姓名。正文写清楚申请的理由和事项，表达想要强烈加入的愿望，结尾可以写"请……在实践中考验我""此致敬礼"等字样，文末右下方署名和署日期。

范文 7-16

抗疫志愿书

团县委：

  2020年的春节，在一场突如其来的阴霾下到来。从新冠肺炎病毒肆虐的那一天开始，我就一直在关注着并感动于各地的抗疫行动。作为当代青年大学生，我享受过国家九年义务教育，得到过国家给予的助学金，在成长过程中获得过好心人的帮助。基于此，我想在社会需要的时候，用自己的力量来回馈社会。

  在看到团县委发布的疫情防控志愿者招募公告后，我和同学互相联络，自发成立了××县返乡大学生疫情防控突击队。恳请团县委能够同意我们加入志愿者队伍，让我们贡献出一份属于自己的力量。我们将坚决服从党和政府的统一安排，到人民群众最需要的地方去，不怕苦不怕累，努力奉献，保护家乡人民！

  有些事情必须有人做，有些责任必须年轻一代来扛。我们无法控制生命的长度，但可以拓展生命的宽度。在这场抗击疫情的战斗中，我们也想有一分热就发一分光。愿天佑中华，天佑家乡！

××大学法学院学生（签名按印）：×× ×××……
20××年2月11日

  解析：该志愿书言辞恳切，表达了申请人的强烈愿望。写志愿书之前，要认真学习和了解所要加入的组织、团体的基本章程、工作要求，最好能结合自己的思想、实践经验谈谈对该组织或团体的认识及加入动机。少评价拟加入的组织，多强调自己的加入意愿。志愿书尽量写得朴实、郑重，无须使用太华丽的辞藻，以情深意切的口吻书写为佳。

第 8 章

经贸类文书

8.1	合同、协议	/ 221
8.2	标书	/ 226
8.3	分析报告	/ 230
8.4	项目可行性研究报告	/ 233

经贸类文书是指党政机关、企事业单位、社会团体和组织、个人从事经济贸易类活动时，用来反映商贸活动情况的一种专注于表达财经类信息的文书。它主要分为协议类、商贸类、财经类三大类，比如，合同属于协议类，标书属于商贸类，财务报告属于财经类。

8.1 合同、协议

合同或协议，是经济契约文书的一种，是由两个或多个民事主体设立、变更和终止民事法律关系的文书。签约双方（或数方）经协商，对某一个事项、问题达成一致意见后，即可签订合同或协议。这类文书的使用范围比较广泛，它具有凭证性质，对签约方均具有约束力。

协议和合同在实践中的用法是一样的，只是叫法不同，但合同是一个法律概念，在经济活动中使用合同的样式会更严谨。合同法将合同分为买卖合同、租赁合同、赠予合同、承揽合同、运输合同等，合同法规定的合同之外的合作形式及不涉及违约责任的合作，可用协议书的形式来体现。协议和合同都可以采用表格式、条文式或二者相结合的写法。

协议的标题可为《关于……的协议》《……项目协议书》，合同的标题可为"合作性质+合同"，比如《购销合同》《工程安装合同》等。标题下方，一般写协议双方的名称或姓名，并注明约定俗成的名称指代，比如"甲方""乙方""买方""卖方"，但不可以使用"我方""你方"。

引言部分需要写明签约依据、目的和意义，比如"为了……，根据……，经甲乙双方协商一致……"，接着再用"达成如下协议""签订如下协议"等过渡引语转入下文。

合同主体一般采用条文法表述，必要时可加入表格、照片。要按照双方或多方事先的约定，详细列明各自的权利、义务。比如，合同标的，数量和质量要求，价款或报酬，支付价款的方式、币种、时间，双方若不能履约的违约条款，合同履行的期限、地点，以及不可抗力条款、解决争议的办法，等等。

合同尾部要注明合同生效时间，签约方保存的合同份数。有些合同如果有附件，要在落款之前注明，并写清楚"本合同的附件、附表与本合同具有同等法律效力"等字样。

落款要写清楚签约方的名称、签章、签约代表姓名、法定通信地址、联系方式、签约日期和地点等。由于经济活动多种多样，合同的写法也有各自的特点、侧重点，拟定具体的合同时，还得视实际情况而定。

合同编号：××××××

广告招商策划总代理合同

甲　方：××××××
乙　方：××××××

甲乙双方在本着互惠互利、共同发展的基础上，依据《中华人民共和国合同法》之有关规定，经友好协商达成如下条款供双方遵守执行。

一、甲方委托乙方为×××（商业部分）项目招商手册策划的总代理，全权负责×××（商业部分）项目营销广告的策划。

二、服务内容（具体内容见附件）

三、收费标准

本合同的费用按单项算，详细价格见附件。

四、结算方式

甲方可采用支票或转账形式向乙方支付费用。乙方在每次收取费用前，应向甲方提供付款申请书并向甲方提供等值有效的普通发票（税率6%）。

五、权利义务

（一）甲方的权利义务

1.甲方有权对乙方提交的策划思路、广告方案、设计稿和乙方所有提交的书面工作文件及时以书面形式提出修改意见和建议，乙方据此进行修改、调整，直至甲方签字认可方可定稿，但甲方的建议与意见应尊重乙方的专业经验和知识，并应考虑乙方工作周期等因素，以便乙方有足够时间保质保量完成各项业务。同时，甲方应授权×××为代表（手机号码：139××××××××），负责与乙方沟通本项目，代表甲方对乙方提交的稿件进行审核和确认，以避免多头决策而导致工作质量、效率下降。

2. 在合同服务期内乙方服务过程中，由于工作需要所产生的差旅费用由乙方承担。

3. 甲方应积极配合乙方的工作，及时提供乙方所需的各类图片及文字资料，并对上述资料的合法性、真实性、准确性和完整性负责，如因甲方提供的资料侵犯第三方权益而引起法律纠纷，相关责任由甲方承担，乙方不承担由此产生的直接责任或连带责任。

4. 甲方应及时对乙方所提交的广告服务成果和其他书面工作文件提出修改意见和建议。甲方应保证反馈意见的准确、统一与清晰，乙方据此进行修改、调整，直至甲方签字认可。若因甲方原因造成定稿后再次修改等，进而引起工作延误，乙方不承担相关责任与损失。

5. 甲方在提出各种正式建议与意见时，应采用包括电子邮件和传真在内的书面方式，以增进沟通效率及方便未来查证。

6. 甲方对乙方工作质量及工作进度有考核、调整的权利，甲方对乙方工作进度的调整应切实可行。

7. 甲方应按时向乙方支付广告服务费。如因乙方自身原因（包括但不限于各种非不可抗力原因造成的工作文件传递不及时等）延迟完成工作任务，甲方有权相应延迟广告服务费的支付时间并不承担任何责任。

8. 服务期内，该项目与本合同有关之整合推广工作（详见附件），原则上甲方不得委托第三方完成，但部分具体工作（如现场包装、部分作品制作、部分平面设计工作等）甲方可视需要自行委托第三方完成，乙方应积极给予配合。第三方对其完成作品没有署名权。

（二）乙方的权利义务

1. 乙方承接甲方广告策划代理业务，应尽职尽责为甲方服务，按时、按质、按量完成甲方委托的各项策划、设计、制作和代理业务，并为甲方资料保密。

2. 乙方应主动提前向甲方索要各类工作所需的相关资料，并按甲方确认之正稿进行输出、制作、发布等业务，若完全因乙方原因导致成品与甲方确认之正稿不一致，从而致使甲方受损，乙方应赔偿甲方本次成品的直接损失。

3. 如因乙方的原因影响甲方工作并造成甲方损失的，甲方有权从单项策划设计费用中扣除一定的金额（具体扣除金额根据项目损失程序、责任大小等实际情况并经甲乙双方协商来决定）。

4.乙方所有策划方案及相关建议方案以书面或电子文档形式向甲方汇报。

5.乙方需与甲方保持紧密联系，经常与甲方交流。

6.若甲方未能按本合同约定时间付款，乙方有权单方面暂停设计、制作、发布代理等实质性工作，由此给甲方带来的任何损失，乙方概不负责。

7.乙方享有按时收取广告服务费的权利。如因甲方未按本合同规定的时间付款而导致撤版或罚款等经济损失，由甲方承担。

8.乙方对甲方提供的公司资料、项目资料和图片、图纸不得泄露给第三方。乙方因自身宣传之需而需采用甲方资料和图片、图纸等须先征得甲方的书面同意。

9.乙方保证为甲方提供的一切广告服务成果不会违反相关法律，不会侵犯第三方的权利，不会致使甲方因使用该广告服务成果而遭受行政处罚、承担侵权责任或有其他任何不良影响，否则，视为乙方违约，乙方须承担赔偿甲方因此而遭受的损失、为甲方消除影响等责任，且甲方有权解除本合同。

10.乙方应于本合同签订之日成立本项目专案小组，并指定×××为负责人（手机号码:139××××××××），负责与甲方沟通本项目，代表乙方签署相关文件等。

11.乙方在甲方每次办理付款前2个工作日将此阶段完成所有设计以刻录光盘的形式提供给甲方。有关工作成果移交标准见附件。如果乙方延期提交工作成果，付款时间相应顺延。

六、违约责任

1.乙方的有关报价资料若未经甲方签字认可，乙方就进行单独成品制作或媒介发布，均视为乙方违约，由乙方承担全部责任。

2.乙方除不可抗力之因素外，应按本合同或各分项合同或附件约定之要求，完成各项工作，否则视为乙方违约。甲方有权单方面终止执行本合同或各分项合同或附件，及对乙方进行索赔。

3.合同经双方签字盖章后，非因乙方自身原因，甲方无故中途终止执行合同的部分或全部内容，乙方有权书面通知甲方及时纠正。如甲方不能在合理的时间内纠正，则视为甲方违约，由此给乙方造成的一切经济损失由甲方承担。

4.如甲方未能按本合同或各分项合同约定的时间内付款，使乙方不能及时开展各项工作，因此而给甲方造成的工作延误或影响，乙方不承担任何损失或责任。

5. 违约金：若甲方逾期7日仍未付款，则须自本合同或各分项合同约定的付款时间算起，每日按拖欠款金额的3‰向乙方支付违约金。若乙方超过约定的日期七天仍未完成甲方指定之工作任务，则须自逾期之日起计，每日按甲方此阶段应付款金额的3‰向甲方支付违约金。

七、知识产权

1. 甲方依约支付给乙方相应的广告服务费后，甲方即享有乙方收集和制作的与该项目有关的工作成果及全部资料的所有权。本合同期满前5日内，乙方应无条件向甲方返还甲方提供的原始图片、文字资料等。

2. 乙方保证为甲方设计制作的广告服务成果不侵犯第三方的知识产权、肖像权或其他权利，否则由此产生的侵权责任由乙方承担。给甲方造成损失的，甲方有权要求乙方赔偿，且甲方有权解除本合同并不承担任何责任。

3. 非经甲方书面同意，乙方不得在与该项目无关的情况下使用因本合同而产生的广告服务成果。

八、保密条款

1. 甲乙双方互负保密义务，未经对方书面许可，不得向第三方泄露对方商业秘密、工作计划、业务资料及交易情况。

2. 因一方违反保密责任之约定使另一方受到损失的，违反保密责任的一方应承担违约赔偿责任。赔偿责任范围为对方直接损失和因知悉需保密信息而所得到的收益。

3. 服务期内，甲方不得向第三方提供雷同于××××（商业部分）项目的创意、设计。

九、本合同之附件为本合同不可分割的组成部分，附件与本合同具有同等法律效力。

1. 附件一：服务内容及单价。

2. 附件二：VIS视觉形象系统明细。

十、本合同连同附件壹式肆份，甲乙双方各持两份，具同等法律效力，经双方代表人签字并加盖公章后生效。

十一、本合同一经签订，即受法律保护，单方无权无故解除或修改合约。双方若有争执，须协商解决。若不能协商解决的，可向甲方所在地人民法院提起诉讼。

十二、本合同未尽事宜由双方协商解决。

以下无正文。

甲方：（盖章）：　　　　　　　乙方：（盖章）：

甲方代表签字：　　　　　　　　乙方代表签字：

日期：　　　　　　　　　　　　日期：

解析：该合同条理清晰，语言表达明确、周密、严谨、有分寸，但部分条款写得太过啰唆，且文末未附上附件。在拟定合同条款时，要防止概念不清、用词不当或是条款疏漏。写完合同后，一般应转交给法律部门或法务人员审查，以规避法律风险。

8.2 标书

标书一般分为招标书和投标书。在商贸活动中，一般会对大宗交易采取对外公开招标的方式选定供应商。招标书是招标人发出的、用于邀请符合条件的国内外企业报价投标的一种带有公告性质的文书。投标书则是投标人为了达成中标的目的，向招标人提出合作意愿、服务承诺及订立合同的建议的文书。一般先有招标，再有投标。议标、评标、定标，基本上都会围绕招标书和投标书展开。

招标书一般要写清楚招标人的基本信息（比如名称、地址、联系信息），招标项目的性质、数量、实施地点和完成时限，获取招标文件的办法，需要交代的其他事宜。标题可以只写"招标公告"，也可以写"×××关于……的招标公告"，还可在标题下注明招标书编号。正文部分需要先写明招标缘由、项目名称、规模（金额）、招标范围，接着简要介绍招标项目的具体要求，然后说明招标步骤，比如招标起止时间、发售文件及开标的日期和地点、具体办法，结尾写明联系方式。

投标书可采用报表的形式拟写，也可用条文法拟写，内容要与招标书一一对应，要对招标书的条件和要求做出明确的回答和说明。投标书的标题可为"投标书"或"关于……的投标书"，投标书必须要写受文单位，标题下方空行顶格书写，主体部分要写清楚投标报价、服务标准、投标保证。如果是工程类的投标书，还要说明建设期限、工程质量、施工措施和标准等。最后，要写投标人声明，包括投标书有效期限、完成任务期限等。如有附件，要一并注明并写清楚附件名称、份数。落款注明投标方的名称、联系信息、发出时间等。

不同的标书有不同的写法，实践中还要根据实际情况酌情处理。

范文 8-2

××局202×年度技术安全服务采购项目公开招标公告

项目概况

××局202×年度技术安全服务采购项目

招标项目的潜在投标人应在中国××采购网（http://www.××××.gov.cn）本项目采购公告下方获取招标文件，并于202×年××月××日14点00分（北京时间）前递交投标文件。

一、项目基本情况

1. 项目编号：×××。

2. 项目名称：××市××局202×年度技术安全服务采购项目。

3. 预算金额：××万元（人民币）。

4. 采购需求：

  第一包：安全风险检测与检查服务。

  第二包：互联网云检测与防护服务。

5. 合同履行期限：自签订合同之日起一年。

本项目不接受联合体投标。

二、申请人的资格要求

1. 满足《中华人民共和国政府采购法》第二十二条规定；

2. 本项目专门面向中小企业采购；

3. 本项目的特定资格要求：投标人在本项目招标公告发布之日前三年内无行贿犯罪等重大违法记录；通过"信用××（www.××××.gov.cn）""中国××采购网（www.××××.gov.cn）"查询，未被列入失信被执行人、重大税收违法案件当事人、政府采购严重违法失信行为记录等名单的；单位负责人为同一人或者存在直接控股、管理关系的不同单位，不得参加同一招标项目的投标。

三、获取招标文件

1. 时间：202×年××月××日至202×年××月××日，每天上午9:00

至11:30，下午13:00至16:00。（北京时间，法定节假日除外）

2. 地点：中国政府采购网（http://www.××××.gov.cn/）本项目采购公告下方。

3. 报名方式：

现场报名：需携带营业执照副本复印件、授权委托书原件、被授权人身份证原件及复印件。（以上所有复印件均须加盖供应商公章）

邮箱报名：需将营业执照副本原件、授权委托书原件、被授权代表身份证原件扫描，填写附件中供应商报名登记表并发至××××@163.com，然后扫描附件招标文件中二维码填写报名。

4. 售价：￥0.0元，本公告包含的招标文件售价总和。

四、提交投标文件截止时间、开标时间和地点

1. 提交投标文件截止时间：202×年××月××日14点00分（北京时间）

2. 开标时间：202×年××月××日14点00分（北京时间）

3. 地点：××市××区××路5号××广场××座××室

五、公告期限

自本公告发布之日起5个工作日。

六、其他补充事宜

本次采购公告在中国××采购网（http://www.××××.gov.cn/）上发布。

七、对本次招标提出询问，请按以下方式联系。

1. 采购人信息

名称：××市××局

地址：××市××路××号

联系人和联系方式：姜××　　　139××××××××

2. 采购代理机构信息

名称：××××管理有限公司

地址：××市××区××路5号××广场××座××室

联系人和联系方式：安××　　　139××××××××

3. 项目联系方式

项目联系人：黄××

电话：138××××××××

范文 8-3

投 标 书

目录

一、谈判响应函	1
二、法定代表人证明书	2
三、法定代表人授权书	4
四、基本证照	5
五、近年发生的诉讼及仲裁情况	7
六、响应方组织架构	8
七、技术、服务、商务应答	9
八、公司规模实力	13
九、同类业绩（以列表＋附件形式展示）	17
十、服务团队人员及策划创新能力	57
（一）团队人员组成情况	57
（二）人员证书	60
（三）经典案例介绍（见附件3）	76
十一、服务方案	77
十二、响应方销售网络清单	80
十三、响应方售后服务网络清单	81
十四、偏离表	84
十五、反商业贿赂承诺书	87
十六、合同文本	88

（以下内容略）

解析： 对于不同的项目，招标书和投标书的写法都不尽相同，有的招标书、投标书可以长达上百页。总体而言，招标书需要写清楚需求，投标书需要对照招标书的需求一一进行应答。标书是招标方和投标方都要承认并遵守的、具有法律效应的文件，因此，一定要写得明确简洁、合法合规，切忌前后矛盾，模棱两可，让对方难以理解与执行。

8.3 分析报告

分析报告是一种情况说明书，它是在分析各项工作计划完成情况的基础上，经概括、提炼、编写后，形成的具有说明性和结论性的事务性文书。一般来说，分析报告很少有议论的内容，描述的问题相对比较客观。分析报告按照所涉及内容的范围不同，分为综合分析报告、专业分析报告、专题分析报告、专业分析报告等。综合分析报告一般是分析全面的、综合的工作，专题分析报告主要分析某一个方面的工作情况，专业分析报告则是从专业的角度分析具体的业务情况。

分析报告的标题一般包括撰写主体的名称、时间界限、分析内容等，比如《××集团20××年财务分析报告》。正文开头需要用简洁的文字概述分析对象的基本情况、成绩和存在的问题，主体部分一般对各项工作的指标、变化、问题等有关情况进行详细的说明，并分析发生变化、存在问题的原因，结尾一般提出下一步建议和措施。

范文 8-4

20××年度证券审计市场分析报告

一、证券资格会计师事务所基本情况

截至20××年年底，我国具有证券期货相关业务资格的会计师事务所（以下简称证券资格会计师事务所）共×家，约占全国会计师事务所总数的×%。证券资格会计师事务所分布在×个省和直辖市，主要分布在北京（×家）、上海（×家）、江苏（×家）、天津（×家）和浙江（×家），福建、广东、湖北、四川、山东和陕西各×家。

20××年度，全国证券资格会计师事务所收入总额为×亿元，占全国注册会计师行业总收入的×%。其中，审计业务收入为×亿元，占收入总额的×%；证券业务收入为×亿元，占收入总额的×%。与上一年度比较，审计业务收入和证券业务收入分别增长×%和×%。

全国证券资格会计师事务所合伙人共×人，平均每家为×人，较上一年年末增长×%。合伙人人均业务收入为×万元。全国证券资格会计师事务所注册会计师共×人,占全国注册会计师总人数的×%,平均每家为×人,较上一年年末增长×%。注册会计师人均业务收入为×万元。

二、我国上市公司年报审计市场状况

截至20××年××月××日,按期出具审计报告的沪深两市上市公司×家,其中主板×家、中小企业板×家、创业板×家。

（一）市场集中度

（略）

（二）审计收费

  1. 审计收费基本概况（略）

  2. 审计收费区间分析（略）

  3. 审计收费与资产比例分析（略）

三、上市公司年报审计意见类型

（一）总体情况

（略）

（二）非标报告的内容

  1. 与持续经营相关的重大不确定性事项（略）

  2. 强调事项（略）

  3. 保留意见所涉事项（略）

  4. 无法表示意见所涉事项（略）

四、新审计报告准则实施中的关键审计事项披露情况

（一）关键审计事项数量情况

（略）

（二）关键审计事项类型情况

  1. 制造业（略）

  2. 金融业（略）

  3. 交通运输、仓储和邮政业（略）

  4. 信息传输、软件和信息技术服务业（略）

  5. 批发和零售业（略）

  6. 房地产业（略）

  7. 建筑业（略）

五、20××年上市公司年报审计有关问题分析

（一）非标报告存在的问题

    1.保留意见恰当性存疑（略）

    2.与持续经营相关的非标意见不恰当（略）

    3.无法表示意见段内容不够全面（略）

    4.重大错报对财务影响的量化只披露绝对数金额，未披露相对数金额（略）

    5.强调事项段与其他事项段披露混淆（略）

（二）重要事项与交易审计问题

    1.年末突击调节利润交易审计

    （1）未充分重视企业利用会计估计变更调节利润（略）

    （2）未充分关注突击性债务重组、资产处置的合理性（略）

    2.重大非常规交易审计

    （1）并购重组交易审计（略）

    （2）对外投资审计（略）

    3.会计估计审计

    （1）递延所得税资产审计（略）

    （2）非流动资产减值审计（略）

    （3）未决诉讼等或有事项审计（略）

    4.收入审计（略）

（三）新审计报告准则执行问题（略）

    1.关键审计事项

    （1）关键审计事项的选取未能充分体现重要事项（略）

    （2）确定为关键审计事项的原因不明确（略）

    （3）关键审计事项的审计应对描述笼统（略）

    （4）关键审计事项与财务报表附注的索引关系不清楚（略）

    2.注册会计师责任段

    （1）未根据内部控制审计情况修改责任段的表述（略）

    （2）在集团审计中未包含集团审计责任段（略）

    （3）遗漏沟通独立性的责任段描述或沟通关键审计事项责任段描述（略）

3. 其他信息段

（1）其他信息概念披露不准确（略）

（2）遗漏披露其他信息段（略）

4. 项目合伙人披露（略）

5. 上市公司审计委员会对关键审计事项的审阅（略）

解析： 分析报告一般是通过情况、数据对比后，逐步深入进行分析的，因此，写这类报告一般会有一个对比和求因的过程，再对这个情况和原因进行分析，接着总结经验教训和存在的问题，再提出改进方向。

项目可行性研究报告

项目可行性研究报告是运用经济理论和科学方法，有目的、有计划、系统地收集相关工作的真实情况，并对收集到的各类情报资料进行全面或局部的整理、筛选、分析、加工和研究后，提出项目在技术上、经济上、现实环境中是否合理可行的评估性文书。它需要进行一个全面分析、论证、比较的过程，撰文目的是为项目最终确立和审批提供可靠依据。

不同项目的条件、特点都不同，因此可行性报告有不同的写法。一般来说，项目可行性研究报告的写作复杂程度与项目大小、项目的复杂程度有直接的关系。

项目可行性研究报告的标题一般由"单位名称+事由+文种"组成，比如《××农场关于投放速效无污染农药的可行性报告研究》；有的可行性项目研究报告也用"项目名称+文种"的方式定标题，比如《新建办公楼的可行性研究报告》。

项目可行性研究报告的正文分总论、主体和结论。总论一般概括可行性研究的总体情况，比如，项目提出的背景，实施项目的目的和意义，做此可行性研究的依据和范围等。主体内容涉及很多方面，比如，对项目内容进行说明，对项目的经济价值进行分析，对项目的技术可行性进行论证，对各种方案进行比较。这部分需要用系统和科学的方法对技术、经济因素进行论证和分析，并选出最佳方案。结尾一般要给出项目是否必要和可行的最终性的结论和意见。

××厂生铁铸造项目可行性研究报告

一、××厂基本情况

××厂，位于××区××路，成立于××年××月，法定代表人叶××，占地面积××亩，现有职工××人，其中管理人员××人，技术人员××人，生产职工及辅助人员××人。

二、项目基本情景

项目总投资××万元，其中注册资本××万元；土建计划投入××万元，建造生产车间××平方米，生活办公用房××平方米；水电设施投入××万元，水投入××万元，电投入××万元；设备投入××万元；流动资金××万元。一期项目建成投产后，每一天生产生铁××吨，月生产生铁××吨，年生产生铁××吨。生铁销售每吨××元，生铁生产成本料工费合计××元，每吨生铁利润××元。一期生铁项目，预计年产值××万元，创造税收××万元，实现利润××万元，解决当地富余劳力××人，项目总体可行，经济效益与社会效益较好。

三、项目基本优势

1. 地域优势（略）

2. 资源优势（略）

3. 科技优势（略）

4. 设备工艺（略）

5. 节能减排（略）

6. 市场前景（略）

综上所述，该项目贴合国家产业政策，工艺合理，技术成熟可靠，产品优良，节能减排突出，贴合环境保护要求，具有较好的经济效益、环境效益和社会效益。应抓紧进行资金筹措及前期工程准备工作，以使项目尽早实施，为企业和当地经济发展做出应有的贡献。

解析：项目可行性研究一般是由实施单位撰写的，涉及诸多专业知识，对专业性要求很高，因此，一般要由专业人员完成。这类报告一般以叙述、说明为主，议论为辅。鉴于这类报告直接关系到项目是否成立，以及实施的成败，因此，它必须要写得客观公正、科学严谨，不能言过其实。上述可行性研究报告既写清楚了项目的基本情况，又写清楚了项目的优势，是一份值得借鉴的可行性研究报告。

第 9 章

考核类文书

- 9.1 述职报告 / 237
- 9.2 组织鉴定 / 239
- 9.3 考察材料 / 241
- 9.4 个人总结 / 244

考核类文书主要是指党政机关、企事业单位、社会团体和组织等机构对干部、员工或团队进行考核时所使用的一种文书，包括述职报告、组织鉴定，等等，它是考核时常用的书面依据。

9.1 述职报告

述职报告是指担任领导职务的干部根据上级要求或制度规定，向任命机构、上级主管或领导机关及本单位干部员工，陈述本人在一定时期内履行本岗位职责的情况的书面报告。述职报告是反映领导干部"德、勤、能、绩、廉"等方面的情况，是考核干部的依据之一。

述职报告按时间可分为年度述职报告、任期述职报告、阶段性任职报告等。按报告主体的不同，可分为个人述职报告、集体述职报告等。

述职报告的标题可为《述职报告》《×××述职报告》《××2020—2022年担任××（职务）的任职报告》，也可以写成正副标题。比如《爱岗敬业，积极进取——××总经理述职报告》。如果述职报告要向上级机关呈送，应写明发文机关。如果以讲话的形式汇报，可以写明"各位领导、各位同事"之类的称谓。

述职报告正文的第一部分一般要交代自己任职的时间、担任的职务及主要的职责，接着对自己任职期间的成绩做一个评价。主体部分主要陈述履行职务的情况，比如，取得的主要工作成绩和获得的经验，存在的问题和教训，将来的努力方向和计划。结尾一般写"特此报告，请审查""以上为我的述职报告，请批评指正"，等等。

范文 9-1

政协委员×××2021—2022年个人述职报告

作为一名民主党派人士，我于2021年××月起当选为省政协委员。两年来，我积极参与党派建设、党务工作、政治协商、参政议政、建言谋策等工作，并得到省委、省政府等有关领导的肯定和表彰。

一、思想政治及作风建设等情况

两年来，我始终坚持中国共产党的领导，坚持正确的政治方向，坚决贯彻执行党和政府的路线方针政策，严格自律，积极主动参与推进各项党务（会务）工作和履行省政协委员的崇高职责。

（一）坚定思想，淡泊个人名利与得失。（略）

（二）坚持学习，不断提升自己的宏观把握能力和综合管理素质。

多年来，我不断学习，用心积累，养成了上善若水、胸怀天下的思维形态与行为准则，摸索出一套能驾驭复杂局面的应变能力和独特的管理艺术，能较敏锐地发现问题并提出可操作性意见。例如，我提出并实践人力资源、人才资本是企业核心竞争力的最重要的要素、禀赋或源泉的观点，调整并用好有限的人力资源，并通过不断发现、提携、鞭策年轻骨干，帮助他们迅速成长。同时，我也不断思考、深化信息科技的深刻内涵，认真研究科技系统建设、系统项目架构及发展趋势如何与我所从事的行业的对接等问题，使自己能够始终站在科技发展的潮头去思考，以引领我们的项目建设能朝着科技前沿和同行领先方向顺利前行。对纷繁复杂的经济金融形势变化及社会民生热点、难点、疑点问题，我都有自己的理性分析与判断。

（三）保持良好精神状态，严格自律、自励、自省、自强。

多年来，我遵纪守法，作风严格、不贪图享乐、不放任自我，不侵人权益，保持健康快乐的人生观；在生活中，我乐于接受新事物，拥有广泛的兴趣和爱好，热爱集体、家庭和事业，并常年坚持锻炼，强身健体，以适应社会和各项工作的挑战；在工作中，敢于并善于提出自己的意见和见解，并跟踪追击坚定不移；在供职单位，我尊重领导和同事，遵循"到位而不越位，尽职而不失职，补台而不拆台，帮忙而不瞎忙，遵从而不盲从"的原则相处共事。在对人对事上，我坚持"敬天爱人"理念，尊重自然规律和社会经济规律，与人为善，乐于奉献，与天地为善，感恩社会，对自己已经发生的一些失误、错误或不当的地方，勇于剖析和敢于担当，不遮掩，不溢美，不粉饰，做人做事光明磊落，坦坦荡荡。

二、党派建设、参政议政、民主协商等工作情况

两年来，我作为省政协委员，始终坚持与中国共产党同心、同向、同行，在本职工作和社会兼职、社会服务之中找到工作的着力点和平衡点，尽自己力量，竭自己智慧，围绕中心，统筹大局，为××省社会经济文化建设、人民群众关心的热点、难点、重点问题及制约××省经济金融健康发展的瓶颈问题，深入基层调查研究，积极主动有理有节地向省委、省政府及有关部门提出建设性意见和建议。

（一）关注党派工作，致力于党派建设。按照中共的要求，不遗余力地推进民主党的党建工作、组织建设、思想建设、作风建设、支部建设，努力把党派打造成思

想上过硬、政治上坚定、业务上熟练能适应中共要求和新形势的队伍。

（二）注意发挥集体优势和专委会的人才优势，解放思想、放手研讨、群策群力，成果突出，每年都有一批成果获得省委统战部门的宣传理论研究成果和优秀组织奖项。

（三）发挥平台优势，积极建言谋策。几年来，我先后几十次利用政协党派间及两会的平台，向省委省政府主要领导及有关负责人提出自己的观点和政策建议，有一些重要成果还得到省委、省政府主要领导的批示并被采纳到党委、政府的工作部署之中，比如……

（四）注重实际，乐于奉献。参加党派、政协等活动都是兼职工作，我注意处理好本职工作与兼职工作的关系，并发挥专业及业务优势，紧紧抓住我供职的行业与社会经济、区域经济、中小企业密切相连的独特情况，把业务工作与社会工作有机结合。同时，在调研工作中，在政协委员考察活动中，我也积极地协调当地党政机关，尽可能争取他们对基层民建和民生问题的关心和支持。

两年来，我在省政协这个社会大家庭里，在我所供职的行业的改革与发展的大潮中，在自己负责分管的部门领域里，在社会兼职工作的平台里，做了一些自己应该做的事，也取得了一些成绩，但其中也存在不少不尽完美或力所不及的地方，离党和人民的要求、××省委会的要求还存在不小的差距。接下来，我将认真总结，弥补不足，努力塑造更加完善的品格素质，更加尽心尽力尽责，交出一份满意的答卷！

20××年××月××日

解析： 述职报告是考核干部的重要依据之一，因此，写述职报告时，一定要把握尺度，坚持实事求是的原则，既不揽功推过，也不推功揽过，而是要恰如其分地评价自己。而且，一定要把集体成绩和个人成绩分清楚，不能将集体的成绩归为自己的。上述述职报告既有成绩展示，又有个人评价，比较中肯。

9.2 组织鉴定

组织鉴定是党政机关、企事业单位、社会团体等机构或组织对领导干部、负责人、职工及其他成员在德、能、勤、绩、廉等方面的表现和工作成果、实绩,进行考察并综合评价后做出的考核式文书。组织鉴定侧重于对考察对象做出评价,既要肯定成绩,也要指出不足。

组织鉴定的标题一般为"被鉴定人姓名+时限+文种"构成,比如《××同志年终鉴定》《××同学毕业鉴定》等。如果组织鉴定是以表格的形式呈现的,而栏目中已有"鉴定"字样,则不需要另写标题。正文一般需要介绍被鉴定人的简历(如姓名、年龄、职务、主要业绩等),接着对被鉴定人进行公正的评价,同时对被鉴定人提出要求。落款部分要署名和署日期。署名一般是写组织的名称,并加盖公章。必要时,也可以加署负责人的签名。

范文 9-2

×××同志鉴定材料

×××同志现系我镇党委组织干部、党政办主任兼人大干事,现年××岁,××××年××月参加工作,大专学历。

该同志一贯政治立场坚定,始终能够同党组织保持高度一致,具有较强的政治敏锐感,在重大原则问题上旗帜鲜明,在大是大非面前头脑清醒。能够适应时代的变化和工作的需要,不断加强政治和业务知识学习,适应能力强。在工作岗位上,他具有较强的大局意识、责任意识,工作勤勤恳恳,任劳任怨。在领导身边工作,他能够摆正位置,严格要求,为人正派,遵纪守法,尊重领导,团结同志。

在过去一年的工作中,该同志能够通过认真参加单位组织的各种政治学习活动,并运用互联网、报纸杂志、电视等媒体自学,多途径地学习重大方针政策及与工作相关的各种知识,并将学到的知识运用到实际工作中。

在镇党政办工作期间,该同志较好地克服了人员少、工作量大、办公条件落后等因素,一个人承担了镇党委、镇政府全部综合性文字材料的起草、打印及分发工作,以及市县领导检查、调研和各种大型会议的接待工作,没有出现任何差错。他还创造性地组织开展了镇机关的作风整顿、镇政府内设机构改革等重点工作,取得了较好的效果。

经镇党委同意,该同志自××月××日被抽调到县委组织部工作以后,较好地适应了新环境和新任务提出的新要求,顺利地实现了角色的转变。先后圆满地完成了以下工作任务：参与筹备和组织开展全县"××××"活动、半年党建组织工作检查、全县农村党支部书记和"双带"党员培训班、全县非公有制经济组织党员法律知识培训班、全县党内统计工作会议、两次全县机关党建工作会议等大型会议和活动，参与社区党建工作调研并撰写调研材料，撰写×××同志先进事迹材料，参与建立党员信息库和党费收缴管理系统，完善全县党员党组织关系接转制度等。其中，他撰写的社区党建调研材料和×××同志先进事迹材料先后被《××报》刊登，社区党建调研材料荣获全市优秀调研材料奖三等奖。除此之外，还积极配合相关股室完成了干部考察等其他工作。

该同志被抽调到县委组织部工作期间，还能够做到统筹兼顾，经常在完成组织部交办的各项工作任务的前提下，主动参与××镇的有关重要工作，如组织全镇半年党建检查并迎接县委组织部检查，制订党建工作图片展实施方案，筹备镇党委、镇政府领导干部民主生活会，撰写××村党员×××在"双带"党员培训班上的发言材料，完成××××年度××镇党内年报和干部年报等工作，得到了有关部门和领导的肯定。

几年来，该同志始终严格按党员先进性要求和组织人事干部职业规范的要求，做到言行符合身份，时刻维护基层党员干部形象。坚持爱岗敬业，从无迟到、早退和旷工，未因事或因病请假。按照国家公务员考核有关规定，通过乡机关全体干部大会民主测评，考核小组严格考核，镇党委会议研究审定，×××同志在××××年度公务员年度考核中被确定为优秀格次。

××镇党委

20××年××月××日

解析：此鉴定材料陈述了鉴定人的政治立场、工作成绩及工作态度，比较客观。写鉴定材料要实事求是，不仅要看鉴定人的思想态度、工作态度，还要看工作业绩，最好能举出实例。正文多以陈述事实为主，客观评价为辅，切记将鉴定材料写得太过"假大空"，只有评价却无实例支撑。

9.3 考察材料

考察材料是指人事部门在经过认真、全面的考察后，对考察对象德、能、勤、绩、廉等方面进行综合分析的一种事务性文书，它主要是用来反映干部、职工或领导班子具体表现，是选拔和任用干部的重要依据之一。考察材料一般分为干部考察材料、职工考察材料和领导班子考察材料。

考察材料的标题一般为"考察对象+文种"，比如《××同志考察材料》。有时也可以按照党政公文的标题写法来写，比如《关于××同志任××厂厂长五年的工作情况的考察材料》。正文的第一部分主要介绍考察对象的身份要素和简历，比如，姓名、性别、年龄、民族、籍贯、政治面貌、文化程度、职称、参加工作以来的职务变化情况、受到的奖惩情况等。如果是班子的考察材料，还需要写清楚班子的人数及女干部、少数民族干部、非党员干部、专业人员的占比，以及班子的年龄结构、文化程度，等等。接下来，需要写清楚考察对象在德、能、勤、绩、廉等方面的主要表现和成绩，以及存在的问题和不足。有必要时，还需要写清楚民主推荐和民主测评的情况，比如所推荐的职务、得票数、得票率及排序等。结尾要写明考察组的意见，就考察对象能否任命等提出意见。落款部分需要写明考察单位名称及考察材料的成文时间。如有其他补充说明的材料（如重大问题的调查情况），可另附附件。

×××同志考察材料

×××，男，197×年2月出生，汉族，大学文化，××省××市×县人。该同志199×年8月参加工作，现任××集团股份有限公司副总经理、工会主席。

该同志于199×年7月毕业于××大学××系××专业，同年8月分配到××厂工作。200×年1月到××公司工作（××集团前身），先后担任试验室检验员、研发员、办公室主任、办公室总经理助理、人力资源部副总经理、××部总经理。

该同志具有过硬的政治和理论素质，政治立场坚定，在思想上、行动上与组织保持高度一致，在大事面前能冷静，难事面前善思考，是非面前讲原则。在工作中，该同志识大体、顾大局，不计个人名利得失，能始终保持一颗平常心，能正确对待组织和个人。无论组织安排他到哪个岗位，他都能很快适应工作，基本做到了"干一行，爱一行，钻一行，精一行"。

该同志在××集团公司工作十余年来，坚持把公司利益放在第一位，爱岗敬业，刻苦钻研业务，大胆创新，不断进取，分管的办公室、人力资源部、××部均取得了较好成绩。

自200×年以来，该同志共争取各类项目资金×××余万元，为集团公司获批农业产业化国家级重点龙头企业、国家高新技术企业、国家企业技术中心、中国驰名商标、院士工作站等立下了汗马功劳。主管人力资源部期间，他建立招聘渠道、完善考评机制和内部人才选聘机制，建立完善了薪酬体系和全员培训体系。200×年接管××部工作后，他积极了解情况，制定管理措施，制定经营策略，对关键技术问题进行攻关突破，该部研发的产品获得省科学技术奖一等奖，填补了市场空白。201×年接管××部工作，他主导流程化改革后，使得公司人工成本大幅度下降，利润逐步增长，并让××业务成了集团公司新的经济增长点。

该同志心胸宽广，作风干练，待人诚恳，工作中尊敬领导、团结同事，对于重点工作能够及时提出富有见地的思路和措施，善于预见工作中可能出现的问题，能够协调和团结各方面的力量共同完成工作。在处理紧急和重大问题时，比较沉着冷静，能客观地看问题，表现出了较强的原则性和灵活性，并善于听取各方面的意见和建议，可以高效率、快节奏地完成领导交办的各项工作任务。在民主测评环节，该同志的得票率排名第一（见附件）。

根据对×××同志德、能、勤、绩、廉等方面的考察，集团党组拟任命××部同志为××集团公司总经理。

附件：民主测评表

××市国资委干部考察组
20××年××月××日

解析：该考察材料从政治立场、工作能力、思想态度等方面对考察对象进行了客观分析，有理有据，符合写作要求。考察材料要全面、准确，对考察对象的定性分析要客观，定量分析要适度，语言尽量平铺直叙，切忌笼统空泛，同时要做到主次分明，尽量用典型事例、重要成绩和奖项说话，避免华而不实的评价。同时，要尽量找出被考察对象的专业特长、特征，避免千篇一律、千人一面。

9.4 个人总结

个人总结是个人对某一个时间段内的工作情况进行梳理、检查、分析、评价的书面材料。它一般以第一人称书写，多用来接受考核。个人总结是应用文写作的一种，它一般也要提出计划性的内容，只是篇幅主要以总结为主。

个人总结的写法与单位总结类似。前言部分先简要评价前一时段自己的总体表现，接着再展开介绍自己的相关情况，比如工作和学习情况、思想状况等，然后再陈述一下自己的不足及下一时段的计划、打算，最后再以"表态用语"结束。

范文9-4

李××20××年个人工作总结和计划

一年来，在公司领导和同事的帮助、支持下，我以"服从领导、团结同志、认真学习、扎实工作"为准则，始终坚持高标准、严要求，认真完成了领导安排的各项工作任务，自身的政治素养、业务水平和综合能力等都有了很大提高。现将一年来的思想和工作情况及今后的努力方向总结汇报如下。

一、思想方面

（略）

二、工作方面

（略）

三、存在的不足及今后的打算

回首过去一年，我发现自己与公司最优秀的伙伴相比还存在一定的差距和不足，但我有信心和决心在今后的工作中努力查找差距，勇敢地克服缺点和不足，进一步提高自身综合素质，把该做的工作做实、做好。

解析： 写个人总结和计划，一般需要先写一段总论，再分别交代自己在思想方面、学习或工作方面的表现，接着再谈谈存在的不足、下一年的计划并做表态。注意不要夸大成绩、不缩小缺点，更不能弄虚作假。切记要紧紧围绕自己的工作去写，不要将单位或部门的成绩当成自己的。

第 10 章

制度类文书

- **10.1** 制度 / 246
- **10.2** 章程 / 248
- **10.3** 办法 / 252
- **10.4** 规程 / 257
- **10.5** 规划 / 258
- **10.6** 规定 / 260
- **10.7** 规则、守则、公约 / 262

制度类文书又称为规范性文书，是国家、党政机关、企事业单位、社会团体和组织等为了规范人们的行为而制定的一种带有规范性、约束力的事务性文书，包括制度、章程、办法、规定等。

10.1 制度

制度是国家机关、企事业单位、社会团体等在一定范围内针对某些项工作制定的行为准则，对适用范围内的相关机构和人员都有约束力。它是一种政策性的、有约束力的文书，不能任意违反，比如学习制度、岗位责任制度、财务制度、考勤制度、会议制度等。

制度的标题一般是"制发单位+事由+文种"，比如《××公司财务制度》。实践中也有略去制发单位的，比如《乡镇企业财务制度》。

制度的正文一般分三层阐述，第一层交代制度的指导思想和依据，以及目的、要求、适用范围等；第二层介绍具体的规定，比如对适用范围内的单位和人员的具体要求，一般分条款列写；第三层说明执行要求和生效日期。有的制度还分总则、分则、附则等。制度末尾右下角或标题下方，写制发单位名称和制发日期。

范文 10-1

××局党员学习管理制度

为了全面提高××局全体党员的政治素质和工作能力，适应新形势下组织工作需要，努力建设学习型机关，特制定如下学习制度。

一、党支部学习的组织

1.党支部学习由支部书记（或书记委托委员）主持，支部全体党员参加，部分内容可吸收非党员同志参加。

2.主持人负责审订学习计划或学习内容，提出学习要求。

3.宣传委员负责按要求提出学习内容，拟出学习计划，具体职责如下。

（1）负责拟订学习计划，提供学习所需的书籍、文件、辅导材料，对理论学习的内容、重点和研讨题目按照要求列出，并经主持人审查后印发或组织学习。

（2）记录学习情况，建立学习档案。集中学习研讨时，负责学习研讨记录和考勤工作。

（3）组织学习辅导。围绕学习专题，进行调查研究，编辑学习资料，邀请有关专家做辅导报告。

（4）总结和经验推广。每年要对学习情况进行总结，及时整理、上报学习中的做法和体会。

二、党支部学习的内容

1. 学习党的路线、方针、政策及经济、政治、法律、科技、历史、文化等方面知识，中央、省委、市委市直机关工委下达的重要文件，党章及党建方面的理论知识。

2. 紧密联系工作实际，学习理论与业务，围绕整体工作和中心任务及学院党委重点工作确定的学习内容，提高党员干部运用理论解决实际问题的能力和科学决策水平。

3. 加强支部班子思想和作风建设，树立正确的世界观、人生观、价值观，为建立一流支部班子提供理论基础和思想保证。

三、党支部学习的时间

按照局党委要求确定支部不同阶段集中学习时间。集中学习时间如遇特殊情况需要变动时，由主持人决定。

四、党支部学习的形式

党支部的学习，采用集中学习、分散学习、自学、专题讲座、推荐文章（文件）、主题发言等形式进行学习。要把党支部学习与党组中心组学习有机结合，集中学习与工作安排有机结合。

五、有关学习要求

1. 要树立终身学习的思想，不断提高理论素养，掌握新的工作技能。

2. 党员干部个人每年年初要制订年度学习计划和每月学习计划，党支部要制订每年、每季度及每月学习计划。

3. 要积极参加各种学习活动，坚持以自学为主，每年至少要读两本好书，认真做好读书笔记。

4. 要自觉做好学习笔记，由支部组织适时抽查读书笔记，年终由局机关党委目标考核领导小组统一检查评分。

5. 每次集中学习由组织委员负责考勤，无故不参加学习一次视为旷工半天。遇特殊情况不能参加学习的，必须提前向主持人请假；学习时间必须关闭手机或调为振动；非特殊情况中途不得外出。

6. 每年要组织两次以上知识技能竞赛或"考学"活动。竞赛和考试成绩作为评先选优的重要依据，对不合格者限期进行整改。

7. 参加学历培训和短期集中培训都要严格要求自己，自觉遵守各项规章制度，树立良好的党员形象。在学习、考试中违规违纪的，将依照有关规定严肃处理。

××局党组
20××年××月××日

解析：制定制度要熟悉国家有关法律条文，要保证制度合法、合规，内容要相对具体、周全、有可操作性。概念要明确，语句要简明，条款要尽量单一，一事一说，排列要合乎逻辑。

10.2 章程

章程主要用于政党、团体、机关等组织针对本组织的性质、宗旨、任务、组织架构、组织成员、组织的工作职责等制定规则，或是企业对自身经济性质、业务范围、规模、权利义务、制度及某项业务等制定规范。它是一种纲领性文件，约束组织成员的思想和行为，保障组织活动的正常开展。它一般分为组织章程、规范章程和企业章程等。

章程一般由标题、总则、分则附则组成。标题部分是"组织名称+文种"组成，比如《××研究会章程》。一般在标题下方，注明通过章程的会议名称、日期，用圆括号括起来。总则需要说清楚组织名称、性质、隶属关系、宗旨、任务、目标、指导思想、业务范围等，分则分别说明成员、机构、活动范围、人事管理、资产管理、利润分配、经费来源及使用等，附则主要说明解释权、修订权、实施要求和生效日期等。

范文 10-2

中国作家协会章程
(中国作家协会第十次全国代表大会部分修改，
2021年12月16日通过)

第一章 总 则

第一条 中国作家协会是中国共产党领导的、中国各民族作家自愿结合的专业性人民团体，是党和政府联系广大作家、文学工作者的桥梁和纽带，是繁荣文学事业、建设社会主义文化强国的重要社会力量。

第二条 中国作家协会高举中国特色社会主义伟大旗帜，坚持马克思列宁主义、毛泽东思想、邓小平理论、"三个代表"重要思想、科学发展观，全面贯彻习近平新时代中国特色社会主义思想，特别是习近平总书记关于文艺工作的重要论述，增强"四个意识"、坚定"四个自信"、做到"两个维护"，引导广大作家和文学工作者紧密团结在党的周围，自觉承担起举旗帜、聚民心、育新人、兴文化、展形象的使命任务；坚持文艺为人民服务、为社会主义服务的方向和百花齐放、百家争鸣的方针，坚持社会主义先进文化前进方向，坚持以人民为中心，紧紧依靠广大作家和文学工作者，努力创作更多无愧于时代、无愧于人民、无愧于民族的优秀作品，推动文学事业高质量发展，满足人民文化需求，增强人民精神力量，为实现第二个百年奋斗目标和中华民族伟大复兴的中国梦而努力奋斗。

第三条 中国作家协会的一切活动以中华人民共和国宪法为根本准则，遵守国家的各项法律、法规，依照章程独立自主开展工作。

第四条 中国作家协会贯彻全心全意为作家和文学工作者服务的宗旨，履行政治引领、团结引导、联络协调、服务管理、自律维权、推动创作的职能，建设广大作家和文学工作者之家。

第五条 中国作家协会坚定不移走中国特色社会主义群团发展道路，坚持党对作协工作的全面领导，围绕中心，服务大局，与时俱进，改革创新，保持和增强政治性、先进性和群众性。

第二章 任 务

第六条 组织作家和文学工作者学习马克思列宁主义、毛泽东思想、邓小平理论、"三个代表"重要思想、科学发展观、习近平新时代中国特色社会主义思想，贯彻党的路线方针政策，培育和践行社会主义核心价值观，增强文化自信、文化自觉和文化担当，不断提高文学队伍的思想道德修养、科学文化素养、文学艺术学养。

（略）

第二十一条 做好对主管文学社团的业务指导和行业管理，加强党的建设，发挥社团特色，促进文学社团健康发展。

第三章 会 员

第二十二条 本会由个人会员和团体会员组成。

第二十三条 凡赞成本会章程，发表或出版过具有一定水平文学创作、理论评论、翻译作品，或从事文学编辑、教学、组织工作有显著成绩的中国公民，可申请入会。

个人申请入会，由团体会员推荐，或两名个人会员介绍并征求申请人所在地区或系统团体会员的意见，经专家评议，由本会书记处审议批准入会。香港特别行政区、澳门特别行政区和台湾地区的作家、文学工作者申请入会，由两名个人会员介绍，经专家评议，本会书记处审议批准入会。

第二十四条 凡赞成本会章程，并有一定数量个人会员和健全办事机构的省、自治区、直辖市、新疆生产建设兵团作家协会和全国性行业作家协会等，向本会提出申请，经主席团审议批准，即为团体会员。

第二十五条 会员有遵守本会章程、执行本会决议、参加本会活动、接受本会委托工作、缴纳会费的义务；有选举权、被选举权，有对本会工作的建议、批评和监督权，有享用本会福利设施等权利。

第二十六条 团体会员接受本会委托，负责代为联系本会在该地或该系统的个人会员。

第二十七条 会员著作权及相关合法权益受到侵犯时，有权要求本会予以保护。本会有责任提供法律咨询、纠纷协调等服务，依法维护会员的合法权益。

第二十八条 会员有退会自由。会员要求退会时，由本会书记处确认，终止其会籍。

第二十九条 会员如违反本会章程、违背职业道德、社会公德、公序良俗，或违纪违法，由本会书记处视情节轻重，决定予以批评教育、暂停会籍或取消会籍。

第四章 组 织

第三十条 本会的组织原则是民主集中制。

本会的最高权力机构为中国作家协会全国代表大会。全国代表大会代表，由团体会员组织所在地或系统所属会员民主协商、选举或推举产生。

全国代表大会的职责是：（略）

全国代表大会每五年举行一次，必要时由全国委员会决定提前或延期召开。

第三十一条 全国委员会由全国代表大会选举产生。其中各团体委员由团体会员从其主要负责人中民主协商推举产生，报请全国代表大会主席团审议通过。

在全国代表大会闭会期间，全国委员会负责行使下列职权：（略）

全国委员会团体委员的变更和增补，由团体会员推举人选，报请主席团审议通过。

全国委员会会议每年举行一次，由主席团召集，必要时由主席团决定提前或延期召开。

第三十二条 全国委员会选举主席一名，副主席、主席团委员各若干名，组成主席团。主席团会议由主席或主席委托的副主席召集，每年举行一至二次。全国委员会闭会期间，由主席团负责执行全国代表大会和全国委员会的决议。

第三十三条 主席团推举书记若干人组成书记处，负责处理本会日常工作，并根据需要及有关规定建立相应的工作机构和若干由相关作家、评论家等组成的专门委员会。

第五章 经费及资产管理

第三十四条 本会的经费来源：

一、财政拨款；

二、会员会费；

三、社会资助；

四、其他合法收入。

本会鼓励和争取多方吸纳社会资金，为繁荣社会主义文学事业服务。

第三十五条　中国作家协会的资产受法律保护，任何单位和个人不得侵占、挪用和任意调拨。中国作家协会所属企业、事业的资产隶属关系不得任意改变。

第六章　附　则

第三十六条　中国作家协会的英文全称为"China Writers Association"。

中国作家协会会徽图案内容为：以标点符号逗号为构图主体，形如朝阳，象征着蓬勃向上、繁荣发展的文学事业。

中国作家协会会址设在北京。

第三十七条　本章程解释权属于中国作家协会全国委员会。

第三十八条　本章程经中国作家协会全国代表大会通过实施。

解析： 章程是纲领性的文书，必须通过成员大会或代表大会通过。一般的规范性文书，不可以使用"章程"的字样，而是用办法、规定更适宜。注意简章不是章程，它只是对某项工作或某个事项的原则、要求、方式、方法做出规定的文书，更接近于规定和办法的性质。章程要遵循从总到分、从上到下、从内到外、从中央到地方的顺序，具有严密的逻辑性，一个条款一个意思，不可混淆。

10.3　办法

办法是机关单位为了实施法规或制度而制定的具体法则，它侧重于具体的操作方法，条款具体、完整，不能抽象笼统，具有比较强的可操作性。办法分为实施办法、管理办法等。

制度和办法存在以下不同，如表 10.1 所示。

表10.1 制度和办法的不同

类别	概念	侧重点	性质
制度	要求大家共同遵守的办事规程或行动准则	一般是经过某种特定程序通过的，大家共同遵守的行为准则。我们可以理解为包括部门规章等法定效力较高的文件，效力高于办法，且一般带有基础性和长久性	是具有法律性质的文件，针对有关法律、法令进行辅助性和阐释性的补充，可以比较全面、系统地规定某些重大事项的管理和处置
办法	处理事情或解决问题的方法	是一种规范性文件，效力低于法律和规章，有行政约束力，且一般带有时效性	办法是在有关法令、条例、规章的基础上，对有关工作、有关事项的具体办理、实施提出切实可行的措施，供大家共同执行

范文 10-3

××大学信息公开实施办法（试行）
（××大学20××年12月20日发布）

第一章 总 则

第一条 为保障学校师生员工和其他有关组织或个人依法获取学校信息，提高学校工作的透明度，促进依法治校，推进民主办学，规范学校信息公开工作，根据《中华人民共和国高等教育法》《中华人民共和国政府信息公开条例》《高等学校信息公开办法》等规定，结合实际，制定本办法。

第二条 本办法所称信息，是指学校在开展办学活动和提供社会服务过程中产生、制作、获取的以一定形式记录、保存的信息，应当按照有关法律法规和本办法的规定及时、准确地公开。

第三条 信息公开应遵循公正、公平、便捷的原则，做到机制完备、制度完善、程序规范、内容准确。公开信息不得危及国家安全、公共安全、经济安全、社会稳定和学校安全稳定。

第四条 信息公开应依法处理好保障公众知情权同保守国家秘密、维护学校利益、尊重个人隐私或商业秘密之间的关系，建立健全信息发布保密审查机制。公开信息前，依照法律法规和国家其他有关规定对拟公开的信息进行保密审查。

第二章 工作机构和职责

第五条 学校设立信息公开工作领导小组,负责领导学校信息公开工作,推进、指导、协调、监督学校信息公开工作。领导小组下设信息公开办公室、信息公开监督办公室和信息公开保密审查办公室,并向社会公开工作机构的名称、负责人、办公地址、办公时间、联系电话、传真号码、电子邮箱等。

第六条 信息公开办公室设在党政办公室,负责协调信息公开的日常工作。具体职责是:

(略)

第七条 信息公开监督办公室设在监察处,负责信息公开工作的监督检查。具体职责是:

(略)

第八条 信息公开保密审查办公室设在校保密委员会办公室,其职责是负责学校信息公开的保密审核,对学校拟公开的信息进行保密审查。内设机构在公开信息前,应当依照法律法规和学校有关规定对拟公开的信息进行保密审查。按照"谁公开,谁负责"的原则,由内设机构主要负责人审查确定是否公开。如对信息不能确定是否可以公开时,应当报信息公开保密审查办公室审查。

第九条 内设机构在学校信息公开领导小组统一领导下负责本单位信息公开各项工作。内设机构主要负责人是本单位信息公开工作的第一责任人。

第十条 内设机构应当建立健全本单位信息公开制度,明确本单位信息公开的具体内容,编制本单位信息公开年度报告,并指定专人负责信息公开日常工作。

第三章 公开的内容

第十一条 学校信息依其性质划分为三类:主动公开的信息,依申请公开的信息,不予公开的信息。在公开信息时,应当明确信息的性质、公开的范围和途径。

第十二条 学校应当主动公开的信息内容包括:

(略)

第十三条 除学校主动公开的信息外,师生员工或者其他组织、个人(以下简称"申请人")可以根据自身学习、科研、工作、生活等特殊需要,以书面形式向学校申请获取相关信息。

第十四条　学校对下列信息不予公开：

（一）涉及国家秘密的；

（二）涉及商业秘密的；

（三）涉及个人隐私的；

（四）法律、法规和规章规定及学校规定的不予公开的其他信息。

其中第（二）项、第（三）项所列的信息，经权利人同意公开或者学校认为不公开可能对公共利益造成重大影响的，可以予以公开。

第十五条　在一定时期内，涉及学校办学的重要事项，采取先校内公开，再向社会公开的方式公开。涉及办学的有关重要数据和资料，经学校信息公开工作领导小组审核同意后，再向社会公开。

第四章　公开的途径和要求

第十六条　主动公开的信息，根据实际情况，通过以下一种或几种方式进行公开：

（一）学校网站（设置信息公开专栏）、校报校刊、校内广播、公告栏、电子屏幕、电子政务系统等校内媒体；

（二）报纸、杂志、广播、电视、网站等校外媒体；

（三）年鉴、会议纪要等文字方式；

（四）其他便于公众及时、准确获取信息的方式。

第十七条　属于主动公开的信息，应当自该信息制作完成或获取之日起20个工作日内予以公开。公开的信息内容发生变更的，应当在变更后20个工作日内予以更新。学校决策事项需要征求师生意见的，公开征求意见的期限不少于10个工作日。法律法规对信息内容公开的期限另有规定的，从其规定。

第十八条　申请人申请公开学校层面的信息，由学校信息公开办公室统一受理、统一答复；申请人申请公开内设机构信息，由内设机构受理和答复。对申请人的信息公开申请，根据下列情况在15个工作日内分别做出答复：

（略）

第十九条　申请人向学校申请公开信息的，应当出示有效身份证件或者证明文件，学校有权将相关证明文件复印留存。申请人有证据证明学校提供的与自身相关的信息记录不准确的，有权要求学校予以更正；学校无权更正的，应当转送有权更正的单位处理，并告知申请人。

第二十条　学校向申请人提供信息，除可以按照省级价格部门和财政部门规定的收费标准收取检索、复制、邮寄等成本费用外，不得收取其他费用。收取的费用应当纳入学校财务管理。不得通过其他组织、个人以有偿方式提供信息。

第五章　监督和保障

第二十一条　学校信息公开工作领导小组和信息公开监督办公室应当加强对信息公开工作的监督检查。学校将信息公开工作开展情况纳入内设机构领导班子和领导干部综合考核内容。

第二十二条　信息公开监督办公室定期组织信息公开评议。建立健全信息公开评议制度，邀请党代会和教代会代表、师生代表等有关人员组成信息公开评议委员会或者以其他形式，定期对学校及内设机构信息公开工作进行评议，并公布评议结果，强化结果运用。

第二十三条　学校师生员工和其他有关组织或个人认为学校或有关单位未按照本办法履行信息公开义务的，可以向学校信息公开监督办公室举报，信息公开监督办公室应当及时处理，并以适当方式向举报人告知处理结果。

第二十四条　信息公开办公室负责编制学校信息公开工作年度报告，并按规定时间报送××省教育厅。

第二十五条　学校及内设机构应将开展信息公开工作所需经费纳入年度预算，为信息公开工作提供经费保障。

第六章　附　则

第二十六条　已经移交档案管理机构的学校信息的公开，依照有关档案管理的法律、法规和规章执行。

第二十七条　本办法由信息公开办公室负责解释。

第二十八条　本办法自2015年1月1日起施行。

解析：办法是针对某一方面的工作而制定的可供执行和落地的方法，因此一定要写得具体明确,便于操作,还要注意时效性和实践性。办法的标题一般是"规范对象、范围+文种",比如《国家行政机关公文处理办法》。如果办法是以公文的形式发布的,而公文中已经明确提到了发布时间和单位,则可以省略。

10.4 规程

规程是组织或企业为了使得工作顺利完成而制定的一些具体规定,它是一种实操性文书,大量使用在工作、实验、生产、施工等环节,要求成员按照统一的要求和程序操作并执行。它分为考试规程、技术规程、竞赛规程、工作规程,等等。

规程的标题一般为"事由+文种",比如《城市房屋拆迁工作规程》。正文可以是条目式的,不分章,也可以按照总则、分则、附则的样式去写。先要说明制定规程的目的、意义、依据和适用范围,接着列出各项具体内容,这些内容要与实践工作中的操作顺序相吻合,结尾要写明实施日期、解释权属和相关的操作说明,等等。文末右下方署上制发单位名称和制发日期,也可以不署名和不写日期。

范文 10-4

××厂空压机安全操作规程

1. 输气管应避免急弯,对较长管路应设伸缩变形装置。打开送风阀前,必须事先通知工作地点的有关人员。

2. 空气压缩机出气口不得有人工作,储气罐放置地点应通风,严禁日光晒和高温烘烤。

3. 距储气罐15米以内不得进行焊接或热加工作业。进行焊接和热加工作业时,10米范围内无易燃易爆物品,按规定配备足够数量的有效的防火器材,并能正确使用。

4. 压力表、安全阀和调节器等应定期校验,保持灵敏有效。电动空气压缩机的外壳接零良好,并经漏电保护。

5. 发现气压表、机油压力表、温度表、电流表的指示值突然超过规定或指示不正常;发生漏水、漏气、漏电、漏油或冷却突然中断;发生安全阀不停放气或空气压缩机声响不正常等情况,而且不能调整时,应立即停车检修。

6. 严禁用汽油或煤油刷曲轴箱、滤清器或其他空气通路的零件。停车时应先降低气压。

7. 应急准备和响应。

（1）发生机械伤害时，立即关闭电源，停止作业，向项目主管人员报告，安排现场医务人员或经过专门培训人员实施止血简单救护后，立即送当地医院抢救。

（2）发生触电时，立即关闭电源或用事前准备好的绝缘棒挑开电源线，同时向项目主管人员报告，拨打急救电话，确认触电人员不带电后，对已昏迷人员经过专业培训人员实行人工呼吸，等待急救人员抢救。

8. 其他注意事项。

（1）每次作业前及作业中应注意周边情况的变化。

（2）施工中注意人员的情绪及精神状态，发现异常情况应及时向班组长或其他管理人员汇报。

（3）当发现现场情况不对时，作业人员应停止作业，发现违章指挥要拒绝执行。

（4）对现场发现的任何不安全的情况，均要做出积极反映，告知相关人员并及时向班组长或现场的其他管理人员报告。

（5）当发生紧急情况，应迅速有序地撤离危险区域，服从应急统一指挥，对于受伤人员尽己所能积极参与急救。

解析：规程一般由专业人员参与撰写，否则可能会发生"外行指导内行"的情况，写出来的规程对现场和实际工作缺乏指导性，甚至会传递错误信息，不利于工作的开展。规程的语言最好通俗，文字要简洁，易懂易记，便于实践。

10.5 规划

规划是从全局、宏观的角度对某一地区、某一行业、某一领域、某一业务做出的带有战略性的计划，它着重于长远的发展。对于规则，按内容可分为生产规划、建设规划、工作规划等，按时间可分为短期规划、长期规划，按范围可分为全国规划、地区规划和单位规划。

规划的标题一般是"制发单位＋内容＋文种"，比如《××市"十四五"新型城镇化规划》。规划的前言一般写制订规划的缘由、目的、意义、背景等，正文可以先分析现实情况，再规划前景，接着再写为实现规划所采取的对策和措施，结尾写规划单位和日期。

范文 10-5

××市住房发展规划(2021—2025年)

××市住房发展规划编制工作领导小组
××市城市规划设计研究总院
2021年8月

目录

第一章　总则
　　第一条　规划目的
　　第二条　规划依据
　　第三条　规划范围
　　第四条　规划期限
　　第五条　概念界定
第二章　发展形势与需求
　　第六条　"十四五"发展形势
　　第七条　住房发展需求
第三章　住房发展总体规划
　　第八条　指导思想
　　第九条　发展目标
　　第十条　发展空间布局
第四章　住房发展主要任务
　　第十一条　优化完善住房保障体系
　　第十二条　促进住房市场平稳健康发展
　　第十三条　提升住房质量与环境品质

第五章　加强实施保障措施

　　第十四条　建立健全长效机制

　　第十五条　加强相关政策保障

　　第十六条　完善规划实施机制

第六章　附则

　　第十七条　生效日期

　　第十八条　解释权限

（以下内容略）

解析：写规划要立足现在、着眼未来，但内容要符合实际，要考虑到可能会造成障碍的因素，不可乱画蓝图。规划中提出的具体措施要具体、可行，不能顾此失彼。

规定

规定是各级机关、企事业单位、社会团体等在自身的权力和职责范围内，对专门的某项工作做出具体的安排、规范和限定的文书，它一般涉及一些政策性、限定性、法规性的内容，具有较强的约束力。按照性质，规定分为政策性规定、管理性规定、实施性规定和补充性规定。

规定的标题一般为"发文机关＋事由＋文种"，也可以只写"事由＋文种"。比如《国务院关于在线政务服务的若干规定、关于实施〈劳动保障监察条例〉的若干规定》。标题当中可以加"若干""几项""试行""暂行""补充"等限定词。如果规定是用公文形式下发的，可以不写公布日期。若规定是用于张贴的，可注明做出规定的日期。

规定的正文一般要写清楚缘由、事项和说明。缘由，即总则部分，写清楚制定规定的背景、目的、依据和意义等；事项，即分则部分，需要写清楚"应该怎样""不应该怎样""违反了会怎么处罚"等问题。结尾，即附则部分，需要说明制定权、解释权和实施日期等。

范文 10-6

国务院关于在线政务服务的若干规定

第一条　为了全面提升政务服务规范化、便利化水平，为企业和群众（以下简称"行政相对人"）提供高效、便捷的政务服务，优化营商环境，制定本规定。

第二条　国家加快建设全国一体化在线政务服务平台（以下简称"一体化在线平台"），推进各地区、各部门政务服务平台规范化、标准化、集约化建设和互联互通，推动实现政务服务事项全国标准统一、全流程网上办理，促进政务服务跨地区、跨部门、跨层级数据共享和业务协同，并依托一体化在线平台推进政务服务线上线下深度融合。

一体化在线平台由国家政务服务平台、国务院有关部门政务服务平台和各地区政务服务平台组成。

（略）

第十三条　电子签名、电子印章、电子证照及政务服务数据安全涉及电子认证、密码应用的，按照法律、行政法规和国家有关规定执行。

第十四条　政务服务机构及其工作人员泄露、出售或者非法向他人提供履行职责过程中知悉的个人信息、隐私和商业秘密，或者不依法履行职责，玩忽职守、滥用职权、徇私舞弊的，依法追究法律责任。

第十五条　本规定下列用语的含义：

（一）电子签名，是指数据电文中以电子形式所含、所附用于识别签名人身份并表明签名人认可其中内容的数据；

（二）电子印章，是指基于可信密码技术生成身份标识，以电子数据图形表现的印章；

（三）电子证照，是指由计算机等电子设备形成、传输和存储的证件、执照等电子文件；

（四）电子档案，是指具有凭证、查考和保存价值并归档保存的电子文件。

第十六条　本规定自公布之日起施行。

解析： 规定既有政策性，又有管理性，因此，写规定既要明确原则，又要根据实际情况提出处理问题的具体措施，这就需要我们在写规定时，既要有概括性表述，又要有具体性的表述。规定的写法比较灵活，复杂一些的规定可以分成若干章，而简单的规定用条目式的写法列明即可。

10.7 规则、守则、公约

规则、守则和公约，是制定出来供特定对象共同遵守的行为准则，但三者的写法存在区别，如表10.2所示。

表10.2 规则、守则和公约写法的不同

类别	制发机关	标题写法	正文写法
规则	规则的约束力比较强，多为国家机关公布，少数由单位和部门制定	规则标题一般由"发文机关＋事由＋文种"组成，也可只写"事由＋文种"，比如《××图书馆借书规则》《城市交通规则》	开头先写制定规则的目的、依据，接着分条写明条款，也可按总则、分则、附则的顺序写。标题下方可注明发文机关名称和发布时间，用圆括号括起来，有时也可以写在文末右下方
守则	守则需要成员共同遵守，一般是由上级或本单位、部门领导制定的	守则的标题由"执行对象＋文种"组成，比如《××公司员工守则》	将有关要求、该做什么、不做什么等，以条为序依次写明，名称和日期一般写在标题下方（用括号括起来）或正文右下方
公约	公约则是在自愿基础上制定的共同遵守的行为规范，一般由专人根据群众意见归纳和整理，最后交由群众表决通过、公布执行	公约标题一般由"概括内容＋文种"组成，比如《××小区电梯使用管理公约》	开头写明制定公约的意义和目的，也可以省略。接着写明公约内容，即大家需要共同遵守的事项，要通俗易懂、简单易记。结尾右下方写上订立公约的组织名称和日期

范文 10-7

全国大学生数学建模竞赛参赛规则

根据《全国大学生数学建模竞赛章程》（以下简称《章程》）和竞赛活动的实践，为了促进全国大学生数学建模竞赛活动的健康发展，保障竞赛的公正公平，特制定本规则。

一、指导教师和参赛学生必须严格遵守《章程》和《全国大学生数学建模竞赛论文格式规范》(以下简称《规范》)中的各项规定，认真履行所签署的《全国大学生数学建模竞赛承诺书》中的各项承诺。对违反承诺及不符合《章程》和《规范》要求的论文，将无条件取消评奖资格。

二、参赛学校有责任结合本校的学风建设，指导和监督参赛学生与指导教师严格遵守竞赛纪律，支持和配合全国大学生数学建模竞赛组织委员会(以下简称"全国组委会")及各赛区组织委员会(以下简称"赛区组委会")对违规违纪行为的调查与处理。

三、指导教师主要从事赛前辅导和参赛的组织工作，并有责任教育和监督参赛学生严格遵守竞赛纪律。指导教师在竞赛期间不得通过任何方式对参赛学生进行任何形式的指导(包括向学生解释赛题或提供选题、解题建议，提供参考资料，修改论文或提供修改建议等)，否则一律按违纪处理。对出现违纪行为的参赛队的指导教师，全国组委会两年内将不受理该指导教师指导学生参加本竞赛的报名申请。

四、抄袭是严重违反竞赛纪律的行为；参赛论文引用他人的研究成果或其他任何公开的资料(包括网上查到的资料)，必须按照规定的参考文献的表述方式在正文中加以引用，并在参考文献中明确列出，且不得大篇幅照抄，否则视为学术不端行为和违反竞赛纪律，相应的参赛队将被无条件取消评奖资格。

五、竞赛期间各参赛队必须独立完成赛题解答，禁止参赛队员以任何方式与队外的任何人(包括指导教师)交流及讨论与赛题有关的问题，参赛队员无论主动参与讨论还是被动接收讨论信息均视为严重违反竞赛纪律。竞赛期间参赛队员不得加入或留在涉及赛题讨论的互联网交流平台(含"贴吧"、QQ群和微信群等)，否则一律视为严重违反竞赛纪律。严重违纪的参赛队将被无条件取消评奖资格，并视情节给予相应的通报。

六、各赛区评阅专家组和全国评阅专家组要严格按照《章程》和《规范》要求对违纪行为把关，并将发现的违纪行为分别以书面形式报告各赛区组委会和全国组委会，由各赛区组委会和全国组委会对专家组的报告和其他渠道反映的违纪情况做出最终决定。对于查处违纪行为高度负责的赛区，全国组委会将予以表彰，在评选优秀组织工作奖时优先考虑；对于查处违纪行为严重不负责任的赛区，将按一定比例缩减该赛区下一年度送全国评阅的论文数量。

七、对严重的、典型的违纪行为,全国组委会(或赛区组委会)将以适当的方式给予公开通报批评。所属学校须对当事人进行批评教育并做出相应处理,并提出整改方案。

八、凡参与全国大学生数学建模竞赛的相关主体均视为无条件接受本规则。本规则未详述的内容详见《全国大学生数学建模竞赛章程》《全国大学生数学建模竞赛论文格式规范》《全国大学生数学建模竞赛承诺书》,以及全国大学生数学建模竞赛网站发布的通知等有关竞赛文件。

九、本规则自20××年××月××日起试行,最终解释权属于全国大学生数学建模竞赛组织委员会。

全国大学生数学建模竞赛组委会
20××年××月××日

范文 10-8

××培训中心学员守则

1.所有学员必须参加教学计划规定的课程学习,考核成绩载入成绩记分册,并归入本人培训档案。

2.学员务必按时上课、下课,不得迟到、早退,上课时不得离开教室。

3.学员上课学习实行考勤制,不能参加者应事先经过批准;对旷课的学员根据旷课时数,给予教育批评,直到纪律处分;无故旷课二天或累计超过六学时者,不得参加结业考试。

4.学员无故缺考或考试作弊者应给予纪律处分,并不得录用。

5.学员请假,一天以内须经班主任批准,累计三天以上者,取消考试资格。

6.上课时,不得使用各种通信工具,如果打开,应调为振动状态,课堂内不得打电话,若十分紧急,须经教师同意后方可离开教室。

7.学习期间,学员要讲究礼貌,尊敬教师。

8.要保持教室整洁,教室内严禁吸烟,不得随地吐痰,不得乱扔果皮纸屑。要爱护公共财物,损坏公物要按章赔偿,并给予相应的罚款和处分。

××培训中心
20××年××月××日

范文 10-9

××小区疫情防控居民公约

战疫情、重防护,群防控、莫恐慌。
听指挥、守秩序,非必要、不出门。
戴口罩、勤洗手,多消毒、常通风。
不扎堆、不聚集,一米线、要牢记。
不信谣、不传谣,不抢购、不囤积。
打疫苗、做核酸,测体温、不可少。
防输入、守好关,红白事、要简办。
健康码、常查验,行程卡、常自查。
红黄码、及时报,不隐瞒、早治疗。
人心齐、护家园,共携手、必能胜。

××小区

20××年××月××日

解析:制定规则前要预估工作中可能存在的主要问题和障碍,再针对这些情况制定一些约束性、防范性的条文,而且不可超越职权范围去制定规则,写作时要周详、明确。守则要通俗分明,切实可行,针对性强,条文尽量简单,不可太多太长;公约要注意自愿性和约束性结合,力求简短易记。

第三篇

宣传文书的写作技巧与案例分析

宣传文书，又叫传播文书，是为了配合一定时期的工作或活动，通过报道和发布信息，面向公众进行传播的文书。它的目的主要是向观众进行宣传、教育、鼓动和引导，以更好地配合工作或活动的开展。

宣传文书可以分为新闻类、广告类和序跋类三种。新闻类宣传文书主要是对一定时期的工作或活动进行报道的文书，包括消息、通讯、评论等。广告类文书包括广告、启事、海报、口号、标语等，公开而广泛地向公众传递信息，以达成广泛告知、吸引关注的目的。序跋类文书主要包括序言、跋文等，叙述一个作品的作意，介绍相情况，以便读者更好地理解作品。

第11章
新闻类宣传文书

- **11.1** 消息 / 269
- **11.2** 通讯 / 273
- **11.3** 新闻评论 / 279

党政机关公文和行政事务文书都属于应用文的范畴，遵循一定的写作范式和要求，而新闻宣传类文书不拘泥于某种格式，写法相对灵活多样一些。应用文和新闻类宣传文书的区别如表 11.1 所示。

表11.1 应用文和新闻类宣传文书的区别

类别	语言风格	功能	文体	写作主体
应用文（党政机关公文＋行政事务文书）	程序化、格式化、中规中矩，用语凝练、简洁、规范，读来感觉严肃、庄重	传达政令政策、处理公务，使公务工作正确、高效地运行	批复、通知、通报等15种党政机关公文及工作简报、讲话稿、合同、章程、公约等行政事务性文书	多为本单位文秘人员、专业人员
新闻类宣传文书	可用特殊语言、表达程序和表达风格来吸引读者（受众）的视听。文辞相对生动、读起来不枯燥	对内动员、对外宣传	消息、通讯、特写、采访札记、调查报告及新闻评论等	对写作主体无明确要求，甚至可聘请外单位人手撰写

一般来说，应用文更多是为了维持日常工作而写的，大多数应用文都有相对明确的阅知范围，而新闻类宣传文书更多是突出亮点、典型，追求"最大范围内被阅知"。

11.1 消息

消息是新闻写作中运用得最广泛的一种文书，它一般是指新闻媒体对最新发生的事件、事实所做的报道，其表现形式一般是新闻稿。写好新闻稿后，可以用文字的形式发布，也可用音频、视频等方式发布。

消息一般分为动态消息、综合消息和典型报道等。动态消息一般只反映一个新事件或新情况，综合消息一般是将不同地区、不同条线、不同领域中发生的具有共性的新闻事实集中呈现出来的一种报道形式，而典型报道则是对某地区、单位、人物、事件中涌现出来的典型人物或事迹进行采访、调查、评价后，借以教育读者、启示他人的一种新闻类文书。

消息的标题非常多样化，可以有引题、主题和副题。引题主要用来交代背景、意义、原因、目的等或单纯起一个烘托作用；主题也叫正题，是概括新闻中最重要的、最核心的内容；副题又叫辅题，主要用来解释或补充主题。

例如：
取长补短，提高能力（引题）
沪港将互派公务员（正题）

例如：
主题：××集团科技创新激活"老产业"（正题）
副题：近5年累计投入××亿元，完成国际先进水平项目××项（副题）

例如：
中国电影史翻开崭新的一页（引题）
上海国际电影节开幕（正题）
33个国家和地区的164部影片参展参赛（副题）

导语是消息中必写的内容，一般它能起到吸引注意、概括内容、陈述背景、表达态度等作用。好的导语要做到"抢耳""抢眼"，用最凝练的文字，一语破的，最好能起到开门见山、立竿见影的效果。

导语的写法不拘泥于某种形式，可以另辟蹊径，我们简要介绍以下几种。

（1）一语道破式。例如，导语中就写一句话："日本投降了！"

（2）设置悬念式。以发问的形式引导读者往下看，例如："科学家究竟找到暗物质了吗？"

（3）欲擒故纵式。采用先扬后抑或先抑后扬的方法，制造"矛盾"，比如"×国总统说经济复苏就在眼前，可另一项调查数据显示，该国失业人口达到了×××万"。

（4）数字对比式。用具有说服力的数字去引导读者思考问题，比如"如果有一个案件出现问题，对于司法部门来说可能只是1%的差错，但对于当事人来说却是100%的不公平"。

（5）速写勾画式。将导语写得很有画面感，让读者如临其境，比如"两会期间的人民大会堂北大厅通道，当这条铺着红地毯的著名'部长通道'迎来一位又一位代表时，伴随着闪光灯的'咔嚓'声，守候在此多时、希望逮到'猛料'的记者们纷纷抛出一个个'问号'"。

（6）巧用背景式。在导语中巧妙地运用背景材料，引出正题。比如"一千年前，北宋大文豪苏东坡在惠州水东白鹤峰顶购地数亩，自己设计和筹建新居。后人将其故居改为祠堂以做纪念。如今苏东坡祠正在重修，并将于周边历史文化街区等相互衔接，使之成为惠州文化地标"。

（7）对话开头式。在导语中用对话把相关的信息引出来，比如下面的一段话："为什么由××银行代政府发放生活补助金和抚慰金呢？"当记者问到××银行董事长×××这个问题时，他回答"因为××银行在这里是灾后恢复营业最早的银行"。

（8）警句开头式。一开头就用一句警句以震撼读者，比如下面的一段话："要让其灭亡，必先让其疯狂"，从2019年开始，××编造假项目，自建P2P疯狂集资，坑了上千人，涉案金额达××亿元。

（9）写景开头式。一开始不写新闻事实，而是以写景的方式将读者带入新闻场景中，比如"××河畔，人头攒动，流光溢彩，各式的彩灯洋溢出浓浓的年味，热闹非凡……××市首届大型迎春游园灯会将在这里举办"。

究竟使用什么方法写新闻导语，要从文章的整体构思、中心思想出发去衡量，找到最佳切入点，争取将导语写得新鲜、有趣，给人留下深刻的印象。

导语后面是主体，需要浓墨重彩去阐述新闻事实，描述新闻事件的全貌。一般来说，我们可以按照起因、经过、结果的顺序安排写作材料，也可以按照事物的因果、主次、点面等逻辑关系去安排结构层次。

人们常说，写文章要"凤头，猪肚，豹尾"，可见主体内容就相当于"猪肚"，"猪肚"就得"有料"。因此，在写消息的主体内容之前，我们需要收集大量质量较高、内容丰富的新闻素材，再将那些必要的、重要的、典型的材料遴选出来进行加工，做到言之有物，持之有据。

消息主体部分的写作最忌"积累不足，空洞无物"。俗话说，"台上十分钟，台下十年功"，写消息也需要大量收集、积累素材，不可随意拼凑，不然很容易把消息写得平淡、枯燥，甚至满篇"假、大、空"。当然，也不能把所有材料都堆砌在一起，而是要学会去芜存菁。比如，写记叙文要写清楚主次，写说明文要注意详略得当，写议论文要少一些说教式的文辞，多一些典型事例和理论依据。

结语部分是"豹尾"，要么自然顺畅地交代结果，要么画龙点睛、列明重点，要么呼应开头、启发联想、感慨抒情，总之要尽量做到延伸主题、启发思维、令人回味。

范文 11-1

××集团整体上市工作圆满收官

20××年××月××日，××集团公司整体上市募集配套资金新增股份×××股完成登记托管手续，标志着××集团公司整体上市工作圆满收官。募集配套资金新增股份登记后，上市公司总股本由××××亿股增加至××××亿股。

根据省政府和省国资委批准并经中国证监会核准的方案，××集团公司整体上市分为吸收合并和募集配套资金两个环节，一次审核两次发行：一是上市公司发行股份吸收合并集团公司，实现整体上市；二是吸收合并完成后，上市公司向特定投资者和20××年度员工持股计划发行股份募集配套资金。集团公司"整体上市＋配套融资＋员工持股"的方案设计，开创了省内国企混合所有制改革的成功先例。

上市公司吸收合并集团公司即整体上市事项已于20××年××月××日实施完毕。根据整体上市方案，本次向特定投资者和20××年度员工持股计划共募集配套资金××亿元，其中员工持股计划认购资金×亿元，其他投资者认购资金×亿元。本次配套募集资金到位后，将进一步提高××集团的资本实力和投资能力，改善公司资产负债结构，推进企业转型升级，增强公司持续经营能力。同时，员工持股计划的成功设立，充分体现了员工对企业发展的坚定信心和高度责任感，有利于打造所有者和劳动者利益共同体，完善激励约束机制，巩固人才根基，释放企业活力，提高企业效率。

××集团公司整体上市，是省委省政府科学决策结出的喜人硕果，是新的历史条件下我们党领导国有企业做强做优做大的真实写照。在省委省政府的坚强领导下，××集团将乘着整体上市东风，利用资本市场平台，再度扬帆起航、再创辉煌。

解析：写消息一定要确保内容真实，报道中引用的数据、资料准确无误，不能曲解或掩饰真相。撰写者的观点和倾向不是基于个人情感，而是基于客观事实得出的。消息一般要求"事发文成"，写作速度要快，而且不宜写太长，以免弱化真正想要报道的主题。

通讯

通讯是新闻报道的另一种形式，也是新闻媒体常用的一种文体。它是用记叙、议论、抒情等表达方式，迅速而又具体地报道典型人物或事件的一种文书。通讯和消息都属于新闻文体，但二者存在以下区别，如表11.2所示。

表11.2　消息和通讯的区别

类别	内容	形式	风格	时效
消息	简单，只反映一个事件、一个问题、一个人物事迹，一事一报	程式性比通讯强，遵循一定的写法	朴实，内容简明扼要，文字干净利落，短则几百字，多则几千字	时间性强，注重时效，报道快速及时
通讯	详细丰富，反映一系列同主题的事件、问题、人物事迹。容量大，范围广，取材比较全面、完整	创造性、文学性比消息强，写法灵活多样	富有文采，可使用比喻、拟人、排比、反问等修辞手法，提高语言表现力。篇幅较长，甚至可写上万字	对事实的表达多样化，结合叙述，兼以描写、说明、抒情或议论，富有感情色彩或理论色彩。与消息相比较，通讯的描写偏多

通讯一般分为工作通讯、事件通讯和人物通讯。工作通讯大多用于记叙和分析相关工作的经验、问题，起到传播经验、揭露问题、探讨新课题的作用。事件通讯重点描绘社会上带有典型性、倾向性及人们关注的热点、痛点问题，从而表达某种倡导和思想。人物通讯是以人物为中心，为一个人、一群人全面立传，集中反映某一类人的思想品质或者精神。

通讯没有约定俗成的写法，但在结构安排上讲究逻辑清晰，主要有纵式、横式、纵横结合式、蒙太奇式、对比式、悬念式等结构形式安排，如表11.3所示。

表11.3　通讯的结构安排

结构形式	概　念	案　例
纵式	按事物发展的时间顺序或认识事物的逻辑思维顺序去安排层次	地震灾害发生后，先写受灾情况，后写救灾情况，再写灾后重建工作

续表

结构形式	概　念	案　例
横式	用空间转化的方式安排结构，或围绕主题按材料性质的分类安排层次	××公司获得全国五一劳动奖章，可从遵纪守法、科学发展、自主创新、安全生产、劳资关系和谐、积极履行社会责任等几个层面去拟写这条通讯
纵横结合式	以时间为"经"、空间为"纬"，交替转换来组织材料和安排层次	《为了61个阶级兄弟》一文中，61个阶级兄弟中毒后向首都呼救求援，在时间方面写求援的前后，空间方面写各方面同心协力筹备送药，最后再写夜间投药的经过和抢救成功
蒙太奇式	只突出事物的主要特征，像戏剧一样一幕幕呈现再进行组合	写疫情防控中的急救英雄，分别从医院、血站、120指挥中心等事件发生地点中择取典型人物的事迹，反映这些急救英雄的精神风貌
对比式	通过事物矛盾对立的两个方面，形成鲜明对比，惩恶扬善，宣传成功经验和总结失败教训	客车司机见义勇为被捅伤，数十名乘客麻木旁观
悬念式	通讯开头提出问题、设置悬念，吸引读者往下看	已经进入腊月了，在外打工或工作的人们都潮水般地赶回家乡过年。然而，临门的春节也没有挡住他远行的脚步（接下来写××区人民法院执行一局副局长×××为民执法的情况）

通讯没有固定的写作范式，需要根据报道的内容，选择最恰当的写作手法。写通讯一定要注意信源真实、准确，尽量不掺杂个人观点，语言要平白朴实，节奏简洁明快，内容生动具体。既要注重谋篇布局，也要注重文采。简而言之，就是：文首要好——精彩动人，吸引眼球；文尾要妙——意味深长，令人深思；文中要悬——悬念迭生，引人入胜；章回互应——环环相扣，扣人心弦。如果一篇通讯能做到以上几点，便是一篇佳作了。

范文 11-2

精准扶贫出实招，聚力攻坚拔"穷根"
——××集团公司因地制宜促脱贫

××月××日凌晨六点，××省××市××县××乡××村村民高××早早便来到自家的早餐店，开始点火、和面、揉面、切菜……8点半，黄灿灿、香喷喷的包子、馒头已经出炉。周边的村民，不时光顾她的早餐店，生意不错。

高××所在的村地处××山深处，海拔××××米，距县城×××千米，自然条件恶劣，环境闭塞。她的早餐店，是在××公司精准扶贫工作队队员、××村第一书记田××的鼓励、帮助下开起来的。如今，年纪轻轻的她，靠开餐饮店成为村里勤劳致富的典型。

说起村第一书记田××，高××有点儿激动："田书记驻村两年多，我们村蔬菜大棚、孵化基地、鱼塘、养鸡合作社建起来了，村民吃肉、吃菜、吃蛋难的问题解决了。"

多年来，××集团公司高度重视扶贫工作，派驻××县4个村的精准扶贫工作队和××县8个深度贫困村第一书记，坚持把产业扶贫、智力扶贫作为脱贫攻坚主攻方向，把贫困劳动力转移就业作为脱贫攻坚支撑手段，高质量做好扶"智"脱"贫"工作。

一村一产业，一户一项目

驻村工作队因地制宜，精心制订定点村特色产业发展规划，引导村民积极调整产业结构，采取"公司+农户"经营模式，带动农民由传统农业向特色农业转型，帮助每个村在种植业、养殖业、畜牧业及小型加工业方面优选2~3个品种和项目，初步形成一村一品、区域联动的扶贫产业发展格局，重点把贫困户紧密连接在产业链上，确保村有主导产业，户有增收项目。

定点扶贫的××县××乡××村以前是深度贫困村，近年来重点发展核桃、红枣种植，积极推进畜禽养殖业，20××年××月一举摘掉了深度贫困村的"帽子"，人均可支配收入由20××年××元增加到20××年的×××余元。"驻村工作队不仅给我们出金点子，帮我们发展特色种植、畜禽养殖，还在网上帮着村民销售农副产品，连续5年组织××公司职工认购'爱心核桃''爱心红枣'，让我们村4200亩核桃、600亩红枣不愁销路。"××村委会主任艾××说起村里的脱贫致富工作，不住地称赞××集团。

扶贫先扶智，"输血"更"造血"

驻村工作队根据当地群众的需要，有针对性为村民开展农业种植、畜牧养殖、林果业种植、西式糕点制作、中式面点制作、裁缝裁剪技术及钢筋工、砌筑工等职业技能培训，掌握一技之长，提高劳动就业、自主创业能力；鼓励、指导村民大力发展庭院经济，生活水平明显得到改善；带领村民建起了小型磨面厂、温室大棚、纺织服装厂、果品加工厂、鸽子合作社及电站扩容、万寿菊种植等一批扶贫项目，带动万余名当地贫困群众增收。××县××乡××村工作队队长李××说："90%以上的村民每月有固定收入，家里的日子一天比一天好。"

20××年以来，××集团连续×年选派××个工作队、×××名干部，赴××县×个村、××县×个深度贫困村开展精准扶贫驻村工作。×年来，共投入××××多万元资金，实施"惠民生"项目×××个，修公路、打水井、盖房子、安装路灯、修防渗渠、更换灌溉水线等，解决了村民出行困难、用水紧张、房子破旧状况；修建了村民文化中心、儿童托幼中心、小学食堂，完善了村卫生所，改造了村委会、幼儿园、小学卫生间，为困难家庭安装天然气，统筹资金集中新建×××余套轻钢结构富民安居房和游牧民定居房，改善了村容村貌。

解析： 写工作通讯要注意将典型性与新闻性相结合。通讯选题要对准新人、新事、新风尚，反映的问题要能体现中心工作和时代发展趋势，能反映广大群众的诉求和意愿，具有现实意义。写工作通讯可以由点及面、点面结合，用事例和数据支撑观点。

范文 11-3

不忘初心，无愧于心
——记201×年度××银行"最美客户经理"罗××

二十五年前，他是一位只有大专学历的渔家弟子。入职××银行后，他先是被安排当经警，随后转为柜员、信贷员，继而成为授信风险经理、高级客户经理。在××银行工作期间，他先后考取本科学历及××资格证书等，成为业务上的"多面手"。201×年，他被××银行总行授予"最美信贷员"荣誉称号。

他，就是××银行××分行××支行高级客户经理罗××。

真心为民，坚守海岛25年

××岛由于受地理环境的制约，出入都需要乘船，且海岛的各项设施、交通与生活环境、工作条件相对陆地来说都是艰苦的、不便的。近几年来，不少海岛群众致富后，都迁居××等城市居住。在××支行工作的员工，绝大部分已申请调动或交流到县城的营业网点工作，只有罗××几十年来一直坚守初心，坚守海岛。他说："我生在××岛、长在××岛，对当地风土人情熟悉，与群众感情深厚，开展金融信贷与存款业务有先天的优势与有利条件，我真的不愿意离开朝夕相处的父老乡亲。"

正是怀着与人民群众鱼水情深的信念，也正是有着真心实意为群众提供贴心服务的精神支撑，他坚守海岛25年。××支行的员工都亲切地叫他"罗哥"，海岛一万多名群众几乎没有不认识他的，群众也喜欢叫他"罗哥"。

谈起信贷工作，罗××说："接地气、串农户、登渔船、贷前审、贷后查，是我每天工作的常态与必做的工作。"他通过下乡走访、现场办公、多渠道加强信息沟通等方式，全面了解渔、农业生产资金需求，抓住渔民渔船更新改造有利时机，有针对性地开展贷款营销。201×年年底，××支行向卫××、戚××、陈××等一批渔民发放贷款×××万元，比年初净增×户、×××万元。在罗××的努力下，至201×年12月底，××支行存量贷款达到×××户、×××笔，贷款总额×××万元，其中201×年全年新增农户贷款××户、×××笔，累计发放×××万元，收回××××万元，贷款比年初净增××××万元，完成分行下达年度营销任务的150%，贷款无拖欠利息，七级分类形态属正常一类。"罗哥"为××银行支农支渔、践行普惠金融服务，为大力推广新业务品种做出了新贡献，业绩显著。

贴心扶贫，主动为重点扶贫对象提供上门服务

雷××、谭××、戚××等3人是201×年××遇难事件中被海军官兵成功救助而幸存下来的渔民。当天多艘渔船遭遇强台风沉没后，渔民们失去了渔船及网具等生产工具，导致家庭生活困难，无法再出海捕捞作业，他们的渔业生产发展和家庭生活受到了严重影响。经过一段时间的休养和调理，三位渔民身心恢复常态，重拾信心，拟重新建造钢铁渔船继续赴西沙、南沙从事深海捕捞作业，挽回经济损失。无奈的是，他们均缺乏建造渔船资金。

罗××知道情况后，亲自登门拜访，深入他们家中开展信贷调查，了解其资金需求状况，并将他们三户列入重点扶贫对象。从201×年年初开始筹建新船至201×

年期间，××银行××分行分批向三位渔民各发放造船贷款×××万元，并采取了灵活的贷款担保方式，解决了渔民们造船资金不足与抵押难的双重难题。为减轻这三位渔民的利息负担，经上级批准，××分行下调了他们的贷款利率。201×年5月，三位渔民驾驶新渔船前往南沙海域继续捕捞作业，三艘渔船均取得良好的经营收益。至201×年12月末，谭××已偿还渔船贷款本金×××万元、利息××万元；戚××已偿还渔船贷款本金××万元、利息××万元；雷××已偿还渔船贷款本金××万元、利息××万元。

精心防控，经手发放的贷款无一笔逾期

作为授信风险经理，罗××将信贷风险防范放在工作的首位。他说："发放的贷款若有沉淀，我就不配当这个授信风险经理。"

在贷款发放与信贷风险防范方面，他做了大量工作：一是切实做好贷款"三查"工作，加强对借款用途真实性的调查，把好源头发放质量关；二是加强对信贷档案管理，完善各项资料的合规性和完整性；三是贯彻相关信贷管理制度与规定，熟练掌握贷款规范化操作流程，加强信贷管理，提高信贷资产质量；四是加强贷后跟踪检查工作，通过现场检查、电话回访、交叉检查的方式，对辖区内的存量贷款、抵押物的完整性及评估价值变化情况，每季不少于一次逐户地进行实地检查；五是针对流动性较大的贷款项目，通过多渠道了解信息并开展实地检查，及时掌握已发放贷款的现状，防范化解信贷风险；六是严格执行分期还款计划，时刻掌握贷款户的经营和收入状况，督促销售现金回流，加强资金回笼，采取各种预防措施，防止贷款本金发生逾期。

由于做到了用心防风险，多年来罗××发放的贷款没有一笔形成逾期，每一年他都能按质、按量、按时完成××分行下达的各项营销与收息任务。201×年全年更是累计收回贷款利息×××万元，完成年度任务的105%，利息收回率达100%。

用心创信，当地群众的诚信意识普遍提高

近几年来，罗××按照上级的要求，在××岛积极开展信用户、信用村镇（以下简称"双信"）创建活动。由于"双信"创建在农村是一项耳目一新的活动，群众对其认识与了解不够，初期开展工作不太顺利，但这些困难并没有吓倒罗××。在取得村支书、村长的信任和支持后，他逐户登门宣传开展"双信"创建活动的作用、意义与好处，组织了××村多户群众参与了"双信"创建与评选活动，当地群众的诚信观念、诚信意识普遍提高。201×年，××支行利息收回率达到100%。如今，××岛群众的贷款需求得到有效满足，群众没有反映贷款难的问题，无论群众还是员工、领导干部，对"罗哥"的评价甚好。

如今，罗××依然奔波在最前线。他说，我希望自己能无愧于"最美客户经理"这个光荣的称号，不改初心，继续前行。

解析： 上述范文通过案例将人物形象描述的比较丰满，是一篇不错的佳作。写人物通讯要注意几点：第一，尽量去写自己觉得值得写的、愿意写的人物，这是写作的原动力；第二，写人必写事，要尽量让事实的细节作主体发言，用细节去反映人物性格和价值取向，少一些说教和评语，一般来说，两千字以上的通讯，不少于三个细节；第三，人物的语言动作应该个性化，能与人物的性格、职业、思想感情紧密结合，彰显个性，把人物写活，而不是脸谱化、高大全；第四，写人物通讯可以有议论和抒情，但这些只能属于"花边"和"调料"，不可喧宾夺主；第五，忌讳"大家一致认为""在场的人纷纷表示"之类看起来虚假、似是而非的新闻八股。

11.3 新闻评论

新闻评论是针对新闻所发表的言论的总称。"新闻+评论"是这类文书的一体两翼，新闻讲究"实"，评论讲究"虚"。**写新闻评论时要虚实结合，以"虚"为主。**这里的"虚"，不是说空话、套话、假话、虚话，而是表达意见、阐述观点、表明态度。

消息和通讯都属于新闻报道的范畴，而新闻评论则偏重于"评论"，报道性较弱，二者的区别如表11.4所示。

表11.4 新闻报道和新闻评论的区别

类 别	客 观 性	表 达 方 式
新闻报道（含消息、通讯）	更客观，多反映客观事实，不夹带太多的私人感情、喜好、立场	多用来报道事实、呈现现象，以传播信息为主，叙述、描写居多
新闻评论	相对比较主观，表达的是个人观点，多用来挖掘本质	多用来表达意见、挖掘本质，以形成舆论为主，议论、说理居多

新闻评论的写法与论文的写法差不多,只是比论文更简短、灵活。一般来说,新闻评论需要先起一个有特色、有亮点的标题,抓住读者的眼球。在写评论之前,首先要概括一下所评论的新闻的主要内容和中心思想,接着针对刚刚发生的新闻事件进行评论,言简意赅、清晰明确地表达自己的观点,同时运用对比、列举等方法用论据论证自己的观点,最后再号召大家抑恶扬善,传播正能量。

写新闻评论要注重针对性,要针对群众普遍关心、迫切需要回答的思想问题和实际问题,用科学的、实事求是的分析方法,对这些问题予以说明、回答和引导。在这类文章中,论点要新鲜,论据要典型、具有说服力,论证方式要讲求逻辑,不可偷换概念、误导读者。

粉丝控评就是一种网络暴力

近日,中央网信办发布《关于进一步加强"饭圈"乱象治理的通知》,出台取消明星艺人榜单、优化调整排行规则、严管明星经纪公司等十项措施,重拳出击解决"饭圈"乱象问题。

一段时间以来,控评带来的饭圈互撕之风,及其引发的不良"饭圈"文化现象饱受诟病。对明星来说,话题度和美誉度十分重要,直接影响着其获取资源的多寡和层次。一些明星为了维持自身形象,对社交平台上好的评论、点赞回复通过各种手段使其上热评,对不好的评论要么不搭理,要么举报,避免其出现在评论区的前列。

随着网络社交媒体的深度运用,粉丝参与"控评"的热度不断高涨,甚至影响了整个演艺圈舆论场的生态。早期粉丝的评论行为还是轻松的网络聊天形式,没有固定格式,只是一种粉丝自发为明星进行宣传的行为。随着粉丝的行为变得有组织化,网络平台算法规则介入,一个粉丝发布相关文案后,其余粉丝随之点赞并跟风评论,这些花样繁多的控评文案由于点赞数量高而占据了评论区的前排,而一些真正想要进行互动的网友发表的内容很难被其他网友看见;"劣币驱逐良币",控评行为让真正的评论者失去了评论的兴趣。

控评,实际上制造出一个虚假繁荣的景象。当粉丝群体开始不断扩大,粉丝群体内部也出现了分化,开始出现一批所谓的"粉头",领导着庞大的群体"攻占"各大平台的评论区。在"粉头"的指令下，大批小粉丝沦为"数据工"，在偶像活动时期，没日没夜地做数据。他们不仅采取控评这一种方式，还在各大榜单打投刷榜，让偶像能冲到前排；占领微博相关话题的话题广场，不断地发布内容，试图让该话题能够冲上热搜，因为只要冲上热搜，就代表着自家偶像能够被更多人关注和讨论。

其实近年来，这样"赚快钱"的方式已经开始失效，粉丝过分追捧没有实质业务能力的明星变成了一种"赶客"行为，粉丝们自娱自乐，却舍本逐末，丢了大多数网友这个"基本盘"。

反观粉丝群体，其实如同被绑架。职业粉丝及资方、平台等多披着为偶像出人头地的外衣，实际上让粉丝们自行过度消费，"赔了夫人又折兵"。当粉丝的情绪价值被粉丝经济的商业逻辑所掌控时，控评导致的一系列行为都只会陷入非理性，不断制造着粉圈内部的焦虑，将他们一步步拖入"深渊"。

控评本身变成了一个不断在违法边缘试探的危险行为，在评论中"互相拉踩"、对他人进行谩骂侮辱，实质演变成一种网络暴力。就此，价格监督检查和反不正当竞争局官方回应称，"控评"涉嫌违反我国反不正当竞争法，网友可提交充足证据材料，向当地市场监管部门举报。粉丝们天真地以为"控评"就是键盘上玩玩的事情，殊不知很可能已经触犯了法律，要负法律责任。

今年6月，中央网信办专门启动了"清朗·'饭圈'乱象整治"专项行动，着力规范"饭圈"各参与主体的网上行为，合理优化"饭圈"粉丝活跃产品的相关功能。监管出手了，网络控评可休矣。粉丝们可以借此重新思考和调整追星的方式，尽早从"饭圈"乱象中解脱出来。

（摘自《光明日报》，作者：饶曙光）

解析：新闻评论一般是基于具体的新闻展开评论，因此在开头应该要总结概括一下新闻的主要内容，总体结构是设题—究因—解题—答题。一篇好的新闻评论，需要有"新颖特别的标题、吸引眼球的开头、一针见血的论证、画龙点睛的结尾"。

第 12 章

广告类宣传文书

12.1	广告	/ 283
12.2	启事	/ 285
12.3	声明	/ 286
12.4	海报	/ 287
12.5	口号、标语	/ 288

广告类宣传文书又称传播类文书，是指为了配合一定时期的工作或活动，通过广泛发布和传播信息，对公众进行宣传、教育、鼓动、引导的事务性文书。像广告、启事、海报、标语、口号等，都属于广告类文书。

12.1 广告

广告是指通过电视、广播、报刊、网络、户外布置、实物陈列等方式，将有关信息传播给特定对象乃至公众的活动和行为。广义的广告指"广而告之"，狭义的广告指生产经营的经济主体向消费者推销产品或服务。

广告的种类繁多，按性质可分为商业广告、公益广告，按承载方式可分为图文广告、声音广告、视听广告、实物广告等，按预期目标可分为立即行动广告、知晓广告、形象广告等。广告没有固定的写法，但一般都会开门见山、一语中的，主要目的是介绍情况、吸引眼球、夺得关注、促进转化。如表12.1所示为广告的表达形式。

表12.1 广告的表达形式

表达形式	概念	应用场景
陈述式	用平直的语言说清楚产品或服务的名称、规格、用途、价格等	介绍产品或服务信息，多印刷在产品宣传单上
问答式	利用人们的好奇心，以提问的方式激发公众的关注欲望	例如，先抛出问题"你家的洗衣机多久没有清洗了"，再抛出洗衣机清洁剂的广告，类似广告多见于网站、张贴式广告栏中
证书式	通过对所获奖项、荣誉的宣传，增加公众对广告的信任程度	例如，热烈祝贺××公司获得"全国××奖"。类似广告多见于报纸杂志、网络
生动式	运用生动的语言和形象的图文进行宣传	例如，通过拍摄视频、制作漫画等方式进行宣传
软植入式	在文章、影视剧、综艺节目、大型活动场景中植入广告信息	例如，通过拟写和传播广告软文、赞助综艺节目和大型活动等方式宣传自己的形象或产品

在实践中，广告的表达形式当然不局限于以上几种。

广告写作是一门综合性、专业性比较强的边缘学科，它涉及群体心理学、经济学、市场学、美学、法律等多种学科的综合运用。好的广告往往能起到"四两拨千斤"的宣传效果。

广告写作不能违反广告法，比如不可以发布虚假广告，欺骗、误导公众。再如，写广告词时，我们不可以使用以下违禁词：国家级、世界级、最高级、最佳、最大、唯一、首个、首选、最好、精确、顶级、最高、最低、最、最具、最便宜、最新、最先进、最新技术、最先进科学、国际级产品、填补国内空白、绝对、独家、首家、最先进、第一品牌、金牌、名牌、优秀、最先、顶级、独家、全网销量第一、全球首发、全网首发、世界领先、顶级工艺、最新科学、最新技术、最先进加工工艺、最时尚、极品、顶级、顶尖、终极、最受欢迎、王牌、销量冠军、第一、极致、永久、王牌、掌门人、领袖品牌、独一无二、独家、绝无仅有、前无古人、史无前例、万能等。

范文 12-1

××公司简介

××公司，是一家专门从事××设计与制造、品牌运营为一体的大型现代化企业。公司创建于198×年，是××行业的领军企业之一。

依靠雄厚的实力基础及现代化的管理模式，××公司拥有厂房面积×万平方米、员工×××多人，年销售各类××产品××万个，在全国各大中城市设立×××个连锁专卖店、店中店及专卖柜。公司非常重视科技创新和技术研发投入，于200×年成立了××研发中心，获得××多项国家专利，取得了多项技术创新方面的成果。

十多年来，××公司××品牌的知名度和美誉度获得了极大的提升。××品牌得到了行业和社会的高度认可。历年来，××品牌先后获得"××××""××××××"等诸多荣誉。××公司欲以品牌开路，登陆资本市场，力推企业上市，进一步把产品推向国际市场。

解析：广告大多有"王婆卖瓜，自卖自夸"的成分，是一种自誉性的问题，但这种自誉是有限度的，不要刻意夸大其词，粉饰太过反而有作假之嫌。写广告要将焦点放在广告主题上，不可偏题，比如着重介绍企业，就不要花费太多笔墨介绍产品和服务。而且，广告要考虑受众群体的阅读感受，不可冒犯。

启事

启事是公开的简便广告。一般指党政机关、企事业单位、社会团体等机构和组织乃至个人有事情要向公众公开说明或希望别人协助、配合时，将相关情况以简明扼要的文字写出来，并打印张贴在公共场合或是在各类媒介上宣传的一种实用文体。

寻人、寻物、招领、征婚、招聘、招生、招考、招商、租赁、转让、迁址、举办会议、征集作品、更正、鸣谢、作废等情况，都可以使用启事。

启事一般由标题、正文和落款三部分组成。标题可以为"××启事"，也可以直接写"启事"。标题下方空两格可以写正文，正文一般要写明发布启事的目的、原因、要求、意义，写清楚启事的范围、特征、条件、要求、待遇、联系方式，等等，文末右下方署名、署日期。如果启事的写作主体是单位，可加盖公章。

范文 12-2

××大学附属医院招聘启事

××大学附属医院是隶属××管理的一所集医疗、教学、科研、康复、预防、保健为一体的×级×等医院。因发展需要，现公开招聘急诊内科医师×名，岗位需求及相关要求如下。

（一）具体要求

1. 身体健康，热爱医疗事业，能遵守卫生法律法规。

2. 相关医学专业全日制大学硕士研究生或以上学历，具备基本专业知识与操作技能。

3. 持有医师资格证、执业证。

4. 有3年或以上临床工作经验，能单独值班及独立开展急诊业务，熟悉院前急救工作。

（二）优先条件

1. 已完成住院医师规范化培训。

2.有急诊工作经验。

欢迎有意向者于20××年××月××日前将简历发至以下邮箱，薪酬面议。

邮箱：××××××××

××医院
20××年××月××日

解析：上述范文是招聘启事，写清了招聘的具体要求，并标明了优先条件，清晰明了。启事最好"一事一启事"，要将启事要素表述完整、周全，语言要明确、精准，不产生歧义。写作态度要礼貌和谦逊，字里行间尽量显示出需要别人配合的诚意。

12.3 声明

声明是国家、政党、政府机关、企事业单位、社会团体或个人就某一个重大问题或事项表达立场、阐明态度或强调主张，而发布的一种正式的、书面的文告。

声明分为个人声明和单位声明、单独声明和联合声明、自身声明和授权声明等。与启事不同的是，启事通常只使用一次，而声明可能需要使用多次。

声明的标题一般就写"声明"二字，也可以按"声明主体+关于+声明事项+文种"的形式拟写。比如《××关于××××的声明》。正文第一部分一般写发声明的起因，也可以直接写声明内容。若是内容比较复杂，还可以分条目列写。结尾一般写"特此声明"等惯用语，也可以不写。文末要注明声明主体和声明日期。

关于防范假冒网站的郑重声明

近日，我校发现有不法之徒利用虚假域名http://www.××××.com伪造我校官方网站，盗用我校名义在网络上发布招生信息，从事违法招生活动。请广大考生、家长及其他高校注意甄别，谨防受骗。

为维护我校的良好声誉和广大师生的利益，××大学郑重声明如下。

一、域名为 http://www.××××.com 的网站与我校无关，我校不承担任何与该网站或网站信息相关的责任。

二、我校已向中央网信办违法和不良信息举报中心 http://www.12377.cn 举报，举报编号为：××××。

三、××大学城市的官方网址为 http://www.××××.com.cn（×ICP备××号）。

四、目前搜索引擎收录的所有名称为"××大学"但域名不是官方网址的，均为假冒网站。冒充我校名义的违法招生宣传者必须立即停止一切侵权行为和非法活动，本校保留进一步诉诸法律的权利，并上报公安机关，依法追究不法分子的法律责任。

在此，我们提醒广大考生及家长提高警惕，以免上当受骗，否则，由此给您造成的一切损失和后果，我校不承担任何经济和法律责任。

特此声明。

××大学

20××年××月××日

解析：上述声明条理清晰，既有点出问题，又有警示作用。声明一般是针对关键或要害问题发布的，内容一般符合法律法规和公序良俗，行文要庄重和严肃，表达要清晰，要注意把握分寸。

12.4 海报

海报是向公众介绍电影、戏曲、杂技、体育、比赛、讲座、会议或活动等消息时所使用的具有招贴性的文告。它通常被张贴在有关演出场所或公共场所较为醒目的地方。海报没有严格的格式限定，甚至可以将海报内容设计成图片进行传播。

一般来说，海报标题非常醒目、简洁，排版时字体很大，甚至可以占到海报的一半空间。海报内容一般要写清楚活动性质、具体情况及时间、地点、票价等。结尾可以用"莫失良机""敬请光临""虚位以待"等表达号召的惯用语。

范文 12-4

×××读者见面会

书香盈满来时路　读书活动不落幕

活动嘉宾：××（新书《××××》著者）

活动主持人：××大学学生会主席×××

活动内容：分享《××××》的创作缘由和创作故事、签名售书

活动时间：202×年××月××日 20:00—21:30

活动地点：××大学××馆二楼活动区

主办单位：××图书城、××出版社、××大学学生会

作者简介：××，××省××市人，××大学博士研究生，中国作协会员，已出版《××》《××××》等著作十余部。

有些机会错过一次，就好比错过一生！

机会难得！静候您的光临！

解析：上述范文为某作者的新书宣传海报，写明了读者见面会的时间、地点和宣传语。海报内容要真实、文字要精练，语言一般要富有鼓动性，可以用添加图像、使用漫画等方式，对内容进行生动而形象的介绍，吸引受众眼球、激起大家参与的热情。

12.5　口号、标语

口号和标语是为了实现某一任务或目标而写出或喊出的具有鼓动和号召作用的短小语句。口号和标语分为政策性的、宗旨性的、庆祝性的、精神性的、倡导性的、警戒性的等几种，标语一般要悬挂、张贴、刻印、展示在公共场所或公开平台上。

范文 12-5

"没有良好的教育，就没有孩子的未来！"

"发展体育运动,增强人民体质!"

"打击黑恶犯罪,保护一方平安!"

"不信谣,不传谣,爱国守法要记牢!"

解析:上面的口号和标语简单易记。口号和标语一般要通俗、简单,让群众一看就懂、一学就会、一记就牢。写口号和标语时要明确目的,不可偏题。如果要将标语贴在公共场合,要注意字迹工整、清晰。一般来说,红底黄字、红底白字的标语一般表达祝贺之意,蓝底白字的标语多用于表达施工、安全等意思,白底黑字的标语一般是讨回权益时使用的,而黑底白字的标语则与追悼相关。

第 13 章

序跋类宣传文书

- **13.1** 编者按 / 291
- **13.2** 卷首语、发刊词 / 292
- **13.3** 序跋 / 294
- **13.4** 题词 / 297

序跋类宣传文书是为新出的书、杂志、栏目等所做的前言、序言、后记、跋文等文书。它主要是放在书籍、杂志、栏目的前后，起到总结陈述、介绍背景、点明题意、画龙点睛的作用，方便人们更好地阅读、理解和领会书籍、杂志、栏目等反映的内容。

13.1 编者按

编者按是按语，一般是报刊编者对编发的稿件做出提示、说明或评价而使用的。编者按结构简单，无须写标题，只需要顶格书写"编者按"，下一行空两格再写"编者按"的内容。编者意图不同，编者按的内容和写法也各不相同。在实践中，"编者按"中一般介绍作者的生平、文章的写作背景、转载来源，或是总结文章重点，提醒大家注意，也有的编者按会写一些旗帜鲜明、倾向性明显的议论，以引导读者思考，对读者形成启发。

范文 13-1

随着金融脱媒、利率市场化进程逐步加快，互联网金融等全新业态利用互联网技术和大数据技术不断渗透到银行的传统业务领域，愈加激烈的市场竞争对银行的市场营销提出了新挑战。在此背景下，客户多样化和个性化需求与传统营销的矛盾构成了银行向精准营销转型的新动力。充分认识和利用"大数据"，有的放矢转化成为满足客户个性化需求的个性化服务，将是未来银行赢得市场的利器。如何借助新的精准营销理论和大数据、数据挖掘等信息技术提升精准营销能力，是商业银行新时期能否持续发展的关键。

经过几十年的客户沉淀，尤其是××××系统上线后，××商业银行目前具有庞大的客户群体，数据仓库也存储了覆盖客户、账户、交易等大量的结构化数据，这些信息背后都蕴藏了诸如客户偏好、社会关系等丰富全面的信息资源。可以说，××商业银行已经兼具客户基础和数据基础，未来应如何协同线上线下的定位布局，开展大数据分析、提升精准营销能力，显得尤为重要。为此，本期"××"栏目就"大数据时代××商业银行的精准营销"这一主题进行了征稿。现将部分优秀稿件刊发，供大家思考。

解析： 上述是某栏目对某一主题所写的"编者按"，具有引导作用。"编者按"是代表编辑部说话的，按语要加在重要的、能被读者注意到的新闻或文章前面，要做到条理清晰、观点鲜明、语句凝练。写"编者按"，要考虑读者的感受，切忌长篇大论或是居高临下说教一通，引人反感。

13.2 卷首语、发刊词

发刊词，是报刊在创刊之时向读者说明创刊背景、目的、依据、意义、计划等，帮助读者了解报刊，以扩大报刊影响的一种说明文。

卷首语，是放在杂志首页、某栏目系列文章前面的短文，是某一期刊或某一栏目系列文章主题思想的集中体现，在卷首语中针砭时弊、鞭辟入里地列出观点，有助于读者迅速知晓刊物和栏目的风格、定位、价值取向等信息。它是一种轻量化的总结和思考，起到抛砖引玉的作用。

发刊词和卷首语的标题，一般就是"发刊词""卷首语"，也可以用"写在前面的话""开篇絮语""致读者"等方式代替，还可以取一个别致的标题，比如《卷首语——建设企业文化，增强××集团的文化"软实力"》。发刊词和卷首语的写法多种多样，一般以说明、议论的表达方式为主，但总体来说要与报刊、栏目的风格契合。

范文 13-2

《深入学习实践科学发展观活动专刊》发刊词

按照中央和省委的部署要求，××月××日我局深入学习实践科学发展观活动正式启动。为扎实开展好学习实践活动，畅通信息渠道，交流工作经验，促进活动的开展，局党委学习实践活动领导小组办公室在OA系统开辟了《深入学习实践科学发展观活动专刊》(以下简称"专刊")。作为学习实践活动的重要载体、窗口和阵地，专刊将积极宣传中央、省委及局党委关于学习实践活动的重要精神和要求，及时反映我局上下学习实践活动的工作动态、进展情况和实际效果，深入总结活动中的好经验、好做法，介绍活动中的先进典型及干部员工对科学发展的意见和建议。

专刊分为"重要文件和学习资料""领导谈科学发展""我为科学发展建言献策""辖内动态"等四个栏目,其中,"重要文件和学习资料"主要刊登中央和省委关于深入开展学习实践科学发展观活动的有关文件、精神和领导讲话及《科学发展观重要论述摘编》《深入学习实践科学发展观领导干部学习文件选编》等学习材料;"领导谈科学发展"主要刊登我局党员领导干部通过学习实践活动撰写的理论文章和实践总结经验;"我为科学发展建言献策"主要刊登广大员工就"如何以科学发展观推动××局工作的开展"而提出的可行性、建设性意见和建议;"辖内动态"主要反映各分局在"三学三落实""四查找四明确""共克时艰党旗红"等学习实践活动各个阶段的进展情况。

也希望各单位及时总结提炼活动开展情况、活动中好的做法及涌现出的各类典型,收集活动中广大干部员工的心得体会,积极向学习实践活动领导小组办公室报送稿件。

投稿联系人:××　　联系电话:×××××××　　邮箱:×××××@163.com

范文 13-3

十年砥砺磨一剑,继往开来谋新篇

十年磨一剑,弹指一挥间。

从××××年××月成立至今,××集团公司已经走过了十年。本刊特推出"集团成立十周年纪念专版",记录我们在风浪中搏击、在探索中前进、在成长中收获的十年。

十年间,××集团始终坚持国企定位,坚持党的全面领导,坚持新发展理念,坚持稳中求进工作总基调,主动服务"四个中心"建设,借力资本之翼,持续做强做优做大主业,经济运行质量和效益显著提升,营业收入、资产总额、净资产、利润总额和扣除非经常性损益后的净利润分别为改制前的×倍、×倍、×倍、×倍和×倍,成为市属国企改革发展的排头兵。××××年上半年,××集团主要经济指标更是再创同期历史新高……

十年里,××集团通过深化改革、优化组织架构、再造业务流程、建设先进的信息系统、打造强大的后台服务、创新产品和服务、增强风控能力等,构筑起日臻完善、运营高效的管理体系,带领集团××名干部员工创造了多项了不起的奇迹。

我们的事业根基，从风雨飘摇到如今的发达稳固、枝繁叶茂；我们的业务，从难以为继到如今的屡创新高；我们的合作伙伴数量，从屈指可数到如今遍布全省甚至全国；我们的特色经营，从艰难摸索到如今蒸蒸日上；我们的社会形象，从暗淡无光到如今的熠熠生辉……

集团公司走过的这十年历史，是一部与时俱进、科学发展的创业史，是一部持续探索、不断突破的创新史，是一部追求卓越、挑战未来的发展史，更是全集团上下一心、情牵梦绕的跋涉征途。

十年前的今天，我们放飞了激情与梦想；十年后的今天，我们收获了光荣与希望。面对未来，我们深感责任重大。××集团和十年前已不可同日而语，我们有了明确的战略规划，综合实力也有了很大提高，但我们无论是经营规模、资金实力、管理水平和品牌影响力，与国内一流的企业还存在较大差距。特别是受国际国内经济形势、金融市场、同业竞争、地域经济等因素影响，集团的发展还面临许多困难与挑战。这样的背景下，如何凝聚所有干部员工的智慧和力量实现转型升级，如何既控制好风险又把规模做大、业务做强，如何在激烈的市场竞争中打造自身特色、形成自我优势，是摆在我们面前、值得我们深思的问题。

我们已经走过了充满光荣与梦想的十年难忘岁月，现在正迈向新的征程。让我们继续心怀梦想、同心同德，以更加饱满的热情、更加高昂的斗志，共同续写下一个十年新的恢宏篇章！

解析： 上述两篇范文前面一篇是发刊词，后面一篇是卷首语。不管是写卷首语还是发刊词，都不必面面俱到，而应有所侧重、有所创新，突出刊物或栏目个性。卷首语和发刊词代表的都是编辑部，面对的是读者。编辑部与读者不是上下级的关系，因此，写作口吻要谦逊、诚恳，让读者有亲切感。

13.3 序跋

序跋，其实是"序言"和"跋文"的合称。序言，又称前言或序，一般是放在一本书的前面，用来介绍写作目的、成书经过、全书的内容并对内容做出评价的文章。跋文，又称后记或跋，一般是放在一本书的后面，用以说明写作图书的有关情况、感谢有关人员、对读者提出某种希望的文章。

序，可以分为自序和他序，自序一般用散文、杂文的手法写，他序一般用论述的写法，对作者、著作、相关问题做出评价。

序和跋的写法多样。在实践中，有叙述著作的目的、经过的，也有说明著作的有关内容、价值、受众群体的，还有议论著作的有关内容并提出指导性意见的。不同著作、不同情况，可采用不同的写法。

范文 13-4

《××集团产品创新之力》序

创新为帅，创新为魂，创新是企业发展的灵魂。过去五年间，××集团积极促进产品创新，先后推出了××、×××和××××等20种新产品，极大地丰富了集团公司的产品线，巩固和提升公司在行业内的地位，为集团创造了新的利润增长点，为×市实施乡村振兴战略做出了有益的贡献。在整个过程中，涌现出了一大批先进单位和许多先进经验。为总结交流经验，宣传推广××集团在产品创新方面的好经验、好做法和好产品。现将经过认真遴选、精心编撰的先进经验材料汇编成书，供相关业务单位、管理部门和业务人员交流学习之用。本书在编写过程中得到集团党委、集团公司有关部门和各分公司的大力支持，在此深表谢意。由于时间仓促，编者水平所限，书中难免存在纰漏和错误之处，敬请读者批评指正！

下一阶段，××集团将一如既往地高举乡村振兴大旗，勇于创新，不断进取，在前进的征途中创造新的辉煌，在绿色的田野上收获更大的希望。

范文 13-5

《××基础教程》编者后记

20××年秋，我受命主编一本专门适用于××从业人员的《××基础教程》，从接受任务到交付出版只有不到半年的时间，深感任务之艰巨。好在之前我通过主编《××教程》和《××学基础》已经积累了一些经验，而且，在××行业协会的指导下，很快就组成了《××基础教程》的创作团队，团队成员大都是××行业的理论专家和高校中从事××教学和研究的学者，彼此沟通和合作起来非常顺畅、愉快。

  以往××从业人员教育借用的是××师资格考试的教材，新教材要求单独成书，如何在保持从业人员教材内容与××师资格考试教材内容之间有机衔接的同时，突出××从业人员教材内容自身的特性，成为编审委员会首先要考虑的一个问题。经过编审委员会多次反复讨论和磋商，最终将"线、浅、全、通"确定为《××基础教程》的编写原则。"线"指教材章节安排以××活动的程序为主线；"浅"指教材内容在难易度上，要与××应当掌握的知识难度有所区别，侧重介绍××的基础知识，尽量避免对××深层原理的探讨；"全"指在内容上应当力求涵盖××从业人员必须掌握的全部内容，使读者通过本教材可以对××业有一个较为全面的了解；"通"指在语言文字的使用上，要力求通俗易懂，行文风格要活泼和灵活。总之，力图从教给××从业人员必须掌握的知识角度出发，使本教材同时成为社会大众了解××的一个渠道。

  教材的创作分工大致如下：刘××编写第二章、第五章、第八章、第十章；郑××编写第一章、第三章；范××编写第四章；赵××编写第六章。全书由刘××负责统稿。

  ××行业协会张××会长非常关心本书的创作并亲自参加了书稿的讨论。协会顾问郭××先生、副秘书长郑××先生、崔××先生也多次参加书稿的讨论，并对书稿的创作和完善提出了许多有益的建议。本书的顺利出版还得益于××出版社编辑人员的辛勤劳动，在此对他们的支持和工作一并表示由衷的感谢！

  本书不仅仅是××行业内部的一本教材，我们还希望它能成为社会各界人士了解和认识××的窗口。欢迎大家多提宝贵意见，以便使该教材能得到进一步的完善。

刘××
20××年××月××日

  解析：上述两篇范文前面一篇是序言，后面一篇是跋文。自序和跋文可以在文末右下方署名、署日期，也可以不署（多篇序言放在一起，则需要署清楚姓名）。写序言、跋文要实事求是，不要故弄玄虚，切忌不要吹捧太多，且文字不适宜太长。

13.4 题词

题词又称题辞，是古代就有的一种文体，一般指写在文章、书籍、字画等前后的品评之语。写在前面称题名，写在后面称题跋。现在，我们一般把用来留作纪念、勉励而书写的、充满祝福和希望的、带有评价性的简短话语，都称为题词。

我们可以给人、给物、给事、给景题词。题词一般针对性强、语句精辟，还有一定的思想深刻性。题词的书写格式没有固定的要求，但一般都需要交代题词缘由、题词人、收词对象、题词时间，或择其一二呈现。例如，徐悲鸿给成都武侯祠题词，就只题写了"万古云霄一羽毛"几个字及署名。写题词可以只给对方提供文字，也可以用书法的形式呈现。

范文 13-6

少林秘笈，国之瑰宝，拜领珍藏，感何如之。

金庸敬书
公元二千年四月

解析：上述范文是金庸为《少林武功医宗秘笈》的题词，语言简短凝练，既有评价又有敬语。